马克思的解放哲学

刘同舫◎著

·广州·

版权所有　翻印必究

图书在版编目（CIP）数据

马克思的解放哲学/刘同舫著. —广州：中山大学出版社，2015.12
ISBN 978 – 7 – 306 – 05268 – 1

Ⅰ. ①马… Ⅱ. ①刘… Ⅲ. ①马克思主义哲学—研究
Ⅳ. ①B0 – 0

中国版本图书馆 CIP 数据核字（2015）第 099335 号

出版人：徐　劲
策划编辑：金继伟
责任编辑：曹丽云
封面设计：林绵华
责任校对：廖泽恩
责任技编：何雅涛
出版发行：中山大学出版社
电　　话：编辑部 020 – 84110771，84113349，84111997，84110779
　　　　　发行部 020 – 84111998，84111981，84111160
地　　址：广州市新港西路 135 号
邮　　编：510275　　　　　　传　真：020 – 84036565
网　　址：http：//www.zsup.com.cn　　E-mail：zdcbs@mail.sysu.edu.cn
印　刷　者：广州家联印刷有限公司
规　　格：787mm×1092mm　1/16　19.75 印张　315 千字
版次印次：2015 年 12 月第 1 版　2016 年 11 月第 2 次印刷
定　　价：48.00 元

如发现本书因印装质量影响阅读，请与出版社发行部联系调换

精神的魅力　学术的尊严
——刘同舫教授学术访谈录（代序）*

刘同舫　于尚艳

多年来，刘同舫教授潜心于马克思主义哲学研究，其对马克思人类解放思想的深度探讨已以专著、论文、学术访谈和学术讲座等多种方式呈现于学界，受到学界广泛的关注。近年来，刘教授的学术核心观点较为集中地体现在其专著《理想与现实之间的人类解放境界》（人民出版社2013年版）、《马克思人类解放理论的演进逻辑》（人民出版社2011年版），论文《启蒙理性及现代性：马克思的批判性重构》（《中国社会科学》2015年第2期）、《马克思人类解放理论的叙事结构及实现方式》（《中国社会科学》2012年第8期）、《西方马克思主义的理论性质与中国意义》（《中国社会科学》2010年第5期）和《人类解放的进程与社会形态的嬗变》（《中国社会科学》2008年第3期）等作品中。

《华南师范大学学报》此次对刘教授的采访，不仅着重于全面了解刘教授多年对马克思主义哲学研究的多维度思考，尤其关注他对人类解放思想及其当代价值的深入探讨，与此同时，还特别呈现了刘教授严谨的治学特点及独特的育人方式，以期为年轻学者在学人品格、学术态度、为师之道等方面提供借鉴，带来裨益。

---

* 此访谈录原发表于《华南师范大学学报》2015年第2期，征得《华南师范大学学报》及于尚艳编辑同意作为本书序言。内容略有改动。

一、学术主题：哲学视野的转向与人类解放思想的探讨

于尚艳（以下简称"于"，华南师范大学学报编辑部副研究员）：刘教授您好，很高兴有机会采访您。近年来您的学术成果接连不断，引起了不少理论工作者的关注。我们注意到，在您的研究领域中可以找到一个核心关键词——人类解放，这与您在初期的学术研究中倾向于从技术哲学的角度探讨现实问题是否存在着一些微妙的关联？

刘同舫（以下简称"刘"）：从我学术研究发展的全过程看，研究视角整体有一个由具体到抽象、从微观到宏观的总体变化过程，这与不同时期现实生活给予我对哲学和人生的思考有着一定的联系。从学术研究的角度上看，对具体、微观问题的研究是重要的，它有助于对问题的深度探讨；对抽象、宏观问题的研究则具有更为广泛的学科影响力，它凸显问题研究的广度和高度。应该说，同一主题不同维度的研究对一个学者的学术生涯来说，可以各自相对独立。但我认为，两者互为前提是基本的关系，无论是宏观的大课题还是微观的小课题，我都力图能够求真务实，大题小做、小题深做。

我个人从事学术事业的初期，恰逢网络科技开始迅猛发展，我意识到，技术充斥构建的不仅是一个虚拟的网络世界，也是一个充满着问题的矛盾世界。面对这种现实境遇，我研究的着眼点主要在部门哲学和分支哲学上，倾向于从技术的角度出发来思考网络科技时代所应当引起关注的重大问题，将视角与哲学世界观的基本要素结合起来探索技术哲学领域的前沿问题。例如，着眼网络问题思考网络道德建设的现实意义和实践路径，以矫正在网络社会中可能存在的网络堕落现象；对科学技术活动的现实生存性质进行思考，揭示科学技术活动在本质上是理性和非理性的统一，强调在历史的视野下辩证地把握理性和非理性在科学技术活动中的张力问题；对技术的本性进行思考，认识到技术的工具性实质上是人性与物性的统一，但两者之间不同程度的彰显而导致的失衡，是造成技术化过程中种种危机和困境的根源；思考现实的人的生存方式问题，将技术的边界和人的底线结合起来探讨，寻找克服技术的非人性效应的可能出路。由此，我

开始揭示技术与政治的双向互动关系，尝试提出诗意化对待自然以及构建生态社会政治。同时，我引进和深度评析了当代英美马克思主义代表人物芬伯格的技术政治学观点，探索技术的民主化转化，即如何将技术从承载维护资本主义统治阶层特权地位的特定价值转化成为支撑维护绝大多数普通民众利益的人文价值；提出对技术民主转化的深度评析关键在于技术转化的微政治学，而责任文化是技术的民主化转化不容忽视的重大问题。由现实科技的发展问题辐射出对技术与生存的哲学思考，在提出现实困境的同时挖掘解决问题的途径，是我早期对人以及社会现实的具体的、微观的研究径路，相关观点的阐述主要呈现在我学术研究初期的论文成果之中，如《技术的理性与非理性——关于技术合理性的思考》《技术发展的非人性效应及其克服》《技术与政治的双向互动》《激进民主的理性重建与技术转化的微政治学——芬伯格的技术政治学评析》《怨恨的滋生和技术合理性秩序的建构》《怨恨对技术合理性的反叛》等。

于：您的研究转向让不少学者耳目一新，您转向后对马克思人类解放思想文本不同维度的解读、整体性理解马克思人类解放思想体系的视野以及跨学科应用问题的探索吸引了很多学者的关注。

刘：重大的时代问题引导了我的学术转向，以致在研究的视野上发生了一些变化：从技术的辐射性视角转向对人类发展的宏观方向，注重对具有学科意义的学科整体性问题进行综合研究及跨学科探索，从理论探讨和实践探索两个维度来研究马克思人类解放思想体系，其主要包含三大板块的内容。

一是马克思人类解放思想研究。通过重读经典文本，我以结构化、规范化的手法厘清了马克思对人类解放必然性论证的逻辑叙述与历史叙述；探讨了马克思人类解放思想与社会形态理论之间的内在关联；阐释了马克思人类解放思想的思想源泉、演进逻辑、多重维度的解放与人类解放之间的张力，马克思人类解放思想的后续效应、理论延伸、现实追问等；分析了马克思人类解放思想的叙事结构；展现了马克思认识人类社会的根本方法、实现人类解放的根本路径和社会形态嬗变的根本目的。我以为，站在历史的高度把握人类解放的意义，创建现实性的马克思人类解放思想，对深度透视相关现实问题、深化实践探索具有重大的指导价值。这一领域的研究，较为集中地呈现于以下成果之中：专著《马克思人类解放理论的演进逻辑》《理想与现实之间的人类解放境界》，论文《马克思人类解放理论的叙事结构及实现方式》《人类解放的进程与社会形态的嬗变》《政治解放、社会解放和劳动解放——马克思人类解放思想再探析》《从显性到隐性的主奴辩证法——〈精神现象学〉与〈1844年经济学哲学手稿〉关系注解》等。

二是西方马克思主义基本问题及其中国意义研究。我认为，构建现实性的马克思人类解放体系，不能局限于对马克思经典文本的耕耘，还应当将西方马克思主义本身的本土意识与中国的本土问题结合起来，发掘西方马克思主义研究对推进中国马克思主义发展的重要意义。因此，在研究过程中，我着重突破中国语境下对西方马克思主义细碎化的人物和文本的局部研究，从整体视角认识西方马克思主义，从问题逻辑的角度切入西方马克思主义的基本问题和研究中面临的紧迫问题，结合国内学术界研究中的争论，把问题逻辑性地贯穿起来集中讨论，尤其对"西方马克思主义是什么"和"为什么要研究西方马克思主义"两大问题做出了回答；运用"家族相似"理论对西方马克思主义的基本性质、理论对象、理论特质、历史和逻辑边界问题进行探讨，强调西方马克思主义并不是一个地域性的概念，而是与正统马克思主义不同的另一种马克思主义解释框架，在这个意义上，西方马克思主义获得了开放性的哲学内涵。我的论文《西方马克思主义的理论性质与中国意义》尤其突出了这方面的思考与观点。

三是马克思主义基本原理的实践问题研究。从理论走向实践，彰显马克思人类解放思想在实践中的现实指导意义，关键在于推进马克思主义基本理论的应用研究，拉近理论研究与社会实践之间的距离。如把人置于马克思人类解放的视域中来讨论教育的技术化倾向、教育公正、教育目的等问题，有利于树立马克思"每个人的自由而全面的发展"的观念；强调面对当代社会思潮，马克思主义者必须以历史唯物主义为武器，变"被动回应"的消极态度为"主动挑战"的积极态度，在挑战当代社会思潮中，真正发挥作为普遍真理的马克思主义的威力。基于此，在以马克思人类解放作为终极追求的前提下，我拓展性地尝试将马克思主义基本原理与教育学、经济学、心理学等学科相结合，在《在应对当代各种社会思潮的挑战中发挥马克思主义的威力》《人类解放视域中的教育价值合理性探析》《罗尔斯教育公正理论情结及方法论原则批判》《康德道德观及其对现实道德教育困境的开解》等论文中，运用马克思主义基本原理，探讨教育公正、教育目的、心理学的技术主义倾向及其反思、马克思主义基本原理与当代社会思潮的关系等问题，推进了马克思主义基本理论的现实应用研究。

总体而言，我的思想是前后一致的，研究核心始终没有逃离"人"的问题。出于对世界性社会制度矛盾困境的焦虑及对人类命运、人类社会共同福祉的关切，"人"的问题的研究成为贯穿于我学术研究始终的唯一主题，只是在不同的研究阶段，由于自身所积累的理论素材广度以及自我学识深度的不同而使得我所探索的视野和侧重点有所不同而已。近年来，我将研究重心放在"人"的类群体上，即关于"一般人""一切人"的解放与发展的哲学本体论追问，焦点越来越集中于更为宏观、宏大叙事的普遍性层面，与此同时，我逐渐将与人的生存相关的技术问题探讨由显性变成隐性而潜含于宏观层面的研究之中。可以说，我学术探索初期形成的基本观点构成了后来学术见解与研究的理论基础和理论验证。

二、现实交锋：研究价值与学术理想的碰撞

于：在现实话语中定位哲学，是关乎哲学研究的态度问题，不同的学者关注点有所不同。您将哲学的学术探讨落脚于"人"的问题，着眼于人类解放的问题上，您的这一哲学研究选题应该有您的考量标准和缘由，您是如何看待这个命题的意义和价值的？

刘：潜心学术研究的二十余载，社会现实的迁移变换与身体力行的生活实践让我深刻地体会到理论对实践所蕴藏着的指导力量。我时常在想，无论是理论研究者还是实践工作者，只有在开启巨大的理论思想资源，投注于"顶层设计"之中的同时，普适到社会的各个层面与各个领域，才能在历史的境遇下真正引导社会的跨越式变革，才能最终实现人类本真意义上的解放。因此，在学术研究的过程中，我一直在寻求理论的智慧火花，试图寻找这种指导力量与社会现实的连接点，从而释放、超越人的现

实生存与发展。不断的积累和探索使我在马克思的理论魅力和人格魅力中找到了契合点。马克思毕生执着于人类解放的信仰与追求,他将解放全人类视为生命里全部的主题,这与当今社会发展的终极目标本质上是一致的。因此,在马克思及马克思主义者的思想宝藏中构建现实性人类解放的思想体系,与当前历史境遇下的人的现状与发展需求相结合,深入挖掘人类解放的现实路径,对真正意义上实现全人类的解放具有重大的指导意义和时代价值。当前,对马克思学说的深刻探究,关键在于把握人类解放思想的深层内涵,在新的环境下使马克思的人类解放思想从隐性的思想变为显性的精神,成为推动当今社会发展的本质力量。

或许有的人会不解甚至误认为人类解放这个命题太遥远而与现实相脱节,实则不然。人类解放是所有人应当追求的终极目标,必须深刻认识人类解放的现实性,才能充分体会到人类解放的重大意义。为此,首先必须对人类解放有正确的解读,这里涉及"人类"和"解放"两个关键词。对人的理解包含个体的人、群体的人和作为类的人等三个层面,我们追求的是全人类的解放事业,是在三个层面最后的层次上实现对自然限度的超越和社会关系的超越;解放,从某种意义上讲是指人的自由全面发展,"自由"强调人发展的超越性,"全面"突出人发展的丰富性。人类解放作为人类追求的终极目标,同时也体现为一种运动过程,是目标和过程的有机统一。人类解放的过程性特征,必然要求将人类解放的目标分成各个阶段,每个阶段都有自身阶段性的分目标,且阶段性目标与人类解放的总目标相一致并以其为指引。我们今天研究人类解放,就是要明确人类解放的总目标,设计出不同阶段和层次的发展目标以及通达目标的可能途径。改革开放和现代化建设的部署与发展、全面建设小康社会、构建和谐社会以及"中国梦"的努力实现,既是历史条件下的重大发展任务,也是人类解放总目标之下的若干个分目标,它们与人类解放的方向一致,人类解放的实现有赖于社会发展各个阶段目标的一步步推进、一步步完成。

可以说,我们今天所做的工作、所完成的工作都与马克思的人类解放主题具有一致性。无论我们是在进行"顶层设计"的探讨还是摸着石头过河,都是为了人类解放一步一个脚印的尝试,都是为了实现人类解放最终目的的现实努力。显然,我们对人类解放主题的深入研究是有价值的,它不仅有理论的依据，而且有实践的意义。作为研究者，当前关注这个问题的落脚点应在探讨"人类解放何以可能"的焦点上。我的学术研究正是对这一问题的进一步追问：在现实社会中，深入探讨理想性和现实性之间的关系，探索如何将理想转化为现实，又通过现实实现达到理想。

于：人类解放及其信仰确实是个深远的永恒主题，需要我们一代代人脚踏实地去完成和实现。我很好奇的是，您的学术理想是什么？您所理解的人类解放的实质内涵与您所执着追求的学术理想或人生课题是否有一定的联系？

刘：我想，具有普遍意义的学术理想应当是通过学术研究，打造学术的精品之作、创世之作，以至于产生对社会的正面影响，在一定程度上推动国家的发展和社会的进步。而我做学问应该谈不上有什么学术理想，我研究马克思主义哲学，特别是马克思主义政治哲学，当然希望有可能做一些"改变世界"的工作，如果没有可能，也可以在与学界友人、与我的学生进行学术探讨中找到快乐。德国哲学家汉娜·阿伦特曾经指出："要对卡尔·马克思进行思考或写点什么，决不是一件容易的事情。"所有学术研究基本上都是不容易的，都是寂寞的。学术研究必须有一种执着精神，耐得住寂寞，要让"超越的心灵"在寂寞中提炼"隔离的智慧"（台湾哲学家殷海光语），要对自己的人生有所定位。我只是明确了自己的研究方向，踏踏实实地往前走，希望能够影响我身边的人——我的学生、我的朋友以及与我一同信仰人类解放的人，以不同的方式为人类解放事业做点自己的贡献。

我曾经在我的专著《理想与现实之间的人类解放境界》中讨论过信仰的问题，我认为，信仰本身就是一种具有超越性的价值，这种超越性的价值具备高于现实的意义，信仰的力量因来源于人们的精神追求和价值向往所凝聚而成的向心力而变得难以比拟，由此，抓住了信仰力量的主心骨，便是掌握了改造世界强大的助推器。在这个信仰多元化的时代里，为广大民众创建有价值的追逐力量是至关重要的。如果说，马克思的人类解放作为信仰之源是人类自身发展最深层的本质要求，同时也是时代变迁中历史进步的不竭动力，能够深入浅出地普适到社会各个领域、各个层次岗位上的人们之中，为人们所理解和信奉，成为人们生活和实践的根本追求,那么,在历史发展中彰显马克思人类解放核心主题的庞大威力时,或许它将成为理想与现实最具有爆发力的契合点。人们愈将人类解放对现实指导意义和重大价值发挥得淋漓尽致,人们就愈接近真实解放的"边缘"。通过对现实状况和热点问题的关注,我回归学术,将人类解放这个重大课题的根源考究及其实现方式探索作为最重要且艰巨的任务。我想,当学者们对这个问题的共同追问愈加深刻时,学术价值与学术理想相互碰撞的智慧火花或许能够在某一个范围之内获得现实的肯定和推进。而当学术的研究能够嵌入现实,对身边的人与事产生影响的时候,学术的魅力将也彰显得更加绚烂,这对我而言是莫大的鼓舞和动力。

三、问题意识:从现实和对话中发掘学术问题

于:从您的学术经历可以看出,"问题意识"贯穿于您学术研究的全过程,是您进行学术研究的关键,您在学术发展中一直强调"问题意识",那么学术研究的"问题意识"应当如何理解呢?

刘:发掘问题意识,关系到学术研究的方法论问题。中国学术界出现一种虚假繁荣的景象是一件十分可怕的事情,究其根本原因在于,学术研究缺乏思想的"时尚",缺乏"问题意识",问题意识不足而使学术研究贬值,殊不知没有问题就是最大的问题。

什么是问题意识?我以为,学术研究的"问题意识"是学者通过对深藏在客观事实与万千现象背后的矛盾及其复杂性的敏锐感知,从而产生解释或解决矛盾的自觉与体悟,它体现了学者思维品质的独立性、创造性,体现了学者在学与思之间构筑彼此相通的桥梁的细致性、深刻性。一个完整的问题意识大致包括发现问题、提出问题、分析问题、解决问题、验证问题等若干环节。培养问题意识,首先必须学会如何获取知识,在一定的学识积累和生活历练之中,才易于发现问题。

获取知识,需要阅读,而阅读的关键在于把握继承和批判的关系。在获取知识、积累知识的过程中,我认为要有接受、继承、借鉴的心态与精神。我特别强调要根据自己的研究领域,在研读学科经典的基础上,高度关注具有独树一帜地位的权威学术刊物《中国社会科学》杂志的引导性

观点;关注本专业所属一级学科顶尖刊物的最新成果,如哲学一级学科中的《哲学研究》《哲学动态》《自然辩证法通讯》等杂志,马克思主义理论一级学科中的《马克思主义研究》《马克思主义与现实》等杂志,因为它们像镜子一样反映了学术发展动向,代表了该学科的最高研究水准。积极阅读,尤其精读与我们兴趣点相关的论文,有利于我们透视学术前沿,把握学者的研究状况,也有利于我们思考问题、提出问题,凝练"问题意识"。在研读这些论文时,还要注意把握学者的问题意识、研究视角、结构框架、逻辑思维、写作方式以及语言措辞等,并分类做好笔记,以便深入学习、接受、继承、借鉴与消化。特别是对年轻的学者而言,首先应该尊重前贤,抱着学习的态度和精神对待其他学者及其学术成果。没有"我注六经"作基础,就不可能有"六经注我"。当然,这并不排斥对某些学术问题提出质疑,甚至批判。看书不能看什么信什么,不能成为"俘虏",要提高批判性思维的能力,要用批判的态度和怀疑的精神来表达坚定的学术信念,做到"和而不同"。获取知识、从事研究的过程最忌讳的就是跟随大众、随波逐流,学术成果能够有所突破往往总是建立在反流行之道而行之的基础上。只有经过深刻而有力的批判才有可能真正拥有充满学术思想的力量。但是,批判性思维不等于摆出一副横扫一切、推翻一切的姿态对待已有的学术研究成果,没有一定的思想基础与学术积累不能妄自得出结论。批判性思维的前提在于讲道理,通过讲道理才能认清是非观念,并提出有价值的思想。批判性思维的精髓在于自我批判,只有不断审视自我、反思自我,才能真正完善自我、提高自我。不善于批判自我的人,其批判性思维是片面的。

于:问题时常潜伏在经典作家和学者的思维品质之中,有待于我们在研读批判中深入挖掘。实际上,产生问题和疑问较为容易,而产生有质量的问题并不容易,您认为有质量的"问题"从何而来、如何把握呢?

刘:学术研究始于问题,问题既来源于现实世界,也来源于对话探究。一方面,问题来源于对现实世界的思考。从对现实世界的关切中不断形成"问题意识",尤其是"中国问题意识",从社会发展的成就以及凸显的矛盾中凝练问题,经过体会、感悟、酝酿和探索感知现实,最终形成有现实指导意义的学术成果。要认真阅读不断变化的现实世界这部大

"书",在复杂而综合的现实世界中体会学问与现实之间的内在关联,不能闭门造车,不能只在书房里进行思考,要在现实实践中发现问题,在理性批判中求得真知。李泽厚先生把他的思想叫作"吃饭的哲学",就是强调做学问要接地气,他的美学、伦理学主张背后的现实关怀是十分明显的,这种为民生立言的哲学对现代社会具有很强的指导意义。现实世界的种种问题常常困惑着我们,我们只有在充满困惑而又不甘困惑中,深入现实,从现实中汲取理论素材,把现实中的重大问题提升为理论问题来思考,才能够显明问题的当代性,形成有价值、有生命力、贴近现实的高质量的理论文本,才能从现实世界中升华出智慧,介入或参与公共政策研究,发挥思想库作用。对于当代中国学人来说,它不仅要求我们能够传承"中学"和"西学"两个传统,而且需要我们在这两个传统之间的张力中体会蕴含于当代中国实践经验中通往未来的新的可能性。在这个意义上说,思想不仅是对过去的解释,同时也参与了对未来的创造。

与此同时,问题还来源于对话,并在对话中得以生成和提升,在对话、思想碰撞与论辩中激活创意、磨砺思想之锋。学术对话是全方位的:可以与历史、现实对话,可以与理论、实践对话,可以与他人、自我对话,可以与经典、民族优秀传统文化对话,可以与自然科学、社会科学的新成果对话,等等。学术对话也是多层次的:最为直接的对话,是学者个体在自我学术研究活动中与不同学者的对话,向老一辈学者学习对问题研究的深刻性,向青年学者学习对问题思考视野的开阔性;较高层次的对话,是通过阅读与历史上卓越思想家的对话,它可以提升自身的思想水准;更高层次的对话,是与学术传统、学术流派之间的对话,是概念与概念、范畴与范畴的对话,是学科内部思想的交流与碰撞;最高层面的对话是学术理想、学术方法及跨学科之间的对话,它关系到自身研究方法及学科体系研究存在的问题。所以,既要加强学科内部之间的对话,又要走出学科内部的对话,这样才能形成高质量的"问题"及其对问题的可能解决方案。

就我自身而言,我力求在治学上不拘泥于哲学内部的领域分野,而以问题为中心进行系统性探索。在我的学术生涯中,我善于从身边发现问题、思考问题。例如,在对教育问题进行思考的时候,我发现不少学者的专著、文章、博士学位论文等时常引用罗尔斯的教育公正理论作为正面阐述的佐证，现实中它却没能使教育公正问题得到切实的解决。因此，我大胆设想了这样一个问题：罗尔斯的教育公正理论是否能真正对我们的教育公正问题起到实际的作用，或者说它是否适合于解释中国当前教育体制之下的公正问题，对我们的教育现状产生直接的或间接的指导作用？针对这个问题，我从批判性的视角形成了论文《罗尔斯教育公正理论情结及方法论原则批判》，从抽象的理论前提——人性的虚拟假设、片面的理论视角——尺度统一的正义原则以及乌托邦式的理论归宿——平均主义的倾向三个维度呈现了我的观点。又如，在探讨西方马克思主义的基本问题时，通过广泛深入的学习和研究，我发现，学界对西方马克思主义的研究倾向于孤立、零散地思考西方个别人物的理论观点，而对一些基本问题整体性把握较为欠缺。一系列的问题浮现在我眼前：西方马克思主义是否应该加强整体性视角的考察？西方马克思主义究竟是不是马克思主义？带着这些疑问，我尝试对西方马克思主义的基本问题进行整体性研究，形成成果《西方马克思主义的理论性质与中国意义》，直面西方马克思主义的理论性质，揭示其研究对于中国社会发展的意义。

四、哲学人生：严谨治学之道与学术生命之延续

于：问题意识和自身独到的见解，应该说有利于呈现学术成果，形成学术资源共同分享。但是，不"精细"的成果容易走向缺乏学术规范的歧途。我们知道，对学术问题的把握和探究张弛有度、严谨缜密，是您从事科研和治学一贯的作风。您能否从学术规范的角度与我们分享一下您的学术态度？

刘：当前，学术规范在"百家争鸣"的学术氛围中受到不同程度的忽视甚至扭曲，产生了不少诸如学术失范、学术失真等令人忧心的现实问题，着实需要引起重视。无论是从学术研究者自身学术涵养和学术受益的角度上看，还是从为学术界营造良好学术氛围，促使学术在思想撞击中走向发展的高层次高水平的角度上看，学术规范愈来愈凸显其极为重要的地位和作用。

我对学术及其规范的认识，经历了一个不断深入的过程。研究生阶段，我对学术的了解比较肤浅、零散和朦胧。后来，通过针对性更强的专业积累和学术攀岩，我逐渐对学术产生了浓厚的兴趣，也更加深刻地体会到学术尊严与学术规范的要义，渐而形成了学术规范的自觉意识。

学术规范的符合问题，归根到底是学术尊严的维护问题，是理论工作者的一种社会责任和历史担当。学术具有规范性和严谨性，这是由学术本身的内涵及其本质精神决定的。只有用严谨、严肃的态度去做学问，才有可能通过学术正确反映客观现实，接近客观事实，发现客观真理。学术规范问题，直接关系到学者的学术理念与学术品格的形成和固定的深层问题。因此，以一种维护学术尊严的严谨自律的学术态度，通过规范性和原创性的话语表达来展现学者的创作意境，是学术规范的本质所在。这也是我们在从事学术研究过程中，张扬学术自由的同时必须强调的关键要点。在学术研究的过程中，我更青睐于原创性的一些思考，我以为，站在巨人的肩膀上，凝练出原创性的结晶以形成学术成果，不仅是根源性意义上的一种学术自觉和学术规约，更是对学术尊严的捍卫、对自我学术探究之路的激励和挑战。

于：在惊叹于您在学术事业上取得的成就的同时，我们也留意到您指导的学生的学术成绩，作为导师，想必您对学生的栽培倾尽了心力。最后，还想请您结合科研工作者和教育者的双重身份，以及您自己的人生体会和感悟，谈谈您是如何培养学生的。这能够让成长中的年轻人从中汲取"营养成分"，也为他们提供一些指导性的建议。

刘：身为集教学、科研和育人的责任于一身的教育工作者，我深刻地体会到，教师的成就感并不仅仅在于自己的学问所产生的影响力，还在于培养学术与科研的同路人，在于引导同路人进行学术思考与探索。

在我看来，一个负责任的导师不会放弃任何一个有智慧的学生。导师的职责，不外乎引导学生走进学术，授予学生学术使命感，关心学生的生活。

导师对学生的学术指导，必须是实实在在的。教学与科研之余，我与学生联系比较频繁，我根据学生自身的兴趣和特长有针对性地进行学术指导。我以为，每位学生身上都有独特的闪光点，导师的关键作用在于帮助学生发掘自身的潜力与资质，启发学生的学术兴趣，授之以学术方法，引导学生在学习过程中找到规范严谨的治学之道，多做一些有意义的事。在具体的指导和接触中，我以平等的学术情怀与学生交流各种意见和见解，从对话交流、经典研讨、论文写作等方面，培养学生的问题意识、思维能力和写作水平；尊重学生，以包容的心境和学习的心态与学生分享思想资源，共同探讨学术焦点问题和社会问题，这不仅使学生收获了知识，也时常为我带来学术灵感，是师生共赢的学术交流方式。

人的一生，时常会因为某一个人、某一件事、某一句话的影响改变了人生的发展轨迹和奋斗方向，这是耳濡目染的力量，我颇有感触。因而，在与学生的学术交流和生活交往过程中，我十分注重以身作则、言传身教，希望通过自己的治学态度、为人处世、人生心境感染学生，为学生传递学业和生活的正能量，尤其引导学生树立学术使命感。培养学生的学术使命感，贵在精神引领，重在学术创造，引领学生用踏踏实实的行动领悟科学研究的深远意义，解读潜心学术的内在价值，发掘学术研究的原创力，这是学术之源传承发展的强大内力，也是展现精神魅力与学术尊严的重要路径。

学术道路上，培养同路人是一件快乐的事，更是学术使命感之于导师的重任，是延续学术生命之所在。引导学生走上学术的道路，看到学生学有所成，我很是欣慰。学生们潜心积累、厚积薄发的点滴进步，不仅是学术魅力与尊严的释放，更是学术生命的延续和人类文明成果的传递。学术生命的延续不仅仅是各个时代思想巨人们毕生创造力的累积，更重要的是千千万万的普通学术追随者一步一个脚印，孜孜不倦地追逐与推动着学术研究的繁荣发展。培养有潜力的学术同路人如同增强学界的造血功能，为学界酿造新鲜血液，注入源源不断的生命活力，这也是我平凡工作中的人生追求。

我经常教诲学生，学术的世界就像一盘中国象棋，个人是这盘棋中的小卒，需要一步一步往前走，每天进步一点点；而学术的人生则像一盘围棋，你无法想象你的潜力有多大，当你走得越远越宽广，你的收获和影响就会越来越大。因此，在学术人生中，要以严谨自律的治学态度，踏踏实实进行研究，怀揣"百花齐放"的包容胸襟，坚持严密求证的学术精神，享受简单而纯粹的科研生活，彰显理论的力量与精神的魅力，维护学术的尊严，延续无止境的学术生命。这是每一个从事学术事业的学者的责任，也是哲学人生境界的应有之义。

目 录

第一章 呼唤：马克思人类解放思想的激情萌发 …………………… 1
  第一节 浪漫主义的熏陶 …………………………………………… 1
    一、浪漫主义感染下成长的马克思 ………………………………… 2
    二、马克思思想中的浪漫主义遗存 ………………………………… 7
  第二节 意识哲学的激荡 …………………………………………… 12
    一、博士论文主题的由来 …………………………………………… 12
    二、意识哲学的展开 ………………………………………………… 16
    三、哲学救赎的深意 ………………………………………………… 19
  第三节 人道主义的力量 …………………………………………… 22
    一、现实的人：人道主义的主体 …………………………………… 23
    二、实践：人道主义的实现途径 …………………………………… 27
    三、共产主义：人道主义的归属 …………………………………… 29

第二章 探索：马克思人类解放思想的具体构筑 …………………… 33
  第一节 人类解放类型学的划分 …………………………………… 34
    一、政治解放：实现人类解放的基本前提 ………………………… 34
    二、经济解放：提供人类解放的物质基础 ………………………… 39
    三、文化解放：展现人类解放的智识策略 ………………………… 42
  第二节 人类解放实现条件的提出 ………………………………… 46
    一、"真正的共同体"——建立政治的基础 ………………………… 47

二、生产力增长——发展经济的根本 …………………… 51
　　三、革命价值立场——引导文化的方向 …………………… 53
　第三节　人类解放依靠力量的确认 ………………………………… 59
　　一、哲学：形而上的思辨和形而下的实践 ………………… 59
　　二、无产阶级：历史终结者和时代开拓者 ………………… 63
　第四节　人类解放发展历程的勘察 ………………………………… 68
　　一、基督教国家：宗教与政治的共谋 ……………………… 69
　　二、政治国家：过渡性的角色定位 ………………………… 73
　　三、后政治国家：民主与自由的现实展现 ………………… 75

第三章　演绎：马克思人类解放思想的宏观变化 ………………… 79
　第一节　从理论继承到革命建构的解放逻辑 …………………… 79
　　一、理论继承的多元性及其本质性扬弃 …………………… 80
　　二、马克思与康德、黑格尔的"相遇" …………………… 84
　　三、以"解放"为轴心的理论建构 ………………………… 93
　第二节　从应然到实然：马克思社会批判的价值取向转变 …… 96
　　一、哲学向经济学学科批判的转向 ………………………… 97
　　二、应然预设到实然结果追求的转换 ……………………… 101
　　三、实然价值取向的社会批判：通往解放的核心分析方式 … 104
　第三节　从欧洲到全球解放视域的拓展 ………………………… 107
　　一、解放规划的欧洲中心论是否成立 ……………………… 107
　　二、理论中断还是理论延续 ………………………………… 112
　　三、何种意义的拓展及其根源 ……………………………… 116

第四章　确立：马克思人类解放思想的全面论证 ………………… 121
　第一节　人类解放的必要性论证 …………………………………… 121
　　一、人与自然：从"主奴对抗"达至"本质统一" ……… 122
　　二、社会关系：由"外在于人"转向"服务于人" ……… 126
　　三、人与自身：从"身体遮蔽"回到"身体澄明" ……… 129
　第二节　人类解放的可能性论证 …………………………………… 133

一、在哲学本体论的求索中发掘根据……………………… 134
　　二、在现实社会的批判中探求希望……………………… 137
　　三、在论证方法的甄别中获得支撑……………………… 140
第三节　人类解放的阶段性论证…………………………… 144
　　一、早期阶段：反思人之生存哲学的深层结构………… 145
　　二、中期阶段：建构社会历史理论的中层结构………… 148
　　三、晚期阶段：演绎具体实践结论的表层结构………… 152
第四节　人类解放的整体性论证…………………………… 156
　　一、历史唯物主义：社会现实性的澄明与革命性改造… 156
　　二、多向度的解放：人类解放的路径阐述与历史转换… 159
　　三、共产主义运动：自由个性的物质保障与理论构想… 162

第五章　拓展：马克思人类解放思想的理论延伸……… 166
第一节　革命时代的解放求索：列宁与卢卡奇…………… 167
　　一、列宁对马克思解放思想的理论推进与革命践行…… 167
　　二、物化与总体性：卢卡奇延伸马克思解放思想的关键语… 175
第二节　工业时代的解放思考：哈贝马斯与马尔库塞…… 185
　　一、交往理性重置：哈贝马斯解放思想的逻辑主线…… 185
　　二、人的本质解放：马尔库塞艺术与审美的解放美学… 194
第三节　消费时代的解放反思：列斐伏尔与鲍德里亚…… 205
　　一、文化革命：列斐伏尔日常生活的解放方案………… 205
　　二、象征交换：鲍德里亚超越符号消费社会的解放策略… 214

第六章　结合：马克思人类解放思想的实现方式……… 225
第一节　人类解放思想的苏联实践及深刻教训…………… 226
　　一、意识形态的宿命论色彩……………………………… 226
　　二、解放形式困境的陷入………………………………… 228
　　三、官僚主义造成自由个性的压制……………………… 229
第二节　马克思人类解放思想与中国道路………………… 231
　　一、对马克思人类解放思想在理想与现实上的混同…… 231

二、科学发展观与马克思人类解放思想的升华……………… 239
三、现实性的人类解放思想与"中国模式"……………… 246

附录　启蒙理性及现代性：马克思的批判性重构……………… 254

主要参考文献……………… 279

结语　"解放"：马克思哲学的轴心问题……………… 291

第一章 呼唤：马克思人类解放思想的激情萌发

伟大的思想不仅需要深厚的思想沃土，还需要有思想家自身获得人文情怀的熏陶、深层逻辑的激荡和道德理性的力量支撑。马克思人类解放思想便是如此，它既建立在丰富的知识素养和积累之上，又充分扬弃了前人的思想，如空想社会主义者关于未来的社会构想、黑格尔的"绝对精神"与世界历史观、费尔巴哈的人本学和人类学思想等。前人的精神智慧构成了马克思人类解放思想的深度理论背景，这使得马克思人类解放思想站在更为坚实和更具高度的历史基地之上。

不能忽略的是，在马克思早期思想碰撞的火花中，浪漫主义、意识哲学和人道主义思潮为我们展示了马克思思想形成史中的另一幅景象，呈现了马克思在众多思想宝库中兼收并蓄、不断前行的图景。在这一图景中，浪漫主义、意识哲学和人道主义便成为其中的主角，它们给予其思想以浓厚的熏陶，形成了马克思人类解放思想的浓郁思想底蕴，在马克思思想根基中占据了重要的地位。我们要真正"回到马克思"，把握马克思思想的核心主题与根本价值诉求——人类解放，就应该深入探究这些影响因素，并深刻揭示这些影响因素与马克思思想发展的关联性。

第一节 浪漫主义的熏陶

马克思在青年时期深受浪漫主义的熏陶。浪漫主义曾一度左右着他的生活和思维方式，已然扎根于马克思的哲学王国之中，并在其中存留下不可磨灭的印记。马克思的人类解放思想，也同样蕴含浪漫主义的"身影"。厘清马克思人类解放思想的萌芽与诞生，浪漫主义是难以避开的一道门槛。近年来，国内学界相对欧美学界而言，对马克思思想理论来源的研究忽视了浪漫主义所带来的影响与冲击，较少将马克思拉回到浪漫主义思潮的大背景中去考察和研究其思想的萌芽，未能充分认识马克思早期存在的浪漫主义情怀对其思想发展的熏陶和感染作用。我们有必要秉持正本清源的哲思态度，正视浪漫主义对马克思所带来的灵感触发和思想推动，还原其思想的原貌。

一、浪漫主义感染下成长的马克思

马克思人类解放的宏大思想，并非只是得益于康德、黑格尔、费尔巴哈等哲学家的思想启迪，也并非只是对英国政治经济学或空想社会主义的继承与拓展，而是受到多重理论因素的共同影响，这些理论因素使其阅历累积增加而致思想不断沉淀。在这一沉淀历程的始端，即马克思的青少年时期，浪漫主义所给予马克思的思想熏陶、牵引和启示，深深地影响着马克思思想脉络的延伸，使他逐渐显现出追求"人类的幸福和我们自身的完美"，以及希望通过诗歌而充分彰显个性的魅力，使人得以从现实的羁绊中挣脱，来实现自我情感和个性的自由与释放的解放旨趣。

浪漫主义兴起于18世纪晚期，曾于18世纪末到19世纪初期风靡欧洲大陆，其特点在于常常使用瑰丽的辞藻、浮夸的想象来构筑与客观世界针锋相对的空间，并以此批判、针砭现实，以诗歌的形式，道出了哲学的意蕴，其所指求的诗化世界，实是对当时社会的另一种解脱方式的表达。浪漫主义倡导彰显人的主观性色彩，强调充分抒发人的情感和个性，将自身主观意愿寄托于诗歌之中，并希望依托诗歌的形式，构建一个充满爱的诗化世界。浪漫主义者憧憬在这样的梦幻世界中，现实的压迫和社会的阻碍将不再成为人们所烦恼和顾忌的要素，人们在生活中所遭受的苦难和冤屈将消失殆尽，每个人的真实想法和根本诉求都将获得完美实现。总之，在诗化世界中，人们可以自由发展、自觉活动。虽然这一切听起来似乎有些梦幻和虚构，但浪漫主义者认为，这一切都真实存在，诗的境地才是他们坚信的现实世界。正如诺瓦利斯坦言，只有诗才可称得上实在，"越富有诗意，越真"①。浪漫主义在欧洲社会掀起的强劲热潮，影响了诸多文学、哲学等领域的巨匠，马克思也在其列。②

马克思成长于一个相对宽松和富裕的家庭，这为培养他良好的文学素养、浓郁的人文情怀营造了优越的环境和氛围，也为马克思能够在青少年时期就接触和感知浪漫主义埋下了伏笔。1818年5月5日，马克思在德国的古老城市特利尔城诞生，其父亲——亨利希·马克思十分热衷于文学，非常崇拜伏尔泰和卢梭等人，是一位学识渊博、非常有名望的律师。马克思父亲的深邃思想对马克思缜密细致的逻辑理路、深远宏大的哲学运思等的培养与形成意义重大。而马克思父亲的至交、后来成为马克思岳父的冯·威斯特华伦男爵，也是一位文学修养深厚、十分热爱诗歌并具有强烈人文关怀的人，马克思十分热衷于和他来往，称赞他为"父亲般的朋友"，正是与这位朋友的交谈和思想碰撞，唤起了马克思对浪漫主义的热情。如此优良环境下的马克思在文学、人文情怀方面有着较之于同龄人更为突出的积累，其思想萌芽的沃土自然也比其他人的更为富饶。据法国杰出的马克思主义思想家拉法格（Paul Lafagure，1842－1911）回忆，马克思在童年时期就对莎士比亚、奥维德、歌德、卢梭等人的作品印象深刻，他称马克思甚至对莎士比亚作品中最微小的角色都熟稔于心。③萦绕于文学、诗歌、哲思之中的早期马克思，其幼小的心灵已经播撒了对诗境和戏剧中英雄人物无限崇拜和深切向往的种子。

中学时期所受到的教诲和熏陶，使马克思确立了宏伟志向，但年少时的理想和志向，毕竟还未曾面临现实的考证和检验，或多或少地隐含着浪漫主义的倾向。12岁之前，马克思基本是在家中接受教育，12岁开始有

---

① 刘小枫：《诗化哲学》，山东文艺出版社1986年版，第21页。
② 虽然在马克思成长的年代，浪漫主义已经开始从其思潮的巅峰缓缓下台，逐渐消退，但正如所有其他经历过文化思潮之后的时代一样，整个欧洲历经了如此盛大的思想洗礼和文化冲击后，依然存留着浪漫主义的余音及其高潮退却后的思想回荡，而这股余音与思想回荡同样将对那一时代的人产生不可忽视的影响。
③ 参见［法］保尔·拉法格：《回忆马克思恩格斯》，马集译，人民出版社1957年版，第70－71页。

五年时间是在特利尔中学学习。马克思的历史老师胡果·维滕巴赫是当时特利尔中学的校长,他对德国诗人歌德甚是赞赏,并将歌德视为"康德哲学专家"。以维滕巴赫为代表,特利尔中学有一批认同启蒙,宣扬理性、科学、进步,反对愚昧专制的进步知识分子。在特利尔中学学习期间,马克思不仅学到了科学知识,而且进一步受到启蒙思想与浪漫主义的熏陶。加上同期父亲和威斯特华伦给予的思想教育,年轻的马克思已经开始把关切的目光投注到周围贫苦大众身上。贫苦大众的悲惨遭遇,时常激起马克思无限的义愤和深深的同情。在这些因素的共同作用下,少年时期的马克思萌发了崇高的、非凡的志向,他在《青年在选择职业时的考虑》一文中,就曾立志选择"最能为人类福利而劳动的职业",做"完美无疵的伟大人物"。他坚信:"我们的幸福将属于千百万人,我们的事业将默默地、但是永恒发挥作用地存在下去,而面对我们的骨灰,高尚的人们将洒下热泪。"[①] 年轻时期的马克思就已确立了普罗米修斯式的救世理想,立志做人间的"普罗米修斯",为人类的幸福而努力奋斗,并且不吝献身。然而,这一如同诗意一般的梦想,就如维滕巴赫对这篇文章所做的批改一样,"过分追求非常精致的形象表达,缺乏现实感。"[②]

进入大学学习的马克思,才在真正意义上与浪漫主义相接触,并萌发了对浪漫主义的青睐。1835 年,马克思听从父亲的安排,来到波恩大学研习法律。波恩大学是莱茵地区的思想中心,彻底的浪漫主义是这所大学所充斥的主流思想。在具有如此浓郁的浪漫主义气息的地方学习,无疑会在马克思的脑海中留下浪漫主义的深深烙印。在波恩学习的一年中,马克思对浪漫主义青睐有加、推崇备至。他不仅接触到了浪漫派的重要代表人物施勒格尔,并选择了他的两门课程"荷马研究诸问题"与"普罗佩尔提乌斯的挽歌",学习过程中,施勒格尔的浪漫主义思想对马克思有引导和启蒙作用;他还参加了一个拥有德国浪漫派诗人埃马努尔·盖贝尔和未来"真正的"社会主义代表人物卡尔·格律恩的诗社,并创作了不少诗作,诗歌成为马克思宣泄内心情感的门窗。在紧张的学习中还能以如此悠

---

① 《马克思恩格斯全集》第 40 卷,人民出版社 1982 年版,第 7 页。
② 参见 [英] 戴维·麦克莱伦:《卡尔·马克思传》,王珍译,中国人民大学出版社 2005 年版,第 7-11 页。

闲的方式生活，足见马克思心中的浪漫主义情怀逐渐放大，已经开始深入并影响他的生活和情感。

但马克思在波恩大学的生活被其父亲认为过得有些放荡无为，全然与其父亲的初衷相左。在学习了一年后，马克思的父亲希望儿子慎重交友，要同有"教养的人"交往，同有自信成为未来优秀公民的人交友，避免同"放荡不羁"的人往来①，于是将马克思转到了柏林大学就读。马克思十分顺从和体悟父亲的本意，"到柏林后，我断绝了从前的一切联系，只是兴致索然地拜访几个人，我努力使自己专心致志于科学和艺术"②，没有再沉溺于原先"放荡无为"的生活，而是选择投身于专业学习和哲学思考之中。但马克思与浪漫主义的关系并没有因此而终结，诗歌带给马克思的情感宣泄的快感和激情，使马克思难以忘怀，更无法让马克思释怀的是如此美丽和令人神往的诗歌所构筑的诗化世界，以至于马克思在柏林大学求学的期间，还不忘回味、阅读和创作诗歌，不忘与诗歌保持一贯的热情。他曾与浪漫主义诗人海涅往来密切，且十分痴迷于他的作品，彻夜未眠地拜读海涅的诗歌。而真正触发马克思的浪漫主义灵感，使马克思为浪漫主义诗歌而疯狂则是与追求燕妮一事有关。马克思曾经常性地以诗歌表达对燕妮的爱意，虽然追求的过程经历了曲折，但最终马克思还是成功获得后来成为他妻子燕妮的芳心，这使得马克思对浪漫主义的兴趣愈加浓烈，创作诗歌的热情也逐渐增强，思想的火花在此刻不断迸放和涌现，对诗化世界的憧憬和向往持续强烈。在这一过程中，马克思创作了不少的抒情诗③，这些抒情诗虽然基本是马克思用来表达对燕妮的爱慕之情，却足以显现当时的马克思对浪漫主义的深陷与沉沦。通过这些诗歌，我们可以追溯当时马克思与燕妮曲折跌宕的爱情故事，从中察觉马克思在这一过程中的心路历程，隐约反映出一个浪漫派人物的诗意情怀。

---

① 参见《马克思家书集》，人民出版社1985年版，第9、17页。
② 《马克思恩格斯全集》第47卷，人民出版社2004年版，第6页。
③ 这些诗作有许多现在已经遗失，而保留至今的主要有三本诗集：《爱之书》第一、二部和《歌之书》，其中《爱之书》的第一、二部共收集了34首诗作，《歌之书》收集了23首诗作。（参见［美］维塞尔：《马克思与浪漫派的反讽——论马克思主义神话诗学的本源》，陈开华译，华东师范大学出版社2008年版，第11页）

在此之后，马克思开始对浪漫主义持犹豫不决的态度，难以确定浪漫主义的诗化世界是否是自己真正所向往的理想世界，诗化的虚拟世界是否能够真正满足他所追求的现实理想。虽然此时的马克思还与另一位浪漫派代表人物蓓蒂娜·冯·阿尔宁偶有往来，但似乎见面并不太愉快，这使得原本对浪漫主义的思想信念就已经逐渐减退的马克思，更为质疑要献身于浪漫主义的初衷。由此，马克思反思浪漫主义于他的意义，开始询问"现实的东西和应有的东西之间的对立"。在给他父亲的信中，马克思反省道："一切现实的东西都模糊了，而一切正在模糊的东西都失去了轮廓。"① 面对抉择，马克思决定只将创作诗歌作为"附带的事情"，他似乎已经认识到诗歌所构筑的世界，显然不是真实、可触摸、可演变的现实世界。他决定静心回归现实，希望能够寻找到一块与"应有的"境地相区别的"现实的"境地，于是他选择专心致志于攻读自己本来的法学专业，并遵从其兴趣开始学习哲学，"试图使一种法哲学贯穿整个法的领域"②。马克思开始转换研究领域，诗意生活暂时告一段落。等待他的是一个可以让思维自由游弋的哲学王国，但遗留在马克思思想深处的浪漫主义并没有消失，而在不同时期潜移默化地发挥不同程度的作用。

回顾马克思在大学及其之前的成长历程，不论是儿时生长于良好家境，有父亲的教诲和文学的熏陶，有"父亲般的朋友"冯·威斯特华伦与之交流浪漫主义诗歌的影响，还是在中学时就树立了一个宏伟远大却极富诗意和浪漫主义色彩的志向，或是之后受浪漫主义感染，结交浪漫派代表人物、吸纳浪漫主义诗意情怀、痴迷浪漫主义作品、创作个性张扬且情感饱满的诗歌，马克思的思想似乎都带有浪漫主义元素。浪漫主义从最初的诗歌形式的陶冶到思想的灌输——幻化为马克思成长的沃土，演变为马克思向往的圣境——一路伴随马克思成长。

马克思的人类解放思想正是在这种浪漫主义熏陶和感染之下的成长历程中得以萌发、展现，这不仅体现于马克思中学时期的《青年在选择职业时的考虑》一文中所强调的"为人类福利而劳动"的宏大志向之中，

---

① 《马克思恩格斯全集》第47卷，人民出版社2004年版，第6-7页。
② 《马克思恩格斯全集》第47卷，人民出版社2004年版，第7页。

也内藏于马克思对浪漫主义的精神崇拜与对诗化世界的无限向往之中,浪漫主义所彰显的就是个体个性的自主自由选择以及在诗化世界中每个人都能够自由而全面发展的精神憧憬。正是有着这样一种强烈的熏陶与感染,伴随着人生经历的不断丰富以及在生活实践中阅览到的人类生活的困苦与悲惨,马克思才如此迫切地追寻可以解救万民于水火之中的现实的、可行的真理,并最终创立科学的人类解放思想。

二、马克思思想中的浪漫主义遗存

早期马克思到底是不是一个浪漫主义者?对此,学者众说纷纭,有着不尽相同的答案。有学者肯定浪漫主义对马克思的影响,并从马克思的著作中探寻到浪漫主义的韵味,认为其完全可以称得上是浪漫主义者,"是浪漫主义思想的合法继承人"[①]。也有学者认为马克思的思想深处所展现的主要是一种纯粹科学式的逻辑演变,而非浪漫主义式的情感寄托,"马克思同边沁和詹姆士·穆勒一样,跟浪漫主义丝毫无缘;合乎科学始终是他的目的"[②]。

笔者认为,马克思不仅青少年时期受浪漫主义影响深远,思想萌芽时期浪漫主义的遗存也影响了马克思后期的思想发展进程。在马克思后期文本的写作风格以及思想理论深处,我们或多或少可觉察到浪漫主义的存在。正如美国学者维塞尔所言:"马克思把诗歌的境像深嵌于'科学'的术语上,以致他的追随者都没有意识到这一点。在我看来,马克思恰恰隐没在他自身浪漫诗情创作的背后。"[③] 在马克思的文本和哲学思想中,浪漫主义的身影确实时有显现,这种显现不仅表露在马克思行文运思的方式方法和表达技巧之上,也蕴含在他所构筑的宏大叙事结构及思想视域之中,更延伸至马克思毕生所追求的伟大目标——人类解放的构设之中。

---

① [意]贝内德托·克罗齐:《历史学的理论和历史》,田时纲译,中国社会科学出版社 2005 年版,第 190 页。
② [英]罗素:《西方哲学史》下卷,马元德译,商务印书馆 1976 年版,第 337 页。
③ [美]维塞尔:《马克思与浪漫派的反讽——论马克思主义神话诗学的本源》,陈开华译,华东师范大学出版社 2008 年版,第 5 页。

不论是作为浪漫主义具有代表性的写作技巧和修辞手法还是作为一种哲学视角，反讽在马克思的文本中都有印证。作为修辞学意义上的反讽是指以一种反对、讽刺的语气或写作方式，将所指之物蕴含于文本所表达表层意思的对立面之中，其实质就在于所言并非所指。马克思的文本频繁使用了这一修辞手法。例如，马克思在揭露资本主义社会弊端、批判资本主义社会货币使人的关系发生异化时就曾写道，"货币也是作为这种起颠倒作用的力量出现的。它把坚贞变成背叛，把爱变成恨，把恨变成爱，把德行变成恶行，把恶行变成德行，把奴隶变成主人，把主人变成奴隶，把愚蠢变成明智，把明智变成愚蠢"①，通过揭示货币在资本主义社会所带来的混乱现象，凸显了资本主义社会的物化、拜物教本质，剖析了资本主义社会的内在矛盾和主要问题。②《共产党宣言》中"幽灵"的使用也明显展现出马克思对浪漫主义反讽方法的沿用和继承。

作为哲学视角的反讽，更能穿透马克思的诗化迷雾，展示出其对浪漫主义思想的部分扬弃。反讽式的哲学作为早期德国浪漫主义哲学的主体内容，被浪漫派的代表人物 A. 施勒格尔（曾教授马克思两门课程）继承和演绎，其将修辞学意义上的反讽不断深化、牵引，使之达到了哲学的高度。他认为反讽是"自我创造与自我毁灭的经常交替"，"包含并激励着一种有限与无限无法解决的冲突"，③ 并将哲学视为反讽的最真实故乡。受施勒格尔影响，反讽的哲学也在马克思的思想中深深地扎下了根须，这种充满主体性色彩的哲学形式，在经过马克思的重新诠释后，出现在马克思的核心思想之中，并担当了重要的角色。但马克思并没有将浪漫主义的主体性完全移植到他的哲学体系中，而是将原先那种意识内在性的主体性，批判性地转化为存在于现实世界中的新的主体——无产阶级，这个阶级作为反讽的主体，在经历否定之否定的扬弃过程之后，能够成为具有救赎人类社会的伟大力量。"在特殊的情况下，无产阶级也是整体的扬弃，

---

① 《马克思恩格斯文集》第 1 卷，人民出版社 2009 年版，第 247 页。
② 关于修辞学意义上的反讽观点，参见刘军：《反讽与复归：浪漫主义诗歌在马克思思想演进中的作用》，《学术研究》2012 年第 12 期。
③ ［德］施勒格尔：《浪漫派风格——施勒格尔批评文集》，李伯杰译，华夏出版社 2005 年版，第 50、65、57 页。

然而，无产阶级却给出了更合时宜的承诺——未来的拯救。无产阶级拥有普遍而神圣的力量，这种力量以其救赎的效力为依据。最重要的是，无产阶级承诺本身具有人的无辜、和解、整体、一（oneness），摆脱了现代社会的危险和苦难，摆脱了经验存在本身的危险和苦难。"① 只有将无产阶级这一共产主义革命的主体解放出来，才能真正继续完成全人类的解放事业，推动每个人的自由而全面发展。

浪漫主义精神中内含的"还乡"或"复归"情结在马克思的文本中也有体现，并逐渐萌发出马克思人类解放这一核心主题思想。启蒙精神展示在世人面前的一直是一种面向未来的乐观、积极的态度和状态，而作为启蒙精神的反对者和批判者——浪漫派则选择了与之相反的道路，将崇古作为其精神依托。几乎所有的浪漫主义者都怀有一种复归本源、追寻本根性的崇古情结。浪漫主义诗人席勒在看到现代社会快速进步的同时，也意识到科学技术给人们带来的束缚与压抑，他曾经发出诘问，如果让现代人与普遍具备多项才能的古希腊人进行一场关于生活、生存智力的竞赛，谁会取得胜利？显然席勒的答案是后者。浪漫主义者所怀有的崇古、"还乡"情结，无不体现着他们对自己早期记忆的召唤和复苏，对现代社会阴暗面的躲避和逃脱。虽然马克思在青年时期也有过对现实的针砭诉诸神话人物或原始状态的经历，但他认识到"一个成人不能再变成儿童，否则就变得稚气了"②，必须实现对浪漫主义"还乡"情结的超越，使之在自己的思想深处焕发新生。这种超越在马克思的《1844年经济学哲学手稿》中获得了深度揭示和全面展现，他将人的本质复归和人对人的本性占有作为对现实的受资产阶级压迫、剥削和受资本主义私有制异化的一种"还乡"，他希冀所追求的共产主义即每个人都能够获得自由自在的劳动权利，是对人的本质的实质性占有。虽然这一思想还不是马克思成熟时期的思想，但足见"还乡"情结的呼唤回响在马克思的内心深处。而在马克思成熟时期所构设的"否定之否定"的哲学路径中，似乎也蕴含着"还乡"的价值取向。只不过与"还乡"式的回复原始状态不同的是，马

---

① ［美］维塞尔：《马克思与浪漫派的反讽——论马克思主义神话诗学的本源》，陈开华译，华东师范大学出版社2008年版，第251页。

② 《马克思恩格斯文集》第8卷，人民出版社2009年版，第35页。

克思所建构的"否定之否定"体现为一种对现实世界的螺旋式的升华和扬弃，是对前者的一种提升和超越，而非纯粹式的恢复本根境地。马克思对人性复归的"还乡"情结以及"否定之否定"的超越式发展，都与其所追求的人类解放有着难以割裂的关联，在还未找到实现"人性复归"的科学与现实道路时，马克思只能将之置于哲学共产主义的基座之上，诉诸诗化般的哲学世界之中。而当马克思找到这一路径，寻得科学共产主义的真谛时，人类解放便取代了原先的人性复归，成为马克思思想中无可争议的核心主题与最终归宿。①

认真比对马克思唯物史观思想中的部分内容与浪漫主义所倡导的思想实质可以发现，两者间既有相似之处，也具有一定的承继痕迹，再次证明了浪漫主义在马克思思想中的遗存。

首先，浪漫主义所倡导的"存在先于意识"与马克思哲学中的"社会存在决定社会意识"两者之间有着一种顺承或是演绎进化的逻辑关联性与默契感。德国早期的浪漫主义者和马克思都不赞同唯心主义所主张的"意识先于存在"，并认为唯心主义所理解的"意识"是将"存在"限定和封存起来，从而使得这种"存在"逐渐向理性化、纯粹化和逻辑化沉沦。为了使这种被启蒙理性和唯心主义意识所遮蔽的"存在"获得释放，恢复其本真状态，浪漫主义者提出了"存在先于意识"，表征意识只是存在的语言和思想表达形式，受存在的制约，充分体现出存在之于意识的优先性和前置性。这种将意识与存在的关系从长期的固定范式中挣脱出来，转换为一种新的关系，其关系的突破启发和推动了马克思唯物主义思想。马克思受此冲击，在观察到社会生产、利益等对意识的影响和强制性约束后，逐渐肯定了浪漫主义的思想，并对其进行了改造，使其更符合现实和逻辑，这即是马克思的"社会存在决定社会意识"。当然，马克思并非只是完全沿用浪漫主义的思想，而是将浪漫主义思想与自己的思路、独到见解和社会现实等相融合，从而完成对前人的扬弃和超越。马克思所理解的社会存在和社会意识并不仅是一种单向度的制约和决定关系，而且极富辩

---

① 关于"否定之否定"复归的解释，参见何中华：《马克思哲学与浪漫主义》，《山东社会科学》2007 年第 12 期。

证法思维，即在充分肯定社会存在决定社会意识的基础上，也体会到社会意识能指导实践行动，具有相对独立性，从而使客观事实上升到一种价值高度。正是在这种将历史唯物主义与辩证法思想相互融合的过程之中，马克思才真正实现了对浪漫主义的超越，创造出属于自己的思想。①

其次，马克思和浪漫主义者都认识到人们受困于现实世界对人的束缚和限定之中，两者也都有着共同的价值取向——摆脱这种束缚和限定，使人能够在理想的世界中自由生存和自主发展。但在实现路径上，他们有着两种截然不同的选择，而截然不同的选择之间似乎又暗含着一定的关联。浪漫主义者目睹了大众受苦于现实的挣扎，也有着将世人解救于水火的诉求。但是迫于对现实的无奈以及难以寻找到打破这一尴尬格局的真实力量，浪漫主义者创造了一个诗化的世界，在这个世界中，每个人的个性都能够得到发展，不受制于悲惨现实。马克思也曾经试图用诗化的世界来完成对受苦楚人民的拯救，但面对不同的阶级利益体、现实社会的贫困大众时，他意识到用虚拟的手段解决现实问题的路径是行不通的，必须在现实世界中寻找到能够解决现实问题的力量。于是马克思开始研习经济学，接触劳动、剩余价值、社会生产力和生产关系等范畴，并从中找到通往他所追求的境地——人类解放的现实路径：彻底颠覆资本主义私有制，否决旧时代的所有生产关系，使社会生产力快速发展、劳动成果极其丰富、自由支配时间充裕等等。只有这样，人类才能够获得新生，才能够真正摆脱旧社会的束缚，实现自身的解放和全人类的解放，完成从"必然王国"向"自由王国"的转化和升华。

仔细梳理马克思的文本和思想，将之与浪漫主义的风格和理论内容对比，我们可以发现两者之间更多相似、相仿之处，这在一定程度上肯定和证实了浪漫主义对马克思的影响，确证了马克思从浪漫主义中汲取养分的推断。

思想的影响是深远且悠久的，不能单纯从物理时间意义上对思想影响进行某种划分和切割，而忽视思想影响的延续性和奠基性。虽然浪漫主义

---

① 参见刘森林：《从浪漫派的"存在先于意识"到马克思的"社会存在决定社会意识"》，《哲学动态》2007年第9期。

在马克思的成长和思想历程中停留时间较为短暂，但不能以时间的长短作为衡量标准，而否认浪漫主义对马克思思想的影响，否认浪漫主义对唯物史观的启发、对马克思人类解放思想的萌芽和发展推动的功绩。我们只有回到马克思思想发展的历史逻辑与演进脉络之中，才能真正体会浪漫主义在其思想形成过程中的作用，觅得两者的内在关联和逻辑演进，领略浪漫主义熏陶对马克思人类解放思想的感染和效用。

第二节 意识哲学的激荡

追溯马克思思想的始端，回顾马克思哲学思想历经的路程可知，博士论文是他真正开始走上哲学沉思之路的最直接见证。其博士论文《德谟克利特的自然哲学和伊壁鸠鲁的自然哲学的差别》在对宗教的批判上，将人的自我意识作为划破虚无与现实的利器，并以此反对宗教、批判神学，用这种属于理性的意识哲学与非理性的神学相对抗，揭示非理性神学的本质，分析宗教产生的社会历史根源，并将其作为消灭宗教的决定性力量。意识哲学在马克思的博士论文中甚至在其哲学生涯中扮演着极其重要的角色。

意识哲学对马克思而言，并非是马克思在与浪漫主义"决断"后的随意选择，其最终能够在马克思的博士论文中恣肆展现，既有哲学思想继承脉络的影响，也有对现实生活境遇的考量。马克思的意识哲学与其博士论文的选题方向——德谟克利特和伊壁鸠鲁哲学之比较，揭示了两者的内在关联性，使它们相互结合并焕发光彩。为了能够更加详细且清晰地理解和把握马克思博士论文的主题思想，我们需要分析马克思博士论文的由来、意识哲学的展开和哲学解放的深意。

一、博士论文主题的由来

马克思博士论文的写作与谋划既有现实困境的原因，也有理论继承的缘由。

首先，出于对职业选择的现实考虑。进入柏林大学后，马克思潜心于法学和哲学的研究，但也曾多次受到挫败。马克思受到费希特和康德关于法权、法等思想的影响，曾试图建构一个"贯穿整个法的领域"的法哲学体系，却遭遇到难以解决的危机。他所专注的形而上学层面的法哲学，本质上就是与现实相脱节的关于法的逻辑、原则、概念等，并没有突破费希特的老套路，甚至比费希特的思想更为空洞和缺乏实质性。当马克思的这种"理想主义"哲学世界观遭遇实然和应然之间相对立的危机时，他重新回到德国古典哲学，即康德、费希特、谢林的哲学思想中寻找答案。但是经过一番论证和推演，马克思不仅充分领悟到"理想主义"世界观的虚无与空泛，还察觉到谢林哲学的终点却是黑格尔哲学的起点，这使得马克思不禁感慨"没有哲学我就不能前进"。于是，他重新回到黑格尔的哲学世界，寻求解除危机的钥匙。正是在经历思维的角逐和痛苦的寻觅之后，马克思加入青年黑格尔派的博士俱乐部，且常常与学术上的挚友布鲁诺·鲍威尔畅谈哲学[①]，但这种无所顾忌地游弋于哲学海洋的安逸生活随着其父亲的逝世开始有所改变。1838年5月10日，马克思的父亲去世，来自家中的援助日渐减少，马克思面临职业选择的难题。受鲍威尔的劝说和影响，马克思决定去大学执教，但前提是必须要获得博士学位，马克思因此开始谋划和写作博士学位论文，并将伊壁鸠鲁哲学确定为学位论文的核心主题。

其次，出于对宗教批判的现实考量。当时的马克思、鲍威尔等人，已经认识到宗教的存在并非真如人们所相信的是一种先验的存在，它只不过是随着人类意识的持续发展，从自身分离并孕育出的一种虚幻意识罢了，是意识自身的创造物，"人的自我意识是最高神性的一切天上的和地上的神。不应该有任何神同人的自我意识相并列"[②]。面对普通大众在宗教问题上的迷惘和踌躇，马克思需要肩负起鞭笞、批判宗教信仰，揭开宗教真实面目，还世人以真相的重任。而伊壁鸠鲁在他的时代就曾经是宗教批判

---

① 参见王浩斌等：《马克思的自我意识哲学：起源、形成与特征——〈关于伊壁鸠鲁哲学的笔记〉和〈德谟克利特的自然哲学和伊壁鸠鲁的自然哲学的差别〉解读》，《江海学刊》2005年第3期。

② 《马克思恩格斯全集》第1卷，人民出版社1995年版，第12页。

的斗士、思想启蒙的引导者,对古代宗教进行了彻底、完整的痛斥和诠释,并坚信展示世界之真实性的哲学是治疗人生"疾病"的处方。马克思借助伊壁鸠鲁"救赎方式的哲学"获得了另外一种不同于宗教批判的批判方式,并希望透过哲学对宗教的"救赎"实现真正的宗教批判和宗教解放的旨趣。他在宗教批判的层面上,充分彰显了意识哲学的"救赎"功能。

最后,受黑格尔哲学的影响。马克思博士论文主题的确定,受到了黑格尔思想和青年黑格尔派思想的左右,带有黑格尔精神的深深烙印。博士论文写作时期的马克思还处于黑格尔的影响之下,未完成其超越。马克思博士论文的写作缘由存在汲取黑格尔的积极成果的因素。当然,马克思对黑格尔思想也不是一味地继承,继承中也有批判。对于马克思究竟在多大程度上继承、多大程度上批判和扬弃的问题,学术界存有争议。笔者认为,马克思博士论文的写作,黑格尔对其的影响是巨大的。博士论文的撰写,确实不可避免地渗透了黑格尔思想的影响成分,但不能将博士论文的写作根据与思想展现仅仅归结为黑格尔影响的结果。

马克思等青年黑格尔派似乎面临着与亚里士多德之后的希腊哲学相似的境遇,于是马克思把关注点集中在希腊哲学上,希腊哲学在马克思博士论文的写作过程中起到了至关重要的作用。在青年黑格尔派,特别是其中的鲍威尔等人的影响下,马克思逐渐对亚里士多德这一哲学巨擘之后的古希腊哲学产生了浓郁的兴趣。继黑格尔宽宏巨大的"总体哲学"之后,马克思等青年黑格尔派试图破解与古希腊哲学面临的相似困境——哲学与自然、神学的关系,希望能够从古希腊哲学的体系中寻觅出路。他们认为古希腊哲学蕴含着现代主流思想的实质性因素,它不仅对基督教的教义发展起着重要影响,还凸显了启蒙理性的特质等。对马克思而言,希腊哲学中的伊壁鸠鲁学派、斯多葛学派和怀疑主义有着独特的地位,它们构成了马克思博士论文的基调。马克思将它们阐述为"罗马哲学的原型,即希腊迁移到罗马去的那种形态","充满了特殊性格的、强有力的、永恒的本质,以致现代世界也应该承认它们的充分的精神上的公民权"。①

---

① 《马克思恩格斯全集》第40卷,人民出版社1982年版,第194页。

马克思之所以选择伊壁鸠鲁哲学作为博士论文的主题，正在于伊壁鸠鲁主义所倡导的哲学具有其独特意蕴和深刻哲思。伊壁鸠鲁学派在古希腊哲学中是与斯多葛学派和怀疑论学派并列的三大哲学派系，这三大派系总体上都是以自我意识作为其理论发展的根基，并以此保持着内心的宁静和安逸。而在这三大派系之中，伊壁鸠鲁学派又是曾经最受争议的学派。古代学者认为伊壁鸠鲁学派的思想抄袭和照搬了德谟克利特的原子论学说，缺乏自身的思想创新和主见，甚至将伊壁鸠鲁学派视为享乐主义的代名词，伊壁鸠鲁学派在很长一段历史时期内备受质疑。

伊壁鸠鲁学派的原子论确实继承了德谟克利特的自然哲学传统，是伊壁鸠鲁本人在阅读德谟克利特的原子论之后所获得启发的结果。但这种启发并非是一种抄袭和照搬，而应该理解为一种批判式的继承。就整个古希腊哲学学派而言，他们所奉行的学术原则并非是一种从前人手中直接嫁接的"拿来主义"，而是一种通过对先人的批评、批判来表达其对于先人的敬重的批判式传承。伊壁鸠鲁学派的原子论和德谟克利特的自然哲学都认为"没有任何东西可以从无中产生"，宇宙在总体上是"恒定的"，但伊壁鸠鲁批判了德谟克利特的自然哲学，认为宇宙在总体上"恒定"并不等于宇宙是有限的，毕竟原子和虚空在总体上是无限的，"事物的总体在物体的数量和虚空的范围两个方面都是无限的"①。伊壁鸠鲁还认为宇宙中还包含无数个世界，且不同世界之间存有"空隙"和"空间"，虚空成了原子存在和活动的场所，原子和原子之间的运动、碰撞、结合构成事物。伊壁鸠鲁的原子论延伸到伦理学范畴，赋予了原子以自我意识，认为原子的运动体现着原子的自由，虚空则是自由的处所。② 马克思认为伊壁鸠鲁的物理学（原子运动）只不过是伦理学的组成部分，伊壁鸠鲁将自主性观念引入到原子的运动之中，将意识的概念覆盖在德谟克利特的自然哲学之上，这就是伊壁鸠鲁与德谟克利特的差别所在，马克思明显倾向于伊壁鸠鲁的观点。正如麦克莱伦总结的："首先，他（伊壁鸠鲁——笔者

---

① ［古希腊］伊壁鸠鲁:《自然与快乐：伊壁鸠鲁的哲学》，包利民等译，中国社会科学出版社 2004 年版，第 5 页。

② 关于伊壁鸠鲁原子论中对虚空与自由关系的解读，参见黄颂杰等:《古希腊哲学》，人民出版社 2009 年版，第 516–522 页。

注)强调了人类精神的绝对自主性,它把人从一切超验对象的迷信中解放出来;其次,对'自由个体的自我意识'的强调,为人们指出了一条超越'总体哲学'体系的道路。"①

二、意识哲学的展开

马克思的博士论文创作于1839—1841年间。在此之前,马克思为了博士论文的写作做了一系列的资料收集和整理工作,并为此撰写了七本哲学笔记,即《关于伊壁鸠鲁哲学的笔记》。马克思之所以对博士论文如此重视,在于他将博士论文视为将来要完成的"一部更大著作的导论",他将对整个伊壁鸠鲁学派、斯多葛学派和怀疑派哲学进行详尽的分析,并深入剖析和梳理这些学派与早、晚期古希腊哲学的关系。但是随着后来马克思哲学观的转变及社会现实的变迁,马克思"从事完全不同性质的政治和哲学方面的研究",最终马克思并没有兑现他的承诺。

博士论文的内容主要包括:给其父亲般的朋友路德维希·冯·威斯特华伦先生的献词、序言、阐述德谟克利特与伊壁鸠鲁哲学思想的一般区别与在细节上的差别两大部分的正文、附录以及一份博士论文的新序言草稿和马克思致耶拿大学弗里德里希·巴赫曼的博士学位申请信。从总体结构上看,博士论文主要可分为两大部分,亦即正文的两大部分。前一部分从其内在倾向性来看,更多的是在为伊壁鸠鲁作辩护,马克思逐一指出前人解读伊壁鸠鲁哲学上存在的误解,他十分确切地回应道,伊壁鸠鲁与德谟克利特两者的哲学确实存在有一定的联系和思想的延续,但两者之间也存在着极其细微的本质差别。后一部分则主要是从原子的偏斜运动和原子的质两个方面,详尽地论述了两者的自然哲学的本质差别,充分肯定了伊壁鸠鲁哲学中所体现的自我意识的自由和绝对性。马克思对自我意识的集中阐述,意味着意识哲学在博士论文中得以展开。

虽然马克思的博士论文标题是古希腊两大哲学家的自然哲学之比较,

---

① [英] 戴维·麦克莱伦:《卡尔·马克思传》,王珍译,中国人民大学出版社2005年版,第30页。

但从其论文内容和主题思想来看，它的实质性取向是通过驳斥对伊壁鸠鲁哲学的否定性看法，凸显伊壁鸠鲁哲学思想对德谟克利特哲学思想的超越，这种超越的落脚点置于原子的运动以及原子的质上，因而我们有必要在此对这两方面的内容进行一番梳理，并从中透析马克思所指向的思想空间——意识哲学。

  在论述德谟克利特与伊壁鸠鲁两者哲学之间的细微差别时，马克思主要从原子运动的三种层面进行探究与考察。马克思首先肯定了后者关于原子在虚空中的不同运动方式的阐述，其中之一是垂直下落式运动，在这种运动中，原子的坚实性根本不会显现出来；第二种运动是起因于原子偏离直线所导致的偏斜运动，是与德谟克利特所阐述的运动形式根本不同的一种运动；第三种运动则是由于原子之间相互对抗、相互排挤所导致的排斥运动，并认为排斥是自我意识的最初形式。在马克思看来，原子是具有独立性的物体，如果是按照直线下坠的方式运动，即自上而下的运动路径进行运动的话，这只不过是原子物质性的体现，而非独立性发生作用的结果。只有具有独立性的斜线运动，才能够实现原子的"形式规定，纯粹的自为存在、不依赖于直接定在的独立性，一切相对性的扬弃"①。马克思认为伊壁鸠鲁赋予了原子以独特的主体性和独立性意味，这种由于独立性而产生的偏斜运动打破了"命运的束缚"，是能够"进行斗争和对抗的某种东西"。但当时有人质疑：德谟克利特曾经也提出过原子具有其精神的原理，这与伊壁鸠鲁的偏斜有着相似之处，所以伊壁鸠鲁所提出的偏斜只是德谟克利特精神原理的替代品。马克思对此给予了强烈抨击，认为德谟克利特所说的精神原理只是一句虚无的空话，毫无依据，是一个自我臆造的概念，而伊壁鸠鲁的观点则道出了原子的实质性、根本性，并凸显了其抽象个体性的深层内涵，是对直线运动的相对存在的否定。第三种运动——排斥，被马克思认为是只有伊壁鸠鲁才找到了的一种本质运动，它结合了直线运动的物质性和偏斜运动的形式规定。在马克思看来，原子的偏斜运动表明原子彻底摆脱了所有形式的运动方式、摆脱了其他可能的关系，作为一个特例的存在而被另一个存在所规制，即原子偏斜运动的产生

---

① 《马克思恩格斯全集》第 40 卷，人民出版社 1982 年版，第 214 页。

是自身从其对立面概括、抽象出来而产生偏斜的结果。而这一结论又内含一种矛盾，那就是原子对于其他所有运动和关系等的否定。马克思认为，这种否定只有在与原子有关联的存在或在同样也属于原子的情况下才能真正成立，这就是伊壁鸠鲁所指的排斥：一种原子概念的内在矛盾，在偏斜运动的形式规定显现过程中获得实现的运动方式。而德谟克利特对于排斥的看法与伊壁鸠鲁的大相径庭，在德谟克利特那里，偏斜运动被定义为"强制的运动""盲目必然性的行为"[1]，它的发生和发展是排斥所导致的结果，德谟克利特所说的排斥只是一种物质方面的分裂和变化。马克思不得不感叹，只有伊壁鸠鲁理解了排斥的本质，而德谟克利特探索的只是原子物理性的现象存在。

马克思博士论文探讨原子的质，目的在于为原子发生偏斜运动提供证明材料和科学依据。伊壁鸠鲁将原子内含的特质与其存在之间的矛盾客观化：在阐述体积时，他否定了体积的存在，认为原子不具有任何体积，原子之间只存在体积上的变化；在阐述形状时，他将形状视为无法确定，抽象的个别性等同于抽象的自身；在阐述重量时，他认为重量仅是一种存在于主体之外的、抽象思辨层面之上的点的物质个别性，而这与原子本身是一致的，所以重量只能作为"不同的重"而存在。而在德谟克利特的领悟过程中，他始终没有将原子本身作为考察其特性的起点，自然也无法达到伊壁鸠鲁的理论深度，他的关注点始终在于"从质对于必然由质构成的具体自然的关系上来说明质"[2]。即质仅仅是用以解释外显现象的假定存在，与原子的内涵及实质均没有任何关联。

马克思在博士论文中对伊壁鸠鲁自然哲学的诠释与呈现，是从个别的自我意识入手的，透过原子的独立性和自我意识使意识哲学得以展开，这受到黑格尔和青年黑格尔派的影响，但明显区别于他们的客观、主观唯心主义一元论。对自我意识的哲学性质问题，笔者认为，不应该简单地对自我意识冠以唯心主义的帽子。在撰写博士论文时期，马克思还没有注重从唯物主义或者是唯心主义方面对其思想进行奠基，而只是从自我意识哲学

---

[1] 参见《马克思恩格斯全集》第40卷，人民出版社1982年版，第217页。
[2] 《马克思恩格斯全集》第40卷，人民出版社1982年版，第219页。

方面区别德谟克利特与伊壁鸠鲁的自然哲学,这种自我意识哲学只能说更接近于唯物主义。有学者通过对伊壁鸠鲁哲学的考察和马克思学术史的探究指出,这一时期马克思的思想属于唯物主义自我意识哲学,并认为伊壁鸠鲁在充分运用和肯定抽象个别的自我意识时,反对将其实体化,如果实体化就会导致迷信和盲从。存在于伊壁鸠鲁的自然哲学之中的原子论归属于二元论的唯物主义自我意识哲学,区别于黑格尔等人的客观、主观唯心主义一元论。马克思继承了伊壁鸠鲁这一哲学范式,坚持主客体统一的二元论。但区别于伊壁鸠鲁的是,马克思的唯物主义自我意识哲学蕴藏着积极性、能动性和革命性。①

三、哲学救赎的深意*

马克思自小就树立了宏大的志向,并始终秉持着"普罗米修斯"的济世情怀。他研究哲学不只是出于自身爱好或是思想追求,从其意图来看,研究哲学是他出于对世人的解救而选择的出路。我们不能简单地将其在博士论文中对意识哲学的阐发理解为对伊壁鸠鲁哲学的"拨乱反正",其动机显然更加耐人寻味。

宗教作为封建国家的精神支柱,在历经德国资产阶级革命的浪潮后跌落神坛,褪去了其神秘的外衣,袒露出的只不过是人的自我意识的产物的本来面目。鲍威尔就曾在《对观福音书作者批判》一书中明确指出:宗教是人的自我意识的产物,并创立了自我意识哲学。马克思在一定程度上延续了鲍威尔的思路,在其博士论文中也以意识哲学作为其抨击宗教的武器,但是马克思的目的并不仅仅在于对神学的批判。作为哲人的马克思,其目的在于揭开宗教欺骗的本质,将人们从偏见、迷信和宗教中引导出来,解救到哲学的光明世界中,反抗宗教在神的名义下把人"救赎"到

---

① 关于马克思的唯物主义自我意识哲学的观点,参见鲁克俭:《马克思〈博士论文〉与恩格斯〈谢林和启示〉之比较》,《北京行政学院学报》2010年第5期。

* 本部分内容参见笔者与笔者的研究生陈晓斌合作的论文:《马克思博士论文中的哲学拯救与宗教批判》,《社会科学研究》2012年第5期;《哲学作为一种救赎方式——马克思博士论文的政治哲学思想解读》,《哲学动态》2009年第3期。

黑暗领地中去的荒谬行为。依照启蒙思想家的观点，只要人们以理性的方式将哲学之本真意义作为思考途径，那么宗教就将不再存有活动的余地；以哲学为根基的理性思考也只有在超出恐惧和无知的境地才能够真正开始。然而，在当时宗教依然占据崇高地位的历史环境之下，马克思批判神学、推崇意识哲学举措的实施十分艰难。但正如马克思所说，"哲学研究的首要基础是勇敢的自由的精神"①，马克思义无反顾地在其博士论文中选择批判宗教，倡导意识哲学。

马克思认为，伊壁鸠鲁哲学所内蕴的意识哲学为在宗教迷雾中历经磨难的人们指明了一条哲学救赎的道路，这条救赎之路所拯救的就是人的自由。伊壁鸠鲁认为，要获得实质性的自由，就必须选择为哲学尽忠，但凡能够全心全意地服务、献身于哲学的人，都将会获得哲学赋予他的自由，因为服务、献身于哲学本身就是一种自由。"伊壁鸠鲁的哲学和物理学构成了对实在的解释，自由藉此得到肯定。马克思对伊壁鸠鲁的兴趣意味着他对作为一种救赎方式的哲学本身感兴趣。"②"救赎"一词实有解放的韵味，而从意识哲学出发所达到的对人类的"救赎"也便意味着对人类的解放。

在博士论文第二部分，马克思通过深入剖析两大哲学家的哲学思想在本质上的细微差别，为人类解放探寻出了一条救赎道路。这条道路实质上是以意识哲学为核心和始推力，对人类实现的双重救赎：突破宗教束缚的救赎，打破混乱状态的救赎。

马克思在写博士论文之前就已经显现出对宗教的反驳，他在1837年创作的《小提琴手》中就以诗歌的形式直言"是上帝不懂也看不起那艺术，它从冥冥地狱爬进头脑里面"③。而在撰写博士论文期间，更是将其批判宗教的心思展露无遗。在《关于伊壁鸠鲁哲学的笔记》中，马克思十分赞赏普卢塔克对伊壁鸠鲁哲学关于神的问题的解读。他通过普卢塔克对"快乐"的描述，阐明："被奉为神明并备受赞扬的东西，正是摆脱其

---

① 《马克思恩格斯全集》第40卷，人民出版社1982年版，第112页。
② [美]维塞尔：《马克思与浪漫派的反讽——论马克思主义神话诗学的本源》，陈开华译，华东师范大学出版社2008年版，第129页。
③ 《马克思恩格斯全集》第40卷，人民出版社1982年版，第21页。

日常束缚而被神化了的个体性，即伊壁鸠鲁的'哲人'及其'心灵的宁静'。"① 马克思将神是人的自我意识的产物这一原理进行了解析，把神从高高在上的神坛上拉回到了人们最为普通的现实生活之中。通过对宗教本质的揭露，他希冀人们逐渐摆脱宗教的魅惑，洞察到人人都能够而且已经拥有创造神的自我意识，从而确证人的意识所具有的独立性以及人与人之间所共有的自由与平等。马克思由此完成了把人从宗教束缚中救赎出来的第一重使命。

对伊壁鸠鲁原子论的阐释和疏通，蕴含着马克思对个体主体的生存图景的描绘和探究。开展直线性运动的原子，在其必然的运动轨迹之中执行单一的运动表征其丧失主体性和独立性，喻指作为单独个体的人在划一的外在行动中使自身的主体性逐渐沦陷；原子的偏斜运动打破了"命运的束缚"，使自身得以依照自我意识获得个性的运动轨迹，则象征着人凭借其自我意识的力量，摆脱外在的束缚和牵绊，使个体自身获得自由意识和个性发展；排斥运动作为原子象征自我意识的初始形式，与其他将自身看作抽象个别存在以及直接存在的自我意识是一致的，而原子之间相互进行排斥运动所导致的排挤与分离，体现了在人类社会中，主体人都是作为其中独立的、利己的原子个体而存在，并将主体自身的意识确立为绝对的自由，从而使得在人类社会中每一个个体之间都必然会发生一定形式的冲突和对立，构成马克思称之为"一切人对一切人的战争"的混乱景象与状态。其混乱状态只是在人的意识处于最初状态之下产生的结果，只有当人的意识获得发展，能够体会到他人意识与自我意识之间的协调关系时，人才能够从这种混乱状态中得到救赎，像原子一样在充满秩序感的虚空中自由活动。

就马克思凭借伊壁鸠鲁的"救赎方式的哲学"所达到的超脱于宗教之外的批判视域而言，其哲学的拯救和救赎之本意还只停留于纯粹思辨的自我意识活动之中，只能是以"理性的自然之光"照射到黑暗的宗教世界，以显示意识哲学所深蕴的救赎意志。这种批判还只是思辨式的批判，依然局限于斯宾诺莎和青年黑格尔派的理性精神启蒙，本质上仍是以

---

① 《马克思恩格斯全集》第40卷，人民出版社1982年版，第82-83页。

"精神的批判"来消灭或以"自我意识"来消融宗教的"幽灵和怪影"。虽然批判的锋芒很犀利,但还略显缺乏浑厚的根基,其根本原因就在于此时的马克思尚未寻找到合适的中介让哲学自身成为革命的物质力量。他从哲学上批判宗教只是宗教批判的序幕,而不是其最终完成。但这种批判同样具有其自身的价值与意义,其所具备的理性启蒙般的影响,使得原先政教一体的状况得以改变,宗教脱离于政治而重新回归到世俗世界之中,宗教信仰成为个人的私事,具有自身严格的支配范畴,不再沾染国家、政治的运行。但"犹太人问题"已经使这一解决路径出现偏差和问题,哲学上的思想启蒙并不能彻底、完全地瓦解宗教,也不能完美地解决各个宗教派别之间的对立与冲突,尤其是教义、价值等的冲突。这就要求宗教审视、宗教批判逃离自我意识哲学的视域和范围,不能仅在思辨的世界中以哲学的方式解决宗教等现实问题,而必须澄清和反省哲学批判的基础,不能简单、纯粹地将自我意识哲学作为宗教批判的前提和归宿,否则根本无法消灭宗教的神秘性。

马克思的博士论文既精辟地阐述了两位古希腊哲学大家自然哲学之间的一般与细微差别,又通过其意识哲学的展开和拓展延伸传达出伊壁鸠鲁哲学的"解放"意蕴,彰显出自然哲学、意识哲学以及政治哲学等哲学分支的内在一致性和统一性。"哲学作为一种救赎方式"的思想,其意义在于:以哲学的视野和思维方式改变和改造现实世界,将人民大众从宗教魅惑和宗教捆绑的生活方式中救赎出来,给人以主体意识和独立人格;将人民大众从混乱无序的状态和嘈杂的世界中救赎出来,使整个社会充满条理和稳定,从黑暗的旧时代迈进光明的新时代。而这个过程的思考对于马克思而言,起始于博士论文,并贯穿在其一生的探索真理、追求真知的奋斗生涯中。

第三节 人道主义的力量

马克思继承了古希腊哲学敬重人的地位与尊严的精神本质,克服了人道主义哲学史发展过程中的自然人和抽象人的内在价值本位,发展了一种以"现实的人"为理论主体,以消灭异化、消灭私有制,推行无产阶级革命的实践方式为演化路径的具有共产主义意蕴和人类解放价值诉求的人道主义。

通过《1844年经济学哲学手稿》和《德意志意识形态》全幅画面的描绘和展现,马克思的人道主义力量获得了完全的释放。马克思彻底撕碎了抽象的、虚幻的花朵,实现了人道主义从抽象的人到现实的人的主体超越,理清了阻碍人的本性复归和人类解放的现实缘由,完成了从形而上到形而下的转换和从理性虚构、概念演绎到革命实践路径的升华,将人道主义推向了一个新的高度和新的起点。马克思的人道主义毫无疑问地登上了近代人道主义思想发展史的巅峰,展现了其内蕴的现实的、实践的而又庞宏的哲学力量和思想张力。我们有必要从马克思所处的历史环境和语境之中对马克思的人道主义予以客观的、合乎其思想发展脉络的正视,有必要正确评价其人道主义力量释放和发挥的范围与限度。

一、现实的人:人道主义的主体

《1844年经济学哲学手稿》中,马克思从费尔巴哈抽象的人本主义中挣脱出来,赋予了人以社会性、历史性和实践性,使人道主义的主体从原先的抽象的人变革为现实的人,实现了人道主义思想史上的跨越。

自文艺复兴开辟人道主义思想先河以来,人道主义经历了多次变革和发展,每一次的思想变革不仅对前人的思想进行了批判式继承,而且深化了具有自身属性和特色的认知,这对于马克思以现实的人作为主体的人道主义的形成具有重要的理论贡献和思想支撑。在马克思之前,人道主义共经历了四次演变:

第一次是发生于文艺复兴时期的人道主义,这一时期的人道主义思想明显呼应了当时时代的召唤:反对宗教独断、宣扬人的意志自由,使人从神的统治下解放出来。这一时期的人道主义赋予了人区别于动物的属性特质,使人跳出了原先神性统治下对人的统治框架和规定性范围,为人"镶嵌"了意识、价值、欲望等属性,强调人的欲望以及世俗生活的满足。但是,这样的人道主义所凸显的只是在自然意义上进行了区分的人,肯定了一般人最为基本的生活诉求、世俗幸福等,并没有从社会关系、现实基础等层面对人加以剖析,致使人道主义仅停留在抽象讨论和价值评判的水平,而没有继续探究至具体分析及理性分析的深度。文艺复兴时期的人道主义可称为自然主义的人道主义。

第二次是在启蒙运动时期兴起的人道主义。这一时期的人道主义带有反封建的历史任务,其所表达的人道主义更多地体现了资产阶级的立场和利益。它既继承了前一次的部分思想,即主张将人从区别于动物的意义上加以理解,又反对单纯地从自然意义层面对人与动物进行区分,进一步认为两者本质的区别在于人具有理性,认为理性是人特有的、根本性的属性。对理性的大加赞赏和推崇,使得启蒙运动时期的人道主义将理性视为主宰世界的、至高无上的独立存在,任何事物都只有通过理性的评判才能获得最终的判决,理性已然超出其本有的范畴和限度,幻化为另一种"神",启蒙运动时期的人道主义显然是理性主义的人道主义。

第三次是诞生于19世纪法国的空想社会主义的人道主义。空想社会主义的人道主义同样将理性视为人的根本特性,从理性出发来理解人。但与启蒙运动时期的人道主义所不同的是,它不再只是代表资产阶级的价值和利益,而是站在更加广泛的无产阶级的立场痛斥资本主义的剥削本性及私有制,希冀通过消灭资本主义私有制,达至每个人都能获得全面发展的理想社会。

从本质而言,以上三种人道主义都只是将人从动物的行列中分离出来,将人看作抽象的、形而上的存在,是一种理念中的人,并希望通过理性的力量实现自身的价值诉求,而缺乏对社会现实的实证分析和对人的问题的科学探究,因而注定会被历史所超越。

第四次是费尔巴哈的人本主义的人道主义。在继承前三种人道主义考察"人"的问题的方法论,把"人"区别于动物来看待和理解的基础之上,费尔巴哈的人道主义批判理性主义者将理性视为人的至高属性,将"人"囊括在理性的战袍之下的观点,而主张在考察"人"时回归到现实之中,用现实的"人"替换之前的抽象的"人"。费尔巴哈所谓的现实的"人",仍然只停留于哲学论证之上,认为"人是人的最高本质",并没有将"人"放置于社会关系和历史洪流之中进行考察,是一种形式具体但内容抽象的现实的"人"。①

对人道主义的探讨,马克思站在了一个更高的平台。马克思既继承了费尔巴哈的人本主义思想,也尖锐地戳中了其成果中所存在的根本性问题。他曾指出,费尔巴哈"仍然停留在理论领域,没有从人们现有的社会联系,从那些使人们成为现在这种样子的周围生活条件来观察人们——这一点且不说,他还从来没有看到现实存在着的、活动的人,而是停留于抽象的'人'"②。马克思认为,作为人道主义主体的现实的"人",绝不是费尔巴哈流于形式、臆造出来的"人",而应该是处在社会现实之中、具有社会性特质的"人"。

对马克思的"现实的人",可以从社会性、历史性和实践性等维度进行分析。

首先,关于社会性维度。每个人都是处于社会中的人,超脱于社会之外的人已经不属于马克思的现实的人的范畴,之前的人道主义都是将人区别于动物,而没有从人区别于人的视角对"人"加以深度挖掘。人作为一种社会存在物,是需要在社会关系之中生存和发展的,忽视社会关系对人的形成和人的发展的作用与影响所得出的"人",不是完整的"人",也不是真正意义上的现实的"人"。在社会中,人和他人形成了不同形式和性质的社会关系,这些具体的社会关系及其功能包括四个方面:第一,个人与他人之间的关系成为一种共同关系,并服从于这种共同关系的共同控制,在共同关系的控制中,人们获得其思想关系与实践关系的丰富性;第二,人与人之间的相互关系既是个人本身的个性在关系中的体现,也是作为群体中的个人与他人发生关系,具有某种群体性的特征和属性;第三,个人在与社会不同层次、不同部门的个体相互交往的同时,也是与不同地区、不同职业、不同民族的整体交往,可以克服个体的局限性和片面性;第四,在多样化、全面化的整个社会关系之中,独立个体之间的关系构成人们的普遍关系并受到大众的共同掌控,这使得人们存在获得现实上

---

① 对人道主义演变阶段的划分,参见韩庆祥:《从人道主义到马克思人学》,《学习与探索》2005 年第 6 期。
② 《马克思恩格斯文集》第 1 卷,人民出版社 2009 年版,第 530 页。

和观念上关系的全面性的可能性。① 只有从社会关系维度出发理解人的问题，才能真正完整地把握人，把握人的本质，而不至于将人落入抽象和虚幻之中，正如马克思指出的，人的本质理应是"一切社会关系的总和"②。

其次，关于历史性维度。人既是社会中的人，也是历史中的人，人是历史性与社会性的统一：作为社会中的人，个体与个体之间发生各种社会关系，构建了人的横向发展；作为历史中的人，以一种动态的历史演绎方式而存在，人的形成是历史积淀的结果，构成了人的纵向发展。只有将横向发展与纵向形成相结合，才能够熟稔人的问题。人是处在历史过程之中的人，社会发展的物质基础、生产力的发展、社会关系的创设都不可能凭空而起，也不可能虚拟存在，它们必然是在历史中逐渐积累、生成的，如果脱离历史而对人的问题进行单独的、割裂式的讨论，不从历史性的整体视域和动态过程中解析和透视人的问题，则难以理解整体性的人，也无法真正获取对人的准确认知，而只能形而上学地将人理解为片段化的、静态的人，这显然不符合马克思的现实的人的深层意蕴。

再次，关于实践性维度。实践在马克思哲学中具有重要地位，甚至有学者将其设定为马克思哲学的核心概念。从实践的角度，尤其是从劳动实践的角度来看待"人"的问题，必然是在马克思的现实的"人"的理解范畴之中。在《1844年经济学哲学手稿》中，马克思通过对异化劳动的探讨，已经深刻地认识到人的劳动实践活动不仅能够为社会提供其必需的劳动产品，并且在劳动过程中，还将生产出工人与资本家之间的对立、矛盾关系。劳动者也将在劳动实践过程之中与自身所生产的产品及其生产活动相异化，从而导致人与人的异化。而要消除种种异化，也只有通过实践才能够完成。所以，在马克思对现实的"人"的理解中，"人"是从事实践活动的人，是"从事实际活动的人"，其人道主义并非是空洞的口号和号召，也不是只停驻在每个人思想深处的摆设，而是一种具有实践性质的人道主义。

现实"人"对抽象"人"的人道主义主体的超越，显示了马克思人

---

① 参见韩庆祥：《论人的个性及其全面发展的规律》，《北京大学学报》1992年第1期。
② 《马克思恩格斯文集》第1卷，人民出版社2009年版，第505页。

道主义所具有的独特本质。但主体的超越并非是其独特本质的全部内容，认真研读马克思的人道主义思想，我们会发现其在实现人道主义的路径选择上，也俨然与前人有着质的差别。也正是这种差别，使马克思的人道主义在真正意义上从抽象的形而上转向了现实的形而下。

二、实践：人道主义的实现途径

马克思的人道主义、人类解放思想乃至整个哲学思想体系之所以能够经久不衰，并得到长久颂扬，不仅仅因为马克思在研究内容和研究范式上对前人有所突破和创新，更为重要的是其所追求的人道主义、人类解放理想符合现实诉求和人类共识，他的理想没有驻足于"只是用不同的方式解释世界"，而是将立足点设立于"改变世界"。这种思辨理论所透射出的实践内核，体现了马克思人道主义及其哲学体系从抽象式的思辨哲思向具有实践意义、科学价值的哲学的升华和转变。

马克思在揭示社会制度问题与异化问题的基础上，提出实现人道主义的路径是实践。私有制作为资产阶级的本质性特征，支撑着整个资本主义的发展。人的异化伴随着私有制的产生而产生，人在劳动过程中不断与自己生产的产品、生产关系相异化，并进一步导致人与人的异化，使人的完整性、独立性逐渐丧失，人不再是作为人而存在，而是作为一种异化物的状态而存在。对私有制的有力批判，是马克思通往其人道主义的前提和基础。作为资本主义代表的国民经济学家将私有制视为神圣而不可动摇的，并竭尽全力为私有制的存在而辩护，强制赋予私有制以合理性和合法性。马克思察觉到了国民经济学家魔术式的手法，直指其魔术手法的虚幻本质，认为国民经济学家只是将私有制作为一个事实直接呈现给大众，并为之装饰以规律的"容貌"，而从来没有说明这个事实发生、发展的原因，更谈不上提出解决的办法。当国民经济学家有目的性地表达某种问题的时候，总是将问题放置于一种纯粹虚幻的起始状态。国民经济学家在如此虚构的原始状态之上探讨问题，定然无法说明和解决任何问题。马克思以当前的经济事实为出发点，揭示了资产阶级运作的真相：土地所有者和资本家，在私有制的庇护下，成为特立独行、盘踞在工人之上的"神仙"，并无偿地占有工人劳动的几乎全部劳动成果，仅仅留给作为劳动产品的创造者和生产者的工人维持其生命存活的基本物质资料。马克思认识到工人劳动的趋势是生产能力与消费能力、创造与收获、对象与自身等总是呈反比例发展，指出工人永远都处于弱势、低贱的处境和地位。他们所生产的劳动产品已经以一种独立于自身之外的形式而存在，并且与劳动形成一种相互对立的关系，成为一种异己的存在物。在这种异化劳动中，"物的世界的增值同人的世界的贬值成正比"①，劳动不再是作为人们的生存方式而自为地存在，而是作为一种维持人的肉体生存的手段被动存在。正是在私有制的控制之下，它"不仅使劳动者与自己的产品相脱离，从而丧失了劳动的主动性，而且也使资本家物化，即资本的人格化，虽然名为财富的主人，实则财富的奴隶"②。私有制、劳动异化等带来的不仅仅是工人阶级的异化，更是整个人类的异化。

基于对资本主义私有制丑陋面目的揭露，马克思急切希望改变其现状及异化状态，使每个人都可以自由而全面发展，这是马克思所设想和追求的理想的人道主义社会。对未来理想社会的设想与使之实现两者之间，更为重要的并不是针对现状构设一个未来理想社会的美好图景，给人以憧憬和向往，而是如何解决迈向理想社会的现实问题。马克思认为，只有通过革命实践的方式才能达至理想社会，实现对生产力总和的占有，实现他们的自主活动，保证自己的生存。运用革命的方式，既可以彻底颠覆目前占据统治地位的权力机构，也将使得整个无产阶级获得前所未有的发展和成长，并完全摆脱和废除捆缚于无产阶级身上的所有枷锁。

审视社会生产力发展的现实水平以及人类历史发展的规律可知，无产阶级要想迈向理想社会，绝非一蹴而就，必然需要经历一个漫长的历史实践过程。无产阶级首先要废除资产阶级所有制，推翻资产阶级的现有体制和剥削统治，从而掌控和把握政权。担当革命主体的无产阶级没有财产需要保护，他们的家庭关系与资产阶级的家庭关系已没有任何的共同之处，但他们所受到的资本压迫和剥削在世界各地都是一样的，作为"一无所

---

① 《马克思恩格斯文集》第 1 卷，人民出版社 2009 年版，第 156 页。
② 裴德海：《论马克思主义人道主义的本质特征》，《复旦学报》2007 年第 3 期。

有的阶级"，无产阶级必须站起来，摧毁全部现存的占有方式，获得生产力，所以马克思发出号召："全世界无产者，联合起来！"① 之后，"无产阶级将利用自己的政治统治，一步一步地夺取资产阶级的全部资本，把一切生产工具集中在国家即组织成为统治阶级的无产阶级手里，并且尽可能快地增加生产力的总量"②。无产阶级政权与专政发展到一定阶段时，阶级之间的差别将逐渐消失，所有的生产力将掌握在自由人的联合体手上，到那时，国家等政治权力、公权等都将不再具有政治属性。无产阶级将不再需要以阶级的名义集聚在一起，国家将不复存在，阶级将荡然无存，人道主义的理想社会将最终获得实现。

由此可见，要实现马克思所构设的真正的人道主义，就必然需要通过革命实践的方式，如此才能真正扫清资本主义社会的遗骸，才能达至理想社会。若只是通过理论的演绎、逻辑的推进等虚幻方式，这种人道主义可能终止于思维层面，而难以触及社会现实的真实土壤。

三、共产主义：人道主义的归属

马克思的人道主义指向，并非与传统人道主义一样是部分阶级利益的辩护者和诡辩者，也并非只是停留在将人与动物区别开来的程度上对人进行简单的特质叠加，而在于将视域拓宽至整个人类的范畴，希冀解放全人类，使每一个人都能够获得自由而全面的发展。这便是马克思毕生所追求的人道主义的归属之境——共产主义。

马克思的人道主义有其转变过程和升华历程，不可将共产主义简单地与人道主义相对等。在《1844年经济学哲学手稿》中，马克思将共产主义定义为：

> 是对私有财产即人的自我异化的积极的扬弃，因而是通过人并且为了人而对人的本质的真正占有；因此，它是人向自身、也

---

① 《马克思恩格斯文集》第2卷，人民出版社2009年版，第66页。
② 《马克思恩格斯文集》第2卷，人民出版社2009年版，第52页。

就是向社会的即合乎人性的人的复归,这种复归是完全的复归,是自觉实现并在以往发展的全部财富的范围内实现的复归。这种共产主义,作为完成了的自然主义,等于人道主义,而作为完成了的人道主义,等于自然主义,它是人和自然界之间、人和人之间的矛盾的真正解决,是存在和本质、对象化和自我确证、自由和必然、个体和类之间的斗争的真正解决。①

对该论述的解释,笔者提出如下问题:第一,此时的马克思所预设的共产主义将人性复归作为其终点,而没有从经济学视角观察共产主义,这其中是何原因,又意味着什么?第二,马克思将共产主义与完成了的自然主义和完成了的人道主义两者相等同,其合理性何在,或者说等式如何得以成立,马克思在这句话中如何搭建两者的内在关系?

马克思人性复归的倾向性是这一时期"哲学共产主义"思想的外显。在撰写《1844年经济学哲学手稿》时期,马克思刚刚完成对黑格尔绝对精神及其唯心主义的批判,并且开始逐渐发掘费尔巴哈思想的深邃之处,产生对费尔巴哈的推崇,因此费尔巴哈的人本主义思想对于此时的马克思而言具有无可替代的影响力。从该时期马克思文本中经常出现"人的本质"、"人性复归"等词语可见其影响程度不可小觑。深入考察《1844年经济学哲学手稿》文本可以察觉到这一观点在文本中的显现,例如,"无神论、共产主义才是人的本质的现实的生成,是人的本质对人来说的真正的实现,或者说,是人的本质作为某种现实的东西的实现"②。马克思虽然已经开始接触经济学知识,却还没有深入到以经济学视角透彻地考察人的问题,他还是驻足于哲学基地之上探讨现实问题,哲学依旧是马克思思辨的核心内容和出发点。恩格斯将这种由哲学而导出的共产主义称为"哲学共产主义"③。之所以称之为"哲学共产主义"而并非是马克思成熟时期的"科学共产主义",是因为马克思此时还没有完成思想的根本性

---

① 《马克思恩格斯文集》第1卷,人民出版社2009年版,第185页。马克思早期还没有将共产主义视作一种状态,只是把它当作一种社会运动。
② 《马克思恩格斯文集》第1卷,人民出版社2009年版,第217页。
③ 参见《马克思恩格斯全集》第3卷,人民出版社2002年版,第492页。

超越，其哲学运思还处于不成熟的阶段：以哲学原则为基础得出共产主义的结论，把共产主义看作某种哲学原则的实现；以哲学原则为出发点针砭时弊，阐述共产主义的合理性与必然性；以哲学原则为根基和前提思索共产主义所代表的立场和利益，将共产主义视为超脱于阶级对立的运动和未来图景，象征着"人"自身的利益。① 这一时期的马克思尚未达到其思想的成熟度，还没有真正确立唯物史观。在人道主义的问题上，马克思也还没有真正突破原有思辨哲学的束缚去探究共产主义运动的现实路径和合乎逻辑的科学进化。

领悟共产主义、人道主义、自然主义三者之间的关系，不可简单地从词语的表层意思加以理解，而需要结合马克思文本的语境和整体内容对其进行深入的思考。首先，马克思所指的自然主义强调的是人作为自然物，是自然的组成部分，主张以自然作为本体和基础，是一种唯物主义思想；人道主义则是从人的视角出发，注重说明自然是人的一部分，自然界是人的无机身体，体现为一种以人为本体的唯物主义学说。马克思将完成了的自然主义与完成了的人道主义相互等同，在本质上就是为了解决人和自然的双重结构问题，以阐述主客体之间的辩证唯物关系。其次，共产主义将人道主义和自然主义组合起来，是将共产主义视为一种作为肉体主体的自然存在和作为劳动实践主体的人的存在的结合体，从而克服马克思所说的"存在和本质"之间的矛盾。② 只有在共产主义社会中，"人同自然的完成了的本质的统一"才能获得实现。共产主义社会作为"实现了的人道主义"，同时也作为"实现了的自然主义"，意指其保持了人和自然的完美统一。当然，这种统一还是在哲学基地之上探讨共产主义和人道主义的问题，具有其局限性。

从马克思早期所设想的人道主义的图景来看，共产主义正是马克思所追求的人道主义的目标和归属。只有通过共产主义运动，人道主义才能够真正展现其应有的魅力，才能够真正把人们从资本主义的藩篱之中解救出

---

① 参见王金福等：《从"哲学共产主义"到科学共产主义——马克思、恩格斯的哲学革命与共产主义学说的转变》，《哲学研究》2006 年第 11 期。
② 参见赖金良：《马克思〈手稿〉中的"人道主义"含义新探》，《福建论坛》1984 年第 2 期。

来，才能够让人们在理想王国中自由地劳动、全面地发展。

马克思所追求的人道主义不同于传统的人道主义，他将现实的人引入到人道主义的主体领域，使人道主义彻底地从原先的抽象、虚拟之中焕发光彩；他不再只是将人道主义作为思辨的产物，如浪漫主义一样只成立在他们自己的世界之中，而是将人道主义拉回到现实，经受现实的考验，为人道主义开辟了一条具体可行的实践道路；他为人道主义构设了一个真正完美的圣地，在这个圣地中，一切对人的阻碍因素都将被抛除，每个人都可以遵从其主体性而自由全面地发展其个性。马克思为这个完美的圣地铺设了现实路径，并非是一种只可远观而不可触碰的遥远之物。马克思人道主义的完美展现，为马克思的人类解放思想带来了猛烈的冲击，这一冲击久久回响在马克思的哲学深处，也长久荡漾在其人类解放的思想维度之中。

第二章 探索：马克思人类解放思想的具体构筑

  作为马克思终其一生所倾注的学术主题，人类解放思想在整个马克思思想框架中，毫无疑问是具有概括性意义的主题思想。梳理马克思的学术脉络框架，我们可以认识到马克思对人类命运所作的深入探索，对人类解放思想所进行的具体构筑。从人类解放类型的划分来看，马克思着重从政治解放、经济解放、文化解放等各个维度对其进行了详尽的、多方面的设计与规划；从人类解放的准备条件来看，马克思分别将作为政治基础的真正共同体的建立、作为发展经济之根本的生产力的巨大增长、作为文化灵魂价值立场的塑造等条件逐一陈列，保证人类解放的实现具备充足的前提条件；从人类解放的主体力量来看，哲学和无产阶级分别从理论层面和实践层面赋予了其充足的力量，使人类解放不是呈现为一具躯壳，而是具备真正实现力量的现实存在；从人类解放的发展历程来看，人类解放的实现，需要经历基督教国家、政治国家和后政治国家的历史进程，只有在后政治国家，民主与自由才获得彻底体现，人类解放才得以演化为真实图景。

第一节 人类解放类型学的划分*

马克思的人类解放思想是对未来理想社会的整体性概括,对理想社会的各个领域和层面的问题具有覆盖性和囊括性意义。遵循从整体探究部分,再由部分推进整体的思路,有必要对人类解放思想进行类型学划分,以分解性的方式从各个维度研究人类解放思想的整体视域。具体而言,人类解放思想主要可以细分为政治解放、经济解放和文化解放三大维度,这三大维度不仅各有其自身特质,而且相互之间又蕴含着紧密的逻辑关系:政治解放是实现人类解放的基本前提,经济解放为创建和实现人类解放奠定基本物质资料基础,文化解放彰显了人类解放的智识策略。政治解放的内在本质在于宗教批判与理性解放,使整个社会在政治上获得自由与平等;经济解放的核心在于消除社会层面的异化,使生产力的掌控权归还给无产阶级,只有掌握生产力这一根本性要素,才能够为解放事业提供充足的物质资料;文化解放的目的在于通过对价值立场的塑造,实现平民的、大众文化的建构,以文化解放对抗市民社会的权力和资本逻辑,并深入批判资本主义文化,为无产阶级精神世界的建设奠定基础。马克思人类解放的多维度分析,既为人类解放做了板块性探讨,也为人类解放的实现拓宽了通往渠道与前进路径,充分体现出马克思人类解放思想内蕴的强大张力。

一、政治解放:实现人类解放的基本前提

1843年初,由于受到来自现实与理论间巨大差距的困扰,马克思决定重返书斋,围绕着国家、市民社会、法之间的相互关系,阅读了大量的历史学、政治学和社会学著作。马克思批判了黑格尔理性主义国家观的神

---

* 本节参见笔者论文:《政治解放、社会解放和劳动解放——马克思人类解放思想再探析》,《哲学研究》2007年第3期;《马克思人类解放阶段论》,《福建论坛》2008年第5期;《马克思文化解放的维度及其政治旨趣》,《天津社会科学》2011年第3期。

秘主义实质，批判黑格尔把国家理念变成了独立的实体。同时，超越了费尔巴哈把人的本质归结为人的自然属性的自然主义人本观，认为人并非纯粹理性地存在于世界之外，人本来就属于人的世界，由人的世界产生了宗教。所以，从人本异化角度，费尔巴哈对宗教的批判应该继续深入对国家、社会等现实世界的批判。人的自我异化的神圣形象被揭穿之后，揭露非神圣形象中的自我异化就成了马克思自觉的理论使命。完成这个使命的过程，同时也是马克思对资产阶级政治革命所带来的政治解放的实质和局限性揭露、批判的过程。

从马克思构建人类解放思想的逻辑过程来看，"人类解放"并不是马克思哲学中的"初始概念"，它首先由政治解放所导出。马克思认为，人类解放是一个漫长的历史过程。在这个过程中，无产阶级首先要获得政治解放。而政治解放与市民社会相联系，它是人们对市民社会从中世纪到资本主义时期的转折所作的哲学概括。市民社会与政治国家从中世纪的浑然一体到资本主义时代的相互分离，不是自发实现的，而是资产阶级政治革命的结果，而资产阶级政治革命也就是政治解放。

资产阶级的政治革命打碎了中世纪封建专制制度套在人们头上的政治枷锁，政治革命与政治解放是同一个过程。

> 政治革命打倒了这种统治者的权力，把国家事务提升为人民事务，把政治国家组成为普遍事务，就是说，组成为现实的国家；这种革命必然要摧毁一切等级、同业公会、行帮和特权，因为这些是人民同自己的共同体相分离的众多表现。于是，政治革命消灭了市民社会的政治性质。[①]

马克思这里所说的市民社会的政治性质被"消灭"，不是指政治国家从此消失，而是指政治国家从市民社会中撤出，上升为"普遍事务"，市民社会从此成为一个不再受到政治国家的"家长式"干预的独立领域。正是在这个意义上，资产阶级的政治革命与政治解放取得了同义。

---

① 《马克思恩格斯文集》第1卷，人民出版社2009年版，第44页。

政治解放的意义是毋庸置疑的，政治解放是实现人类解放的基本前提。

首先，政治解放使政治国家从宗教中解放出来，使人从神权政治的主宰支配中得以解脱，消解了宗教异化。在生产资料私人所有制社会中，宗教是自我意识的异化，是狭隘的神灵崇拜；宗教是统治者用以愚弄、欺骗人民，使其安于被奴役的现状而不思反抗的主要精神工具，是一种非科学的世界观。"必须彻底地批判宗教，消除上帝对人的奴役，以恢复和确证人的本质力量和主体地位。"① 政治解放就是要使国家摆脱基督教等一切宗教而实现解放，国家不再维护任何宗教，而去维护国家本身，达到消解宗教异化的目的。在西方国家，中世纪的世袭王权、封建特权与基督教联系在一起，统治阶级用神的统治代替人的统治，形成了欧洲历史上被称为"中世纪黑暗统治时代"的精神支柱。这种宗教异化的神权政治，成为长期阻碍人类谋求解放的精神枷锁。宗教异化是人的本质自我异化的结果，是颠倒了的世界观，具有与异化劳动相类似的性质。政治解放使政治国家返回到现实世界，而不再是基督教国家。政治解放"使宗教在表面上具有纯粹个人事务的形式。它被推到许多私人利益中去，并且被逐出作为共同体的共同体"②。

其次，政治解放使市民社会从国家中解放出来，打倒了封建主义国家的专制权力，消解了政治异化。马克思在对宗教异化的研究中延伸、引申出政治异化思想，通过对政治异化的深入批判实现政治解放，消除宗教的政治根源。马克思认为，政治解放的直接结果就是封建专制权力所依靠的旧社会的解体和市民社会政治性质的消灭、政治异化的消解。资产阶级通过政治革命消灭了市民社会的政治性质，打倒了封建专制权力，人们从社会中获得了某种身份，并从直接具有政治性质的封建市民社会中独立出来，人被归结为市民社会的成员，被视为独立的个体。消灭市民社会的政治性质、消解政治异化意味着市民社会与政治国家的彻底分离。因此，"政治解放同时也是同人民相异化的国家制度即统治者的权力所依据的旧

---

① 郭艳君：《青年马克思批判哲学的双重逻辑及其理论意义》，《哲学研究》2011年第8期。
② 《马克思恩格斯文集》第1卷，人民出版社2009年版，第32页。

社会的解体。政治革命是市民社会的革命。旧社会的性质是怎样的呢？可以用一个词来表述：封建主义。"① 封建专制权力被打倒，本质上就是那种直接奴役人的社会的解体，它对于人的解放的最大意义在于消解政治异化，消除来自国家领域对个人所施加的种种束缚和限制，使个人有可能成为独立的行为主体。政治解放使人拥有了国家主权平等参加者的地位，人从这种公民地位中得到了与其他社会成员平等的权利，具备了类的存在物特性。

但是，政治解放的完成并不意味着人类解放事业的实现。政治解放作为人类解放进程中的一个驿站，具有历史局限性。马克思一方面强调政治解放是历史的进步，同时又清醒地认识到政治解放并不是彻底的没有矛盾的解放。他告诫人们，"我们不要对政治解放的限度产生错觉"。② 显而易见，马克思已经认识到了资产阶级政治解放的历史局限性。在《论犹太人问题》一文中，马克思以市民社会与政治国家的分离为背景，以北美洲为范例，针对鲍威尔关于犹太人问题所发表的看法，分析了政治解放的局限性。

马克思认为，政治解放只是使国家摆脱了宗教的桎梏，完成了政教分离。但国家从宗教中解放出来后，宗教依然存在——虽然不是作为特权宗教存在。"在政治解放已经完成了的国家，宗教不仅仅存在，而且是生气勃勃的、富有生命力的存在。"③ 这就证明，宗教的存在和国家的完成是不相矛盾的。摆脱了宗教的政治解放，并非真正地摆脱了宗教，只是"人把宗教从公法领域驱逐到私法领域中去"④。作为私人领域的市民社会便成了宗教的"最后的避难所"，市民社会的成员依然深受宗教的影响和控制。他们不仅不能从宗教统治中解放出来，反而有了宗教信仰的自由。摆脱了宗教的政治解放，不是彻头彻尾、没有矛盾的人的解放方式。

政治解放在宗教问题上的局限性被归结为政治解放维度在人类解放问题上的局限性。马克思关心的是，完成了政治解放的国家，市民社会的成

---

① 《马克思恩格斯文集》第1卷，人民出版社2009年版，第44页。
② 《马克思恩格斯文集》第1卷，人民出版社2009年版，第32页。
③ 《马克思恩格斯文集》第1卷，人民出版社2009年版，第27页。
④ 《马克思恩格斯文集》第1卷，人民出版社2009年版，第32页。

员在"世俗"领域的生活又是怎样的情形。马克思一反以往思想家在抽象的意义上理解"人"的传统,把人看成活生生的感性具体的人,并通过对资本主义条件下工人的现实状况的实际考察,发现了两个相互关联的事实:第一,在经过了政治解放的"洗礼"之后,穿上了"平等"外衣的公民,他们的"尘世"生活实际上是多么的不平等;第二,他们作为人,与人之为人的本质是如何相去甚远——他们成了"异化"的人。马克思写道:"正如基督徒在天国是平等的,而在尘世则不平等一样,人民的单个成员在他们的政治世界的天国是平等的,而在社会的尘世存在中却不平等。"① 这段话在下述意义上是不言而喻的:相对于政治生活中的"平等",社会生活中的"不平等"更具有实质性意义,因为政治生活本身就是远离市民社会的领域。人在政治国家中的平等只是一种抽象的、虚幻的平等,而在市民社会中的不平等却是实实在在的不平等。因此,政治解放的一个实际结果,就是以表面上的平等掩盖了事实上的不平等。

这种表里不一的"二元结构",集中地暴露了政治解放的不彻底性。正是这种不彻底性,决定了政治解放本身并不就是人类解放。人类解放必定是植根于人的本质规定的深层解放,它是彻底的,又是普遍的。资产阶级的政治解放打着人权、自由、平等的旗帜,似乎触到了人的本质规定,却未能实现其普遍性和彻底性。通过政治解放所获得的人权,只不过是脱离了人的本质和共同体的利己主义的人的权利。例如,"自由"这一人权是作为孤立的、封闭在自身范围内的那种人的自由,这一人权的实际应用就是私有财产;而"平等"这一人权无非是封闭范围内的自由的平等。"任何一种所谓的人权都没有超出利己的人,没有超出作为市民社会成员的人,即没有超出封闭于自身、封闭于自己的私人利益和自己的私人任意行为、脱离共同体的个体。"② 以确立所谓人权为标志的政治解放,并没有如资产阶级所标榜的那样,把自由和平等洒向人间,为全体人民所占有;恰恰相反,它们成了少数人的专利。对于大多数无产者来说,市民社会实现的普遍人权只是形式上的,它在实质上所建立的,乃是一个更加强

---

① 《马克思恩格斯全集》第3卷,人民出版社2002年版,第100页。
② 《马克思恩格斯文集》第1卷,人民出版社2009年版,第42页。

大的压迫性和奴役性结构，即"生产—生活"结构。这种结构造成了无产阶级在现实中的极端不自由和不平等，造成了市民社会中人的本质的严重异化，无产阶级正是这种异化的最全面的体现者——他们具有诞生于市民社会之中又处于市民社会之外的双重本性。也就是说，无产阶级一方面表现为市民社会的成员，另一方面又被剥夺了作为市民社会成员资格的权利。

二、经济解放：提供人类解放的物质基础

马克思基于对政治解放之限度的深刻认识，同时根据亲眼目睹的现实，清晰地洞察到市民社会的种种弊病和丑恶面，洞察到近代资产阶级革命的根本局限性，提出了超越政治解放的思想。与此相适应，马克思开始关注作为人类解放之社会力量维度的经济解放。

哈贝马斯指出，实践作为"客观的活动一方面被马克思理解为先验的成果（世界的建造同这种成果是一致的，现实是在可能的对象的客观性条件下出现在世界中的）；另一方面，马克思又把这种先验成果看成是建基于现实的劳动过程"①。所谓"先验的成果"是指人类物质生产活动的结果，确切地说，主要就是生产力和生产关系。历史唯物主义初步建立以后，从生产力和生产关系辩证运动角度揭示人类社会发展的规律和资本主义灭亡的历史必然性，成为马克思主义的基本思路。与此同时，马克思一生十分关注作为人类解放之社会力量维度的经济解放。马克思的经济解放侧重于从社会历史的客体向度即生产力、生产关系辩证法的角度来寻求社会力量异化之源和解决之道。

在标志着历史唯物主义初步形成的《德意志意识形态》中，马克思恩格斯站在唯物主义立场上强调了社会力量层面（工业、农业）的异化具有历史必然性规律。马克思恩格斯指出：

> 只有在现实的世界中并使用现实的手段才能实现真正的解

---

① ［德］哈贝马斯：《认识与兴趣》，郭官义等译，学林出版社1999年版，第22页。

放；没有蒸汽机和珍妮走锭精纺机就不能消灭奴隶制；没有改良的农业就不能消灭农奴制；当人们还不能使自己的吃喝住穿在质和量方面得到充分保证的时候，人们就根本不能获得解放。①

从历史的建构性意义而言，人类解放是一个逐步获得的"自然历史过程"与运动过程，这一发展过程是由历史关系与社会力量层面，即生产力状况（工业、农业、商业状况）、生产关系状况、交往关系状况、社会制度等个体的社会环境因素状况促成与决定的。从这个意义上讲，资本主义社会及其"工业劳动"（即《1844年经济学哲学手稿》中的"异化劳动"）具有历史合理性和必然性，"工业劳动"是人类和人类解放走向更高层次与更高阶段的需要。之后的《共产党宣言》把这个思想非常鲜明地表达出来。

在历史唯物主义的视域中，资本主义在社会力量层面的异化是如何表现的呢？马克思通过对市民社会的深入解剖和对经济学的细致研究，认识到社会层面的异化不仅表现为政治力量的异化及其与社会力量相对立，更表现为经济力量的异化，后者是更深刻的社会力量层面的异化。经济力量的异化首先表现为："不同个人的共同活动产生了一种社会力量，即扩大了的生产力……这种社会力量在这些个人看来就不是他们自身的联合力量，而是某种异己的、在他们之外的强制力量。"② 这种"'不堪忍受的'力量"③ 就是异化。生产力之所以"不是生产的力量，而是破坏的力量"，是因为"生产力和交往手段在现存关系下只能造成灾难"④，资本主义社会关系的异化才是造成社会异化的根源。马克思在《1844年经济学哲学手稿》中运用德国古典哲学的"异化"概念，对私有制造成的"人的异化"现象展开批判。他认为，私有制使人们变得片面和愚蠢，人的感觉（肉体与精神）都绝对地受私有财产这种"异化"的支配而贫困化，变成一种追求占有私有财产的感觉和欲望。人不再是一个全面的人和对自己的

---

① 《马克思恩格斯文集》第1卷，人民出版社2009年版，第527页。
② 《马克思恩格斯选集》第1卷，人民出版社1995年版，第85–86页。
③ 《马克思恩格斯选集》第1卷，人民出版社1995年版，第86–87页。
④ 《马克思恩格斯选集》第1卷，人民出版社1995年版，第90页。

生命本质全面占有的人。私有制社会生产关系采取了一种物的形式,以致人和人在他们的劳动中的关系表现为物与物、物与人的关系。劳动中生产关系(物质交往关系)的物化造成了整个社会关系的物化,也导致了人们其他的社会关系在社会的政治结构、经济结构与文化结构中进一步发展为各种拜物教。人们的社会关系沦为商品拜物教、货币拜物教、资本拜物教、知识拜物教等物与物的关系形式,这就是社会关系异化的病因和实质。同时,因资本表现为异化的社会权力,这种权力作为物而与社会相对立,另一种形式的异化力量——资本异化力量就此形成。

归根结底,经济解放的核心是消除社会层面的异化力量,主要是指使生产方式中的生产力不再是劳动者异己的力量而成为他们能够自觉掌控的力量,生产方式中的生产关系不再表现为物与物的关系而成为人们自己的关系,这最终要求消灭资本主义私有制。上述所有异化及异化力量,都源于资本主义私有制,因而消除资本主义私有制,是经济解放最基本的要求。否定资本主义私有制度是实现人类解放的现实途径与手段。只有废除私有财产制度,才意味着一切属于人的感觉和特性得到彻底解放。随着私有制的消灭,生产力不再作为盲目的力量来统治生产者,人们关于自己产品的异己关系将被消灭,人们将自主支配自己产品的生产、分配、交换、消费等过程及发生的社会关系方式。从此,个体生存斗争停止了,而人在一定意义上才最终脱离了动物界,从动物的生存状况进入真正的人的生存状况。

经济解放会使市民社会被克服,私有制被消灭,公共权力将失去政治性质,先进阶级将在人类解放的道路上创造一个没有阶级与阶级对立的社会来代替旧的市民社会,用先进的社会制度代替落后的社会制度,从此不会再有原来意义上的政权,因为政权正是市民社会内部阶级对立的明显表现。人类社会被推向了更高的阶段,随着历史的生成与历史的现实运动,国家将自行消亡。国家不过是一种从社会中产生但又自居于社会之上并且日益同社会相异化的力量。市民社会被克服,国家就缺乏存在的基础。

当然,市民社会的完全克服和国家的最终消亡,是一个长期的历史过程。无产阶级通过革命夺取政权,实行无产阶级专政,具有历史的必然性和合理性,这是马克思主义和无政府主义的关键区别之一。但工人阶级夺

取政权是社会解放的手段和重要任务而并非目的,马克思指出:

> 国家再好也不过是在争取阶级斗争中获胜的无产阶级所继承下来的一个祸害;胜利了的无产阶级也将同公社一样,不得不立即尽量除去这个祸害的最坏方面,直到在新的自由的社会条件下成长起来的一代有能力把这全部国家废物抛掉。①

通过经济解放,社会所有等级、阶级都得到解放,也就是社会不再划分为不同的等级,个人获得自由,在社会各领域建立起人与人之间平等的社会关系,将"属人的关系还给人自己"。经济解放实质上是社会力量层面的人类解放。

马克思的经济解放思想是与生产方式紧密联系的,即是与生产力、生产关系辩证联系的,这体现了马克思社会历史辩证法的客体向度。经济解放思想与生产方式即生产力、生产关系的紧密关系使得经济解放超越了价值应然,成为历史发展的必然。生产力与生产关系的发展及其矛盾运动客观上要求创造并积累社会力量,甚至通过异化形式本身消除与克服异化的力量。从这个角度而言,社会异化力量是推动历史发展与前进的重要动力之一,因此不应该站在人本主义立场上对社会异化的力量进行片面的道义批判。资本主义的大工业和它所创造的发达的生产力,使经济解放成为现实的运动,这一现实运动的经济解放为人类解放创造与提供了社会物质基础,并推动人类走向未来的发展道路。

三、文化解放:展现人类解放的智识策略

虽然在马克思的经典著述中,并没有明确将"文化解放"作为特有概念展开论述,但我们不能因此而否认马克思人类解放思想体系中包含对"文化解放"这一问题的思考。一直以来,学术界对马克思人类解放思想的研究着重强调物质资料生产的基础性,这无可厚非,亦为正确的理论路

---

① 《马克思恩格斯选集》第 3 卷,人民出版社 1995 年版,第 13 页。

径。但在重视物质生产基础性的同时,却似乎忽视了文化生产的价值性,或将文化生产降低为庸俗文化产品的批量复制,由此导致在认识马克思人类解放思想体系时,只重视政治解放、经济解放等物质利益方面的理论论述,而相对忽视深入阐发马克思在文化解放方面的思想论述。

从马克思人类解放思想的立场、观点和方法来看,人类社会的文化解放维度与政治解放、经济解放维度一样,体现了连续性与阶段性的统一。文化解放是一个长期的历史过程,人类社会在发展过程中总是处在不断的文化解放状态;在文化发展史中,文化的枷锁与文化的解放往往呈同步并行状态,人们不断批判旧文化的束缚,却又难免陷入新文化的枷锁。文化解放正是在不断摆脱异化所造成的文化枷锁中逐步前进,展现为人类解放的智识策略,与政治解放、经济解放呈互动之势,最终成为消灭异己的政治力量,实现人向自身本质的回归。马克思文化解放理念建立在政治解放、经济解放的基础之上,在解释社会现实的同时,为我们指明了改造现实和创造真正文化的历史道路。因此,我们应当辩证地分析马克思人类解放思想的多重性,在发展和完善马克思人类解放思想的基础上,挖掘与认识马克思关于文化解放的思想。

在探讨文化解放之前,必须先对马克思的文化概念进行分析和解读。对于坚持唯物辩证法的马克思,其对文化的认识与把握,也确切地彰显了此种分析路径。马克思既承续了前人文化研究的优秀成果,又从人类解放的宏大视域中,科学地阐释了文化的具体内涵。概括而言,马克思理论意义上的文化概念具有广义和狭义之分。广义文化,其本质含义是自然的人化、社会和人的存在方式三者的合一,映现的是历史发展过程中人类的物质和精神力量所达到的程度、方式和成果,具体包括物质文化、精神文化和行为文化三个方面。狭义文化,其实质为精神文化,指的是观念形态和社会心理、习惯、习俗的总和,具体包括以意识形态为主要内容的观念体系,以及由人们长期的实践经验积淀而成的具有相对稳定性和持续性的社会心理、习惯和习俗等。相比较而言,狭义文化之于广义文化更具合理性。狭义文化将文化视为一种观念性的、精神性的存在,有别于广义文化将人所创造的一切东西都视为自身考察的范围。广义文化所凸显出的将人作为文化的核心和本源,在一定意义上带有唯心主义色彩,它"从根本上否定与取消人类社会及其历史中的物质性的存在与观念性的存在之间的本质性的差别与区分"①。因此，我们所言的文化，主要还是以狭义文化为主。马克思的文化认识涵盖了文化的多重性意涵，强调了文化的现实基础和政治性。马克思的文化解放理念既要求批判地继承传统文化，也要求抨击统治者的文化压制和精神束缚，它是一个创造正确反映和促进社会文明进步的观念文化以及形成与此相适应的社会心理、风俗和习惯的过程。

马克思在文化认识的基础上，对文化话语权进行了区分。所谓文化话语权，就是文化的权利与文化的领导权。从古代到现代，文化权与经济权、政治权从来都是紧密相连的，没有经济权与政治权，就不可能有文化权，在文化上只能处于被领导、被压迫的地位。马克思恩格斯在1850年发表的批判英国历史学家卡莱尔的书评中尖锐地分析了"由贵人、贤人和智者来统治"的阶级统治的荒唐性：

> 到底谁该统治呢？这个问题经过十分详细但却非常肤浅浮夸的讨论后，最后得出一个答案：应该由贵人、贤人和智者来统治……高贵的人之所以高贵，是因为他聪明而博学。所以必须在独享教育权利的阶级即特权阶级中去寻找这样的人；而这些阶级本身也将在它们当中找出这样的人，并对他们想当贵人和贤人的要求作出决定。因此，特权阶级现在即使不成为十足的贵人和贤人的阶级，至少也是说话时"吐字清晰"的阶级；而被压迫的阶级当然是"哑巴，是说话吐字不清晰"的阶级，因此阶级统治又重新得到肯定。②

文化话语权的区分被马克思恩格斯历史地还原为阶级的区别与对立，对文化的占有和使用的权利，为具有经济和政治特权进而独享教育权利的统治阶级所垄断。文化话语权的实质乃是阶级对立事实的存在，统治阶级通过独占社会经济、政治、文化权力与权利寻求着统治的合法性依据。终

---

① 林剑：《文化的批判与批判的立场》，《哲学研究》2012 年第 1 期。
② 《马克思恩格斯全集》第 7 卷，人民出版社 1959 年版，第 307 页。

结特权阶级统治的合法性，从而终结阶级之间的矛盾对立，必然会解决文化话语权的垄断问题。文化解放的过程必然也是政治解放、经济解放的过程，马克思的人类解放思想是对"由贵人、贤人和智者来统治"的阶级统治模式的否定，彰显了其超越文化话语权视域，实现文化从贵族、贤人和智者模式向平民的、大众的和科学的文化转化的文化解放理念。

争夺文化话语权只是马克思文化解放的一个方面，除此之外，文化解放与市民社会也存有密切的关系。封建社会关系的解体诞生了市民社会。在市民社会中，人类生存的各领域出现了分野和相对独立性，其中政治和经济领域分别代表着权力和金钱对人类生活的支配与控制，文化领域则是人类从精神层面反思和抗衡权力与资本逻辑的有力武器，文化解放正是市民社会中人类智识的解放策略。通过这种智识策略，我们对现实社会的批判就能被放置于更广阔的文化视野中，赋予人类解放以更广泛的意义，即将自然和人置于更广阔的文化维度内加以审视。文化解放的实质是反思和探寻：反思现实文化存在的前提与条件，探寻历史境遇下的新的可能性。

在马克思的人类解放思想体系中，文化解放作为一种智识策略，有其自身的历史地位与历史作用，但要正确地认识文化解放，除了需要理解文化解放的内在本质之外，还需要在社会形态的理论构架中考察文化解放的历史形态。

在《1857—1858年经济学手稿》一书中，马克思首次将人类社会的发展变迁划分为三大形态。如果据此勘察文化解放与社会发展的互动关系，可大致确定文化解放的历史形态。

在"最初的社会形态"中，人类只能在范围狭隘的区域内进行劳动，这种人类劳动以生产和占有实物为目的，并不存在交换的活动。与此时之社会状态相适应的社会关系是一种以血缘关系为基础的"人对人的依赖关系"。此时，文化领域并未凸显，也没有丰富的文化精神产品，人类尚未在文化消费中实现文化享受，更多的是存在一种体现原始崇拜的图腾、仪式活动或乐舞等原初意义的人类信仰行为。

在"第二个社会形态"里，人类分工有了很大发展，交换成为一种必需的生活方式。在交换关系中，一方面形成了"以物的依赖性为基础的人的独立性"，另一方面又建立起"普遍的社会物质变换、全面的关系、多方面的需要以及全面的能力的体系"①。在此种社会形态中，文化领域有了令人惊异的发展，建构了一个巨大的文化空间和文化市场。但由于文化的发展受到权力和资本逻辑的支配与控制，文化精神和文化产品趋向平庸化和标准化，实际上造就的是一种"反文化"，并且由此加剧了人的异化过程。

在"第三个社会形态"里，伴随着生产力的巨大发展，消费产品得到极大丰富，不但发达的物质生产使人们有充足的物质产品消费，而且精神文化领域的生产也令人们有多种多样的文化产品消费。人类由此能够建立"在个人全面发展和他们共同的、社会的生产能力成为从属于他们的社会财富这一基础上的自由个性"②。此种情况下，社会成员能够自由地选择和消费最符合个体自由个性的物质和精神文化产品，也能够最大限度地发挥自己的智慧和创造能力，以此进行充分的文化创造和实现充分的文化享受。这是文化解放的最后历史形态，也是文化解放的最终完成。

由以上社会形态变迁可分析出文化解放的历史定位，即在"最初的社会形态"里，文化创造限于原初的信仰行为，文化解放尚未成为一个历史的任务；在"第二个社会形态"里，随着商品经济及市场经济的日益发展，文化领域充分发展，但资本主义制度的狭隘性使其负面作用极端地凸显出来，人类的文化解放未能得到充分开掘与发展；在"第三个社会形态"中，伴随发达的物质生产和商品经济的消亡，文化解放的实现以人在自由而全面发展中的文化创造和文化享受的方式出现，走向人对自身本质的真正占有。这正是文化解放在社会形态中彰显出来的历史辩证法。

第二节　人类解放实现条件的提出

检视现实社会的千疮百孔，目睹人民大众的悲惨生活，马克思迫切地

---

① 《马克思恩格斯文集》第 8 卷，人民出版社 2009 年版，第 52 页。
② 《马克思恩格斯文集》第 8 卷，人民出版社 2009 年版，第 52 页。

希望能够实现共产主义的梦想，使人类从资本主义的枷锁之中获得彻底的解放和完全的自由。然而，现实与理想之间的巨大沟壑并不能仅仅凭借空洞的想象而跨越，把理想转化为现实需要积蓄和准备充足的力量，创造有利于其发展转化的现实条件。根据马克思人类解放的类型，这些条件相对应地包括政治条件、经济条件和文化条件。政治条件的核心在于构建真正的共同体，使每个人都可以自由而全面地发展；经济条件着眼于获得巨大增长和发展的生产力，为人类解放和共产主义的实现提供丰富的物质根基；文化条件的实质在于确立科学、正确的价值立场，构筑人类解放的文化灵魂。三者相互依赖，共同发展，相互联结为一张坚实的"大网"，托起人类解放、共产主义的伟大追求。

一、"真正的共同体"——建立政治的基础

资产阶级的政治解放虽然将人们从宗教束缚、封建枷锁中解救出来，给人以一丝光明，但是其局限性表明它无法使人们从资本主义私有制的羁绊中解救出来，还给人们自由发展的状态。在这一段艰难而漫长的路途中，政治解放完成了人类解放的前提性工作。我们的目的是要在政治解放的基础上，扬弃政治解放的局限性，彻底消除资本主义私有制，建立一个"共同体"，在这个"共同体"中，每个人的自由全面发展都将成为其他一切人自由全面发展的先决条件。也只有在这样的"共同体"中，个人才能完全掌握和获取培育其自身才能的渠道和方式，并取得个人的全面自由。

"共同体"是具有系统性和综合性的概念，它在政治层面上对共产主义理想提出了定位和要求。在《德意志意识形态》和《共产党宣言》中，马克思曾多次使用"共同体"一词，其隐含的内涵即在于它是一种由自由个体有机构成的联合体，在这一联合集聚体中，每个人都具有其完全的自由和充分的自主。当然，这必须构筑在物质资料足够丰盈、生产力发展程度达到较高水平的基础之上，如若不然，这样的"共同体"也便只能成为一个"乌托邦"的假象。

鉴于"共同体"中人的在场状态的差异与不同，马克思认为"共同体"有"虚假的共同体"和"真正的共同体"之分。马克思将之前的个人之间的联合称为"虚假的共同体",并认为它总是独立于个人而存在,是属于阶级之间相互对抗的产物,因此对于被统治阶级而言,这个"虚假共同体"同样是一种新的牢笼和桎梏,完全禁锢了他们的自由。马克思所批判的"虚假的共同体",其实是相对于共产主义社会而言的资本主义国家。在资本主义社会,资本成为整个社会的控制枢纽,掌管了社会的控制权,无产阶级作为被统治阶级为了生存的需要只能付诸劳动,而其劳动所得却与他们的付出不匹配,仅够维持其基本的生存所需。分工的发展和细化更是加剧了无产阶级的生活窘境,分工将工人固定在特定的范围之内,并且使其只能作为单一能力的人在社会中发挥作用,除非他不再考虑他的生存生活问题,这便是在"虚假的共同体"中分工异化所呈现的景象。在"虚假的共同体"中,人处于一个异化的世界之中,这种异化不仅存在于人与劳动产品和生产活动中,更深入到人与人的关系之中。在这样的"虚假共同体"中,人基本失去了通过合法、合理途径重获自主性和自由的可能,无产阶级唯有通过彻底革命的方式消灭这一现状,消灭私有制,重新建立一个新的社会,才能从"虚假的共同体"中解脱出来,迈入"真正的共同体"之中。马克思认为"真正的共同体"是与前者完全不一样的共同体,"在真正的共同体的条件下,各个人在自己的联合中并通过这种联合获得自己的自由"①。细观之,马克思已对"虚假的共同体"和"真正的共同体"两者的特征作出了明确的区分,以凸显"真正的共同体"的意义。

首先,从利益涉及的范围看,"真正的共同体"代表一切个体的自由发展,"虚假的共同体"仅代表资产阶级少数人的利益。"在过去的种种冒充的共同体中,如在国家中,个人自由只是对那些在统治阶级范围内发展的个人来说是存在的,他们之所以有个人自由,只是因为他们是这一阶级的个人。"② 这就是"虚假的共同体"的真实写照。随着生产力的发展,无产阶级专政的政权形式将不再具有存在的必要性,作为完成式的"真

---

① 《马克思恩格斯文集》第1卷,人民出版社2009年版,第571页。
② 《马克思恩格斯文集》第1卷,人民出版社2009年版,第571页。

正的共同体"将成为现实的存在。在"真正的共同体"中,仅代表统治阶级自由发展的原始状态将不复存在,代表部分人的自由发展的状态将彻底消失,每个人都将在现实中获得平等的自由发展,它既包括政治层面的平等,也包括经济、文化层面的平等。

其次,从联合的性质来看,"真正的共同体"是由各个个体组成的自由联合,"虚假的共同体"是阶级之间相互对抗所产生的被动的阶级联合。马克思曾经这样描述两者:

> 这些个人只是作为一般化的个人隶属于这种共同体,只是由于他们还处在本阶级的生存条件下才隶属于这种共同体;他们不是作为个人而是作为阶级的成员处于这种共同关系中的。而在控制了自己的生存条件和社会全体成员的生存条件的革命无产者的共同体中,情况就完全不同了。在这个共同体中各个人都是作为个人参加的。它是各个人的这样一种联合(自然是以当时发达的生产力为前提的),这种联合把个人的自由发展和运动的条件置于他们的控制之下。①

显然,在"虚假的共同体"中,每个人都被迫、被强制性地归属于一个阶级,个体失去了其完整意义上的自主性和独立性,受到自身所处阶级的变动而不断变化。人作为类的存在,甚至作为同一阶级类的存在,必然受所在类的整体情况的影响和波动。"虚假的共同体"是那种不受自身控制的被动联合。唯有在"真正的共同体"中,人才作为属于自身的个体体现个体自身的主体性,通过自己的自由意志组合成各个个体的自由联合。

再次,从利益的普遍性与特殊性关系来看,"真正的共同体"消解了发生在"虚假的共同体"中的两种利益之间的对立和矛盾,使两种利益在最优的层面上获得了有效的统一。在"虚假的共同体"中,由于分工的存在,生产与消费、享受和劳动以及精神活动与物质活动之间必然发生

---

① 《马克思恩格斯文集》第 1 卷,人民出版社 2009 年版,第 573 页。

持续不断的矛盾。随着分工的发展,其矛盾将逐渐演变为个体利益与整体利益之间的矛盾,即特殊利益与共同利益之间的矛盾与问题。"正是由于特殊利益和共同利益之间的这种矛盾,共同利益才采取国家这种与实际的单个利益和全体利益相脱离的独立形式,同时采取虚幻的共同体的形式。"① 国家作为阶级统治的工具,总是被统治阶级加以利用,统治阶级为了保障和维护自身利益,借助于政治上的统治地位,通过掩饰和宣扬等各种手段,将其自身的利益鼓吹为整个国家和全体人民的普遍利益,从而赋予其利益以合法性和合理性。只要有国家的存在,有统治阶级的统治,不论是资产阶级执政还是无产阶级获得政权,特殊利益与普遍利益之间的对立关系就难以真正消除。

马克思对国家的理解,与黑格尔的理解完全不同,黑格尔将国家视为不断完善的历史存在,只有在国家中才能实现政治、法律、道德等的自由。青年马克思也对理性国家有过幻想,但是现实为他揭开了国家的真实面目,使他认识到国家只是一个建立在剥削、压迫底层社会阶级的前提与基础上的统治团体,这一团体在整个历史发展进程中也在不断变化和完善,而由于特殊利益与普遍利益之间的对立不会改变,国家的压迫与剥削本质也不会改变。② 只有消灭国家才能够消灭特殊利益与普遍利益的对立,使两者从对立的立场转变为有机的统一,才能彻底解决两者之间存在的矛盾。③

"真正的共同体"的构建,是在对资本主义社会进行扬弃的基础上取得的成果,它不再只为资产阶级等少数人的自由发展服务,不会使每个人作为阶级成员受到整个阶级动向的摆布,不允许有"国家"这一历史性产物持续性地在特殊利益和普遍利益的矛盾之间游离。作为自由人的联合所组成的"真正的共同体",是一个完全区别于"虚假的共同体"的存在,它是对后者的超越,它对之前"共同体"中的整个社会秩序进行了

---

① 《马克思恩格斯文集》第 1 卷,人民出版社 2009 年版,第 536 页。
② 参见 [德] 亨利希·库诺:《马克思的历史、社会和国家学说》,袁志英译,上海译文出版社 2006 年版,第 307 页。
③ 关于"虚假的共同体"和"真正的共同体"区分的部分思想,参见侯才:《马克思的"个体"和"共同体"概念》,《哲学研究》2012 年第 1 期。

彻底颠覆，使其符合社会发展规律和人类价值诉求。正因如此，马克思人类解放伟大事业的实现，必然立足于"真正的共同体"得以建立的基础之上。

二、生产力增长——发展经济的根本

马克思人类解放追求的实现，应具有稳固的经济根基，即作为条件的生产力的巨大增长和快速发展。"生产力是人们生产物质资料的能力。它表示人们适应自然、利用自然和改造自然的水平，反映了人与自然界的关系。"[①] 作为马克思人类解放事业的基点，生产力一直在历史发展进程中发挥着极其重要的作用，它促使整个人类社会在历史发展中不断摆脱旧社会和陷入新束缚的循环往复，并在这个过程中持续向前。马克思特别重视生产力的发展，他将生产力发展提升到维持人类自身生存，保障实现人类自由、自主活动的前提与基础地位。一旦人们无法在物质资料等方面获得供给保障，人类解放也就无从谈起。生产力是基础性的存在，缺乏生产力的支撑，人类生存将面临挑战，共产主义也将无法实现。要实现共产主义，必须先发展生产力；要实现人类解放，必须使生产力获得巨大增长。

生产力的巨大增长和极大丰富，集中体现为物质资料的增加和充盈，为共产主义社会的实现奠定坚实的物质基础，但生产力的巨大增长所带来的并不仅仅是物质资料的充足，它还将为人类解放的最终完成提供一系列关乎人的自由发展和全面发展的条件与资源。具体地说，生产力的作用主要体现为：

第一，生产力的高度发展将为人类解放奠定物质基础，只有物质生活资料的充足才能满足共产主义社会按需分配的分配方式。在马克思看来，生产和需求两者是相互关涉、紧密相连的，伴随着社会生产力的提升与发展，人的需求也将不断增加，原有的需求会随着人口基数的扩大和生活水平的提高而提升至另一个层次，人类也将在原有需求基础之上不断产生新的需求，而实现按需分配、充分满足人类的需求是未来共产主义社会的基

[①] 马昀等：《用唯物史观科学把握生产力的历史作用》，《中国社会科学》2013年第11期。

本特征之一。为达到这一目标,生产力的高度发展就成为必然。按照马克思的推演逻辑,他认为在历史发展的长期进程中,每一代人都在生产和创造着属于他们自己的生产力、生活环境、资源,尽管他们所生产和创造的终将被新的生产和创造所替代和发展,但这本身就是生产力的积累和沉淀,将设定后一代人的生活条件、生产条件,使生产力在人类整个发展长河中不断发展和持续进步。历史发展以生产力发展为尺度,历史阶段中的生产力决定着这一阶段的历史可能的现实状况,即人们所能够获得和达到的整个生产力发展程度决定着人类社会的发展形势。生产力作为前提性条件,其发展水平和质量将直接影响到人类需求是否能够得到满足以及满足的程度。在未来可憧憬的理想社会,高度发展的生产力能够为人类的需求提供充足的物质条件,从而真正实现按需分配的共产主义。

第二,生产力水平的极大提高将为人的自由而全面发展提供十分充足和丰盈的自由支配时间,以使人们在更多的自由时间中获得个性发展和全面发展。自由时间在马克思看来是指在劳动时间之外的个人可充分自主支配、自由发展的时间。马克思认为:"在这个必然王国的彼岸,作为目的本身的人类能力的发挥,真正的自由王国,就开始了。但是,这个自由王国只有建立在必然王国的基础上,才能繁荣起来。工作日的缩短是根本条件。"[①] 但在资本主义社会,作为财富尺度的却是劳动时间,劳动时间越多,生产的产品也就越多,或者用于生产原先财富的时间越少,在劳动者身上获取的剩余劳动时间就越多,这样的衡量标准既显露出资产阶级的贪婪和剥削本质,也剥夺了主体赢得自由时间取得全面发展的机会。鉴于此,马克思致力于寻找一种理想的社会形态取代资本主义的剥削体制,并认为这种理想的社会形态必然随着生产力的持续发展和不断提高将演变为事实。随着生产力的高度发展,人们用于生产人类所需物质资料的劳动时间将大大缩短,相应地自由时间将大幅度增加,每个人都能够充分利用自主支配的自由时间,从事具有积极性、创造性的人类活动,促使每个人都能够获得自由而全面的发展。衡量每个人财富的标尺也将不再是以前的劳动时间,而是人们所能够充分掌控的、可自主支配的自由时间。

[①] 《马克思恩格斯文集》第 7 卷,人民出版社 2009 年版,第 929 页。

第三，生产力的巨大增长为人的社会关系的扩充和交往阈限的拓展创造了现实条件。生产力的发展是人的社会关系扩展的前提性条件和要求，只有在生产力取得高度发展的前提和基础上，每一个个体才能够冲破和超脱所捆绑的种族、地域等束缚，从而能够充分利用整个世界的生产力总和。也正是在这种生产力的不断交织、共同发展的过程中，人们之间的普遍联系与往来才能够真正实现。构筑在生产力发展之上的人类普遍交往，不仅将无产阶级相互联结和统一起来，使之相互依赖彼此之间的革命和变革，也将使原本一定范围内的个体成为世界性的个体。只有这样，我们所憧憬的未来理想社会——共产主义社会才能够拓宽为整个人类社会的解放，"共产主义只有作为占统治地位的各民族'一下子'同时发生的行动，在经验上才是可能的，而这是以生产力的普遍发展和与此相联系的世界交往为前提的"①。生产力的持续发展，将逐渐打破人与人之间、人与社会之间、地域与地域之间的隔阂，使人从原先的"人的依赖"关系基础上的个人与个人之间的交往和社会关系逐渐上升为"物的依赖"关系上的交往和社会关系，直至社会形态发展到"自由个性"阶段，即共产主义阶段，人与人之间的交往及其社会关系将促成整个社会、国际和世界性质的普遍的交往。

构筑马克思人类解放的"宏伟大厦"，必然不可缺少高度发展的生产力作为其经济根基。生产力的巨大增长为人类解放的实现奠定坚实的物质基础，也为人的全面发展提供自由时间和扩大交往的可能。唯有在此之上搭建起来的人类"解放大厦"，方能根深蒂固、保持稳定，也才能使人类解放走下神坛，不再作为一个想象或憧憬中的梦幻之境，而是以实实在在的方式步入现实之中。

三、革命价值立场——引导文化的方向

马克思文化思想一直以来在学术界受到较少关注，使得其自身威力与作用没有得到完全发挥。在以往探究马克思思想的研究中，学者往往会将

---

① 《马克思恩格斯文集》第 1 卷，人民出版社 2009 年版，第 538 页。

政治和经济提到研究的前沿，并从政治和经济层面不断地深入剖析马克思思想的转变历程，考察人类解放的现实可能等深层问题，这一研究思路符合社会发展的现实需求。经济作为最根本和最原始的出发点，是决定其他一切的前提和基础，而政治则是建立于经济之上的上层建筑，也是历史发展中的主角之一，是人类社会能够持续发展至今的重要原因，这两者基本构成了人类社会历程的主体框架与结构，占据着历史发展的中心地位。从政治、经济的重要性来看，着重研究马克思的政治哲学、经济哲学以及建立于其上的唯物史观，自然成为马克思思想研究的重心。但有学者认为：

> 在经济决定论者的视野中，全部社会的基础是经济活动，文化、思想意识只是经济活动的结果，充其量是其合理化而已。相比于经济活动，文化、思想意识是"被决定的"和"有条件的"活动，其"被决定的"和"有条件的"程度，甚至已达到使文化、思想意识主要地具有派生、从属和"副现象"的性质。在这样的视野中，很难确立起一个完整形态的马克思主义文化理论。①

虽然很多学者并非持经济决定论，但对于文化的误解是现实存在的。文化在历史浪潮中被推到了边缘地位，其"被决定的"和"有条件的"活动的界定，导致文化在诠释与改造社会历史的过程中难以得到正视。出现这种"重经济、政治，轻文化思想"的格局，当然不是学者有意为之，其中隐藏着可以理解的原因与尴尬：在马克思的文本中，文化范畴较少被单独提及，更加缺少专门的著述对其进行详尽的阐述，即使有相关论述，主要也是以意识等形式出现。关于文化问题的马克思文本的缺乏，必然会对学者研究马克思文化思想构成巨大挑战和困难。

事实上，经济和政治问题在历史进程中并不能囊括全部构成，作为精神因素的文化同样在人类的整个发展史中担当了重任。否定文化对历史发

---

① 郁建兴：《马克思主义文化理论与现时代》，《中国社会科学》2001年第6期。

展的影响和作用，否定马克思的文化思想对人类解放的推动和助力，必然是片面的。

文化作为一种观念性、精神性的存在，既是人类实践活动的结果，也是人类意识加工的产物。从发生学角度看，文化的产生受到来自实践活动和人的主观意识、观念的双重影响，这意味着经济和政治决定文化，文化是构筑于经济和政治之上的意识存在。经济和政治等因素对文化的规制与决定性作用，主要体现于对文化发展水平的决定，也体现于对文化性质的决定：封建社会催生的是地主和农奴文化，资本主义社会催生的则是资产阶级与无产阶级文化。同时，经济、政治和文化三者并非仅仅是单向度的决定与被决定关系，其关联性还体现在文化对前两者所起到的影响与反作用，三者相互配合与调节，共同作用和服务于整个人类社会。当然，其决定与被决定作用也并不是固定不变和完全同步的。文化自身所特有的价值就体现为文化具有相对独立性，它主要指在一定时期，文化呈现出脱离当时经济、政治水平的发展程度，这种脱离有可能是落后式的倒退，也有可能是超前式的思想发展。正如在封建社会晚期，资本主义的部分文化特征就已萌芽和显现，甚至推动着封建社会的解体和破灭。而在资本主义社会的初期，封建社会的残留文化依然具有其生存空间，不断渴望着回复封建社会体制，阻碍资本主义社会的发展。但从整体上而言，文化随着经济、政治的持续发展而不断进步。随着资本主义社会的没落以及共产主义社会的到来，文化必然也将迎来一次洗牌，作为共产主义的文化内核将会是人的理性和客观规律的有机统一体，唯有如此才能使生成于理性中的人的意识在现实中获得展现，符合客观事物自身运行和发展的规律。这种文化内核可以使人与自然、人与社会真正达成统一，人将在这种一致性的融合中实现自身的解放。

文化以静谧的"内化"方式影响人类活动，在寻觅构筑人类解放的条件时，也必须顺延这一脉络，探究其发展的文化条件。文化对人类解放进程起作用的方式，与政治、经济等的作用方式存在差异，它以一种静谧的、无形的"内化"方式发挥作用。文化通过这种在无形中影响人类活动的"内化"方式，显示出其潜藏的巨大力量。正如有学者指出：

文化具有的力量,很难通过可测的、量化的数据得到。这是因为,文化的作用呈发散状、绵延状、缠绕状,类似现代物理学中的"场"效应。它貌似无形,但具有强大的穿透力、吞噬力、征服力;强势文化的作用甚至可以产生类似宇宙中的"黑洞"效应,使进入其中的人被牢牢吸附,难以抗拒。①

而文化的核心、灵魂的铸造以及文化方向的确立,与人的价值立场的性质密切相关。价值立场作为文化源头性力量,在一定意义上全方位制约着文化发展方向。价值立场作为主体对客体探索过程中所持有的价值观,决定主体的价值取向,影响实践活动确立的动机、目的和效果。科学的价值立场将充当人类解放进程的文化内核,成为人们开展实践活动的自觉要求和原始动机并发生作用,就像康德所描述的义务等道德概念的境地。康德指出:"只有出于责任(义务——笔者注)的行为才具有道德价值。"②这一命题从质的规定性上限定了道德的范畴:出于义务的行为而非合乎义务的行为,才是真正符合道德的内在要求。出于义务的行为,就是个体的行为没有目的、动机的附加,不受外在因素的影响和制约,是一种自觉和应然状态下的行动;合乎义务的行为,是指个体行为的结果受到爱好或其他目的性意图的驱使,具有明显的功利趋势。前者完全是受自身理性的驱使,而非受到外界任何环境因素和目的的影响,是纯粹的义务,或者说是为了义务;后者尽管可能有善意的结果,如商人在交易中童叟无欺、在诚信基础上公平买卖,但是其原本目的或动机是为了获取更高的利润,这种看似善的行为称不上道德的行为,只有当他本身认为其售卖行为理应做到童叟无欺、公平交易而不论结果如何时,才能彰显出道德价值。价值立场和康德的义务原则在某种意义上具有相似性。与康德的道德哲学所不同的是,价值立场具有与现实性相连接的通道,从而可以使人与自然、人与社会达成现实的和谐统一;而康德的道德哲学则主要适用于纯粹理性的范围之内,带有形而上学式的纯思辨性。价值立场作为精神性、观念性的主观

---

① 车洪波:《文化作用方式之分析》,《学习与探索》2004年第1期。
② [德]伊曼努尔·康德:《道德形而上学原理》,苗力田译,上海人民出版社2005年版,第16页。

概念，与文化、意识具有同一性，其确立和发展也与文化、意识的发生发展路径相同，都由实践决定。价值立场作为主观意识被客观事物所决定，具有客观性和独立性。缺乏对价值立场概念的这一认知，将难以真正与康德的义务原则相区别，无法完整理解作为文化灵魂的价值立场。

价值立场具有不同的类型和层次。根据价值立场所阐发的内容、取向的迥异，可以将价值立场划分为三种不同的类型和层次：反动的价值立场、保守的价值立场和革命的价值立场。①

第一，以旧文化和旧思想作为其实践驱动力和价值取向的价值立场，即反动的价值立场，其内蕴的实质在于对旧文化、旧思想等旧价值观的依赖和反复，是对旧文化、旧思想的维护和偏袒。反动的价值立场强调以陈旧的文化和思想，即失去了时代意义、被时代所淘汰的文化与思想作为实践的出发点和原动力，同时也将其设定为目标和归属，它所期待的是恢复已失去的旧文化和思想，是一种典型的复古形态。这显然不符合文化伴随社会形式的发展而不断前进的大趋势，也不符合人类社会发展的总体价值取向和历史潮流，必然会被埋没于历史的尘埃之中。

第二，以当前主流的文化思想为核心、出发点和落脚点的价值立场，即保守的价值立场。保守的价值立场坚持的是现时代的核心文化思想，符合所处时代的发展需求及均衡价值水平。在推崇时代主流文化思想的同时，它也会一贯性地对时代其他文化思想进行批判。但其局限性体现于批判的出发点并不在于对现行文化思想体系进行颠覆式的改革和推进，即没有冲破原来的固有体系，而是处于在已有文化价值的范围之内对其进行改良和完善，并希冀通过这种改良和完善使现存文化延续生命，甚至使之永恒化或普及化，因此它无法带领人们冲破固有的思想束缚。

第三，革命的价值立场。革命的价值立场与复古、改良相对立，它是以科学性为基础，以客观事物发展及文化发展规律为前提，以价值革新为衡量标准的价值立场。它的着眼点在于突破现有的资本主义文化氛围，面向未来的共产主义社会文化构建，其指向在于构建一个理想社会，它不仅能够使人们的实践活动达成和谐一致的协调性，而且通过这种协调性能促

---

① 参见林剑：《文化的批判与批判的立场》，《哲学研究》2012年第1期。

使所有主客体实现完美的对接与共处。只有革命的价值立场才能够作为马克思人类解放思想的文化灵魂，才能够作为文化条件为人类解放的完成增添力量。

价值立场并非是绝对的、纯粹的主观体现，它具有其客观性。从价值立场的主体即现实的人来看，其本身就是客观的存在物，主体作为客观现实社会的组成部分，是在客观的社会关系中形成其价值立场的，客观的生存环境和物质条件决定了主体的客观思维方式和价值立场，虽然其中不可避免地会渗透主体人的主观性色彩，但总体而言，作为价值立场的主体毋庸置疑是客观存在的；从价值立场的产生来看，它遵循于马克思的文化诞生逻辑，随着人的实践活动的进行和展开，在实践中产生并获得实践检验和认可。实践活动自身就是一种客观性活动，不论是实践活动的主体、客体还是实践活动的工具、手段，都属于客观事物。价值立场的来源——实践在马克思看来是无可争辩的感性活动，在实践活动中生成和提炼出的价值立场也被赋予客观性属性。

价值立场的革命性决定了文化发展方向的正确性。作为革命的价值立场一方面能够符合主体人的主观意愿和自觉理性的要求，按照个体的主体性进行价值选择；另一方面能够顺应客观规律的发展，与客观世界相融合，从而达到主体和客体两者共同的满足与配合。如果将价值立场看作对象化活动之社会形式的一部分，则价值立场作为一种意识并非完全是对客观的消极反映，它同样会参与到实践活动之中，正如阿尔都塞在否认和批判经济决定论时，就曾特别强调意识、理论与经济、政治都在实践的样式范围之中。价值立场在参与实践活动的过程中，为实践活动提供了动机和前进的方向，并通过实践的方式展现价值立场的现实性。马克思也曾承认人的思维的真理性判定，属于实践的范畴，只有在实践中才能够证明思维的真理性。在整个实践活动中，价值立场作为实践的参与者而存在，在其中发挥着导向、动力等重要作用，而并非是纯粹主观的抽象存在。实践活动的进行和结果符合并印证了价值立场的原初选择、导向，从而形成价值立场—实践活动—客观事物之间的良性循环，这种循环的实质就是人与自然、人与社会的良性共处。在这种良性循环中，人能够充分发挥自己的主观能动性，对客观事物加以改造和利用，同时又内在地顺应客观事物发展的规律，两者之间互为前提、互为保障而存在，构成一个理想的有机统一体。在这样的循环中，人既能够使其理性思维获得充分的释放和施展，又能够与客观事物达成一致，实现一种共赢的双重解放。革命的价值立场，无疑是实现人类解放重要且不可缺少的一环。

第三节　人类解放依靠力量的确认

在人类解放之路上，马克思明确指出了其解放的政治、经济、文化条件，找到了支撑人类解放的具体社会环境。而创造这些环境和条件的方式并不是孤立的，它需要哲学的渗透以及无产阶级主体的不断开拓。马克思通过剥离哲学自始至终纯粹思辨的躯壳，将哲学的思考者身份转化为实践者身份，使哲学变成社会实践的组成部分；通过无产阶级爆发的彻底革命，终结人只作为异化的人而被其他事物控制的历史，开创每个人都能够获得自由而全面发展的新时代。哲学与无产阶级，形成了通往人类解放的两股强劲力量。

一、哲学：形而上的思辨和形而下的实践

在柏拉图所构建的理想国中，哲学被提升到了一个至高无上的地位，城邦的完善只有"哲学王"才能够真正做到，足见哲学在历史中无可替代的作用与地位。哲学自其开创至今就享有独特的地位和至高的赞誉，对于非哲学家而言，哲学是难以触及且不可亵渎的圣境；对于哲学家而言，哲学"迷惑"他们终生，而他们却不厌其烦。马克思作为哲学的追随者，也受到哲学的"迷惑"和"纠缠"，难以抑制对哲学的爱慕与艳羡之情。

撰写博士论文时期，当马克思逐渐投入哲学的世界寻找自己对法的问题的答案时，他俨然已沉浸其中，难以自拔。哲学对此时的马克思施展了难以抗拒的"诱惑"，以至于马克思在其博士论文中引用了大卫·休谟的一句话来驳斥别人对哲学的质疑："如果人们迫使哲学在每一场合为自己的结论辩护，并在对它不满的任何艺术和科学面前替自己申辩，对理应到

处都承认享有最高权威的哲学来说,当然是一种侮辱。"① 这充分体现了马克思对哲学的崇敬之情以及极力维护哲学"最高权威"的愿望。马克思曾毫不掩饰地透露了其对哲学的供奉,将哲学视为心中的思辨之神。但就是这样一位对哲学崇拜至极的膜拜者,却不可思议地转向了自己相反的一面,发出了"消灭哲学"的呐喊。

在《〈科隆日报〉第 179 号社论》中,马克思似乎觉察到他所崇仰的哲学存在自身的缺陷和不足,他指出:"哲学,从其体系的发展来看,不是通俗易懂的;它在自身内部进行的隐秘活动在普通人看来是一种超出常规的、不切实际的行为。"② 如果哲学只是存在于自己的思辨世界,不与现实世界进行往来和交流,那么蕴含于马克思内心中的人类解放思想又何以通过哲学的路径转变为现实呢?带着这样的疑虑,马克思开始检讨哲学的现实意义。而哲学形而上的思辨性正是马克思所抨击的对象。马克思认识到,哲学的思辨不可能完成解救现实的任务,只有实践才是解决问题的关键所在。"理论的对立本身的解决,只有通过实践方式,只有借助于人的实践力量,才是可能的。"③ 马克思将哲学看作形而上的思辨哲学的代名词,宣言要消灭哲学。所以,马克思在之后的文本中基本不将自己的思想视为哲学,也不将自己归入哲学家的行列,哲学与哲学家在马克思那里成为论战的对象。但是,结合当时的历史语境,我们可以推断,马克思所说的"消灭哲学"并非是针对全部哲学的彻底否定,而只是对以黑格尔哲学为代表的传统哲学的批判和扬弃,是对思辨哲学的斥责。马克思通过赋予哲学以新的特质和内涵,为哲学疏通了其他道路,将哲学重新带回到"现代形而上学",重新树立起哲学的担当者形象,肩负起人类解放的重任。

与德国哲学"从天国降到人间"的理路不同,马克思开辟了一条"从人间上升到天国"的哲学理路。这种理路的转换和颠倒所蕴含的哲学运思,远非仅从语言层面便可完全把握。唯有深入马克思的文本,回到马克思的话语体系,才能真正透视其中隐含的实质性内容。对于马克思

---

① 转引自《马克思恩格斯全集》第 1 卷,人民出版社 1995 年版,第 11 页。
② 《马克思恩格斯全集》第 1 卷,人民出版社 1995 年版,第 219 页。
③ 《马克思恩格斯文集》第 1 卷,人民出版社 2009 年版,第 192 页。

"从人间上升到天国"的路径表述,我们需要注意从以下两个方面进行思考和挖掘:第一,马克思的"人间"起点意味着什么?第二,"从人间上升到天国",马克思通过什么途径实现这一跨越?

首先,哲学如果还像德国哲学一样脱离现实而抽象存在,哲学就依然是马克思所要讨伐的对象,只有根植于历史与现实的土壤之上的哲学才是马克思所希冀的。马克思将其哲学起点设立于"人间",其"人间"既存在于历史之中,也存在于社会之中,具有双重规定性。"对现实的描述会使独立的哲学失去生存环境,能够取而代之的充其量不过是从对人类历史发展的考察中抽象出来的最一般的结果的概括。这些抽象本身离开了现实的历史就没有任何价值。"① 马克思认为哲学需要在历史和时代的现实世界中寻求生存,与其发生接触与互动,从历史与时代性的状况出发重新审视人类的存在,基于历史与时代性的视域去探究整个人类的解放,使哲学在真正意义上成为时代精神的精华,这才是马克思为哲学所开辟的现实道路,也是马克思所真正需要的哲学。

其次,马克思的哲学绝不是周旋于思辨的经院哲学,而是被赋予了形而下实践意蕴的哲学,笔者称之为"现代形而上学"。正如马克思在评论费尔巴哈时指出的:"人应该在实践中证明自己思维的真理性,即自己思维的现实性和力量,自己思维的此岸性。关于离开实践的思维的现实性或非现实性的争论,是一个纯粹经院哲学的问题。"② 马克思断然不会违背其"消灭哲学"的口号重新返回到经院哲学的领地,他用作为哲学的核心与起点的"人间",与经院哲学相区别。马克思在实践性、批判性和革命性视角完全超越传统思辨哲学,创立了属于自己的、与现实发展相吻合的实践哲学。

哲学在马克思那里,不再属于纯粹的思辨模式,而是被赋予了全新的生命。马克思不仅为哲学铺设了历史与现实的稳固基地,使哲学融入现实世界之中,进入人们的生活实际之中,还为哲学镶嵌了实践的内核,通过实践将哲学的精髓演绎为现实的场景,逐步将人类解放的理想在现实世界

---

① 《马克思恩格斯全集》第 1 卷,人民出版社 1995 年版,第 526 页。
② 《马克思恩格斯文集》第 1 卷,人民出版社 2009 年版,第 504 页。

慢慢呈现，使原本属于形而上的思辨哲学演变为形而下的实践哲学。哲学开始真正回归其本位，发挥其应有的作用——指导人们通往未来的理想圣境，实现人类解放的最终归宿。

马克思抛弃了传统哲学原有的思维路径，另辟蹊径地选择了实践，使哲学重新归复至人类解放的康庄大道。而究竟该不该将马克思称为哲学家？对此学界存在着不同的声音。前南斯拉夫"实践派"的重要代表人物米·坎格尔卡就旗帜鲜明地指出马克思本质上不属于哲学家，而只能是科学家，比如经济学家或社会学家等。原因就在于马克思不仅没有创立属于自己的独有思想的哲学，轻视哲学对于人类社会的重要意义，将其放置于自己整个思想体系之外的范围，而且还用轻蔑的口吻和语气对以往的哲学家进行讥讽，因此在马克思的整个思想空间内不可能有任何所谓的哲学。①

与上述意见相反的是，有学者认为马克思的思想属于哲学范畴，而非科学范畴。例如美国学者悉尼·胡克就坚持：

> 就马克思主义是一种旨在达到一个阶级目的的思想和行动的方法而论，它是某种高于或低于科学的东西；因为科学虽然可以被用于各种阶级目的，但其本身却不具阶级特性……马克思的哲学，就是这些客观要素和主观要素的辩证的综合。②

马克思是哲学家还是科学家，不能仅仅从其思想范畴进行划分，更应该从马克思思想的出发点和落脚点加以辨析。马克思一生奉献于无产阶级革命运动与人类解放事业，两者是他生命中最为重要的组成部分。从马克思毕生奋斗的目标来看，笔者认为不能简单地评判他是哲学家还是科学家，而应该先给予其革命家的称号。正如也有学者从马克思的挚友、最了解马克思的人——恩格斯入手分析马克思的思想，认为应当首先承认马克

---

① 参见中国社会科学院哲学研究所马克思主义哲学史研究室：《马克思哲学思想研究译文集》，人民出版社1983年版，第275页。

② [美]悉尼·胡克：《对卡尔·马克思的理解》，许崇温译，重庆出版社1989年版，第11页。

思是作为一位革命家而存在，其后才是作为一位哲学家和科学家而存在。马克思的思想是把哲学的重新审视和社会科学的深度研究两者相互融合而成的关乎人类幸福与解放的体系式学说。不论如何给马克思进行定位，不可否认的是马克思依靠其哲学支柱支撑其理论大厦，并通过哲学力量逐渐向人类解放推进。

从马克思对哲学的演绎逻辑来看，他依次经历了推崇和敬仰哲学，再到发出要"消灭哲学"的声音，之后又通过重新扬弃，赋予哲学以新的特质和内容，使哲学重新作为人类解放的支柱力量呈现在世人面前，支撑人类解放的行进。马克思否定之否定的路径选择从一定层面看颇有曲径通幽之妙。

哲学作为实现人类解放的力量之一，其作用是双重的。第一，思维性作用。与具体科学不同，哲学具有宏观的视野和强大的穿透力，具有超越于具体科学的更深层次的思维特性，是人类"解放的头脑"。在改造世界、谋求人类解放的路程中，哲学所思考和关注的是对整个世界的整体性把握。马克思通过运用哲学的思维特性，立足于整个人类社会发展历程，思考资本主义必然灭亡，把人类解放作为必将实现的历史命题，从而为共产主义取代资本主义确立了理论依据。第二，实践性作用。马克思哲学的内在本质——实践，要求其哲学为人类解放的实践活动而服务。马克思将哲学的深刻批判性运用于对社会现实的批判之中，尖锐地揭露了资本主义社会所面临的现实困境和根本矛盾，道明了资本主义随着生产力的不断发展将成为阻碍生产力发展的桎梏，是人类实现整体解放的障碍。因此，为了实现人类解放，实现共产主义的共同理想，就需要通过无产阶级革命的方式，将资本主义踢出历史舞台，给予人们以自由和全面发展。哲学之于人类解放是不可替代的存在，是人们迈向解放的必不可少的力量源泉。

二、无产阶级：历史终结者和时代开拓者

在马克思的思想中，无产阶级占据了十分重要的地位和作用。他们屡弱的身躯不仅要承担起对资本主义社会的彻底覆灭、对资本主义私有制的

消灭、与旧社会所有一切关系完全割裂的重任，而且要在此基础上重新开创一个共产主义社会。这就是马克思赋予无产阶级的历史使命：做旧社会、旧历史的终结者，同时也要做新的理想时代的开拓者，做人类解放的先驱。

马克思选择无产阶级作为其人类解放思想的主体力量，而没有像历史上的革命活动一样选择农民、资产阶级等作为其中坚力量，不是随性而为的决定，而是深思熟虑的结果。

首先，从无产阶级的产生和发展看，无产阶级作为人类解放力量的存在是历史的必然选择。

在《共产党宣言》中，马克思在充分把握人类社会历史发展规律的基础上，透视了无产阶级产生的历史过程。马克思对无产阶级产生的母体——资本主义社会给予了辩证的历史视角，他并非一味地指责资产阶级及资本主义，而是在批判的同时，也对其在历史发展过程中所发挥的作用和所起到的效果给予了足够的确认与肯定。马克思认识到，资产阶级就如无产阶级一样，也是属于历史长期发展的必然产物，并且在不到一百年的时间内其生产力就完全超过之前所有世代的生产力总和，创造出超乎想象的产品。但是资产阶级原本用来推翻封建旧社会、旧体制的利器，伴随着其自身的不断发展和进步，却将矛头瞄准了自身。资产阶级不仅为自己生产了消灭自己的武器，还产生和锻造了运用这种武器的主体——无产者。由于资本主义的发展、资本的肆虐、分工的细化、机器生产的推进，无产者不得不以出卖自己的劳动力为代价来换取生存的希望和可能，他们"不得不把自己零星出卖"，演变成为商品。既然是商品，就必然受到经济规律的左右和影响，受到市场竞争带来的冲击。显然，作为单个工人的无产者意识不到他们的处境，更意识不到在资本主义大环境之下生存的他们无论如何都很难突破贫穷的怪圈。马克思在《1844年经济学哲学手稿》中对此作了充分的推理和分析：第一，当社会财富处于持续衰落状况时，无产阶级的处境最为恶劣。无产阶级作为资本主义生产链的底层，永远都是资本主义经济衰退的牺牲者。这一链条中间所设置的障碍之多，注定无产阶级将不可能取得像资产阶级一样多的好处与劳动成果，因此他们只能在底层挣扎，"分享"社会经济衰落带来的苦果。第二，当社会财富处于不断增长的状况时,对无产阶级而言似乎是一大利好,但是现实并没有按照理想设计的套路出牌。作为被产品异化和失去人之本质的无产阶级,在社会财富增长的浪潮中所想的,不会是获得自由,而是获得财富,于是他们"不得不牺牲自己的时间,并且完全放弃一切自由,在挣钱欲望的驱使下从事奴隶劳动"①。出于对财富的追求,无产阶级面临隐藏在社会财富增长背后的危机:随着劳动量的增加,资本也在资本家手中不断积累,工人的劳动产品越来越多地被资产阶级瓜分,在资本积累—扩大分工—增加人数的循环往复中,无产阶级逐渐对劳动产生了更深的依赖。问题在于这种劳动并不是人的自由自觉的劳动,只是机械性的、片面的劳动。当无产阶级与这种劳动相互依赖、相互结合时,无产阶级自身也就演变为市场上出售的商品,并且受到市场价值的不断波动和影响,其生存和发展更加依赖于、仰仗于资本的走向和资本家的兴趣。必然地,随着人数的不断增加,竞争的持续增强,工人的工资也逐渐降低;由于对资本的向往,更多的资本将投入生产之中,资本家的竞争也随之加剧,其结局就是在吞并、破产中,资本家逐渐减少,而无产阶级,由于有从原本资产阶级中沦为工人阶级的新成员的加入,人数将不断增加,竞争日趋激烈,生活愈加窘迫和卑微。第三,当社会不断增长的状态达到顶点时,工人的处境同样无法挽回。马克思曾指出,即使是在社会发展达到最高高度的国家和地区,无产阶级的状况依旧难以获得实质性的改变,工人获得的工资以及资本的利息都不高。同时,工人的就业形势依旧无法得到改善,以至于即使工资再低,工人为了获得极少的收入也同样会选择工作。

总之,无论是在社会衰落状态、增长状态还是在达到完满顶点的状态中,无产阶级的贫困都将持续并不断加剧。无产阶级要获得自由和财富,就只有寻找其他出路。马克思明确指出,其出路就是进行无产阶级革命。"只有在革命中才能抛掉自己身上的一切陈旧的肮脏东西,才能胜任重建社会的工作。"② 革命是一种彻底的、割裂式的改革,它不仅以最为直接的形式推动历史的前进,而且在前进过程中将彻底摆脱原先的一切社会关

---

① 《马克思恩格斯文集》第 1 卷,人民出版社 2009 年版,第 119 页。
② 《马克思恩格斯文集》第 1 卷,人民出版社 2009 年版,第 543 页。

系,褪去原先束缚人的精神和身体的一切历史陈旧之物,重新建立起一个崭新的社会。

其次,从无产阶级自身所具有的特性看,无产阶级具有承担人类解放的能力,具备推动人类解放思想实现的力量。

随着大工业的发展,无产阶级作为一股新的力量在历史舞台上扮演着愈加重要的角色。马克思认为,无产阶级是实现人类解放和共产主义事业的力量主体,在于无产阶级所蕴含的特质:第一,无产阶级是适应历史进程的新事物,是先进生产力和先进生产关系的代表,具有先进性。马克思强调,一切所有制关系都必然会经历历史更替和历史变更,资产阶级所有制代替了封建所有制,而废除资产阶级所有制的就是共产主义所有制,这是历史规律演化的必然结果,即新事物代替旧事物的过程。资产阶级私有制虽然曾经在历史中起过推动作用,但是从当前所展示的面目而言,它已不再是先进生产力的代表,它自身酿造出的商业危机正显现出其将成为历史的淘汰者的必然结果。正当其余的阶级都随着大工业的逐渐发展而开始走向衰落和灭亡时,只有无产阶级,作为"大工业本身的产物",却逆势而上,成为最富生命力的阶级。无产阶级与最先进的经济形式相勾连在一起,随着社会发展而不断壮大。无产阶级的使命就在于顺应历史潮流的发展,消灭私有制,消灭资本主义生产关系和一切旧的生产关系,重新建立一个适应新的生产力发展趋势的社会主义生产关系,构建一个没有压迫、没有剥削的共产主义社会,实现整个人类的解放。第二,无产阶级作为"真正革命的阶级",在生产资料上一无所有,具有彻底的革命性。恩格斯在《英国工人阶级状况》中,详尽描述了无产阶级生活在社会最底层的落魄状况,他们全天候工作,获得的却只是仅够维持生存的物资,他们生活在城市条件最差地区的工人住宅中,不得不吃着那种使他们消化不良的食物,酗酒成为疏解和麻痹自身的主要方式,一旦发生病痛,请不了高明的医生进行诊治。在精神层面,无产阶级基本没有教育可言,"资产阶级对工人只有一种教育手段,那就是皮鞭,就是残忍的、不能服人而只能威吓人的暴力"①。总之,无产阶级在物质生活、精神生活方面都备受虐

---

① 《马克思恩格斯文集》第 1 卷,人民出版社 2009 年版,第 428 页。

待。这种处境，决定了他们对资产阶级有着与生俱来的仇恨，如果不消灭资产阶级，那么附着在他们身上的压迫、剥削等就无法剥离，彻底的革命性从中油然而生，成为无产阶级最为根本的特质，"所以无产阶级能够而且必须自己解放自己"[①]。第三，无产阶级集中于城市的大工厂，具有较强的组织性。随着大工业的逐渐扩大以及资本主义本来面目的不断暴露，无产阶级开始集结起来进行反抗。但这一集结并非如马克思后来所想的是"全世界劳动者"的集结，而是经历了一个"个人—工厂—部门—地方—全国—世界"逐渐转化和扩大的过程。在发展的起初，这种集结并非是工人自己主动联合的结果，而是资产阶级联合的产物。资产阶级出于自身所追求的政治目的而将无产阶级发动起来为其服务，此时的集结是作为资产阶级工具形式的集结，却创造了无产阶级"同专制君主制的残余、地主、非工业资产者和小资产者作斗争"[②]的可能条件。到后期，随着资产阶级剥削本质和残酷压迫的不断加剧以及无产阶级力量的与日俱增，无产阶级开始成立反对资本家的联盟。这种以工人为主的无产阶级联盟之所以能够成立和成功，重要原因在于分散在各地的无产者迫于生计和生存的需要集结在大城市的工厂中劳动，具有明显的聚集性。

基于对无产阶级生活困境的考察及其阶级特质的分析，我们既可以明晰无产阶级推动人类解放进程的必然性和必要性，也能够肯定其具有带领人们走向共产主义、实现人类解放的能力，无产阶级是推动人类解放真正实现的现实力量之一。但马克思认为，无产阶级带领人们实现人类解放的过程，必然是阶段性、渐进性的：第一，在现行的市民社会中，将自身提升为整个社会的普遍代表，即完成无产阶级专政。作为引领人类实现解放的阶级，就需要先达到"这个阶级的要求和权利真正成了社会本身的权利和要求，它真正是社会的头脑和社会的心脏"[③]。对于无产阶级而言，"无产阶级要求否定私有财产，只不过是把社会已经提升为无产阶级的原则的东西，把未经无产阶级的协助就已作为社会的否定结果而体现在它身

[①] 《马克思恩格斯文集》第 1 卷，人民出版社 2009 年版，第 261-262 页。
[②] 《马克思恩格斯文集》第 2 卷，人民出版社 2009 年版，第 39-40 页。
[③] 《马克思恩格斯文集》第 1 卷，人民出版社 2009 年版，第 14 页。

上的东西提升为社会的原则"①。第二，彻底消灭阶级，包括无产阶级自身，最终实现人类的彻底解放。马克思着眼的未来共产主义社会，是没有阶级划分的社会，是没有阶级利益角逐和斗争的理想王国，无产阶级作为人类解放的主体力量，在夺取政权实行无产阶级专政后，"无产阶级作为无产阶级，不得不消灭自身，因而也不得不消灭制约着它而使它成为无产阶级的那个对立面——私有财产"②。只有彻底消灭与旧社会相关联的一切社会关系，才能够构筑起全新的实现人类彻底解放的共产主义理想社会。马克思解析道，无产阶级"只有消灭自己本身和自己的对立面才能获得胜利。到那时，无产阶级本身以及制约着它的对立面——私有财产都会消失"③。私有制的消灭、阶级的消失是一个长期的历史过程。

马克思将人类解放的伟业坚定地交托于无产阶级手上，对无产阶级寄予厚望。马克思领悟到了历史更替的规律，意识到了无产阶级将作为历史的新的主人，承担起改变和创造历史的艰巨任务。无产阶级自身也在资本主义社会的历练中，磨砺出了彻底的革命性和较强的组织性等特质，为其进行无产阶级革命奠定了基础。马克思的这种基于现实而又超出直接事实，从社会历史的总体观点去看待无产阶级及其革命运动的逻辑方法，对无产阶级给予了全部的政治希望，在理论上将它塑造成为一个作为革命主体的无产阶级。无产阶级终将按照马克思思想的设计，成为旧社会的终结者，成为新时代的开拓者。

第四节　人类解放发展历程的勘察

马克思对人类解放的整体历程和脉络走向进行了政治哲学式的思考和研究，根据解放内容的不断拓展而将解放结果逐渐展现。马克思的思想发起于对宗教的批判，对理性国家的推崇，经历了批判国家、终结阶级、消灭国家的历程，最终落脚于共产主义社会的构建，人类解放的实现。相应

---

① 《马克思恩格斯文集》第1卷，人民出版社2009年版，第17页。
② 《马克思恩格斯文集》第1卷，人民出版社2009年版，第260页。
③ 《马克思恩格斯文集》第1卷，人民出版社2009年版，第261页。

地，也可以将人类解放的历程划分为三大阶段：基督教国家、政治国家和后政治国家。基督教国家是解放的原初状态，宗教和国家以相互联合的方式共同作用于劳动者，受压迫者既受到来自于宗教的精神魅惑，又受到来自国家的政治与经济的剥削压制；政治国家则是国家成为独立的统治者和管理者，不再与宗教共谋，宗教已经从公共领域被驱逐至私人领域，宗教信仰成了个人私事，不再作为国家统治的精神工具欺骗大众；后政治国家不仅是对宗教的否定，更是对国家的否定，它所建立的政治形式是对原来国家的完全颠覆，即是马克思所设想的消灭国家和阶级的自由人的联合体——共产主义社会。整个马克思哲学就是一部完整的政治哲学。从政治哲学的整体结构中探讨人类解放的最终追求，阐发实现人类解放的路径和方式，是马克思全部思想的核心与主题。

一、基督教国家：宗教与政治的共谋

宗教与政治的勾结共谋是欧洲中世纪国家发展的一抹重要色彩。中世纪国家以基督教信仰与国家统治相结合，在历史上开创了政教合一的先例，上演了一场宗教政治的历史剧。这场历史剧在社会发展的历程中所造成的影响如此重大，以至于持续影响到当今时代的部分国家和地区，宗教与政治相联合的痕迹或事实依然存在，保持着其原有的鲜活。马克思将中世纪的这种将国家与宗教，主要是与基督教相结合的国家形式称之为基督教国家，并把它作为人类解放历程的起点加以考察。

基督教并非一开始登上历史舞台就与政治分庭抗礼，它能够达成与国家的共谋既是历史发展的产物，也是基督教教义的博爱思想及其自身发展顺理成章的结果。早期基督教并没有与国家统治发生任何关联，也没有获得统治当局的好感，其宣扬的弃世禁欲、平等博爱的思想甚至一度遭到统治者的排斥、打压，并演变成对基督徒的迫害。但当局的行为并没有阻止基督教教义的传播，也无法阻止基督教徒的布教。当时残酷的现实境况使基督教教义在下层穷苦人民和受压迫者中广为流传，基督教成为他们逃避现实、摆脱困境的精神寄托。因此，基督教教徒的主要成员是贫苦大众，随着之后追随基督教教义的一些富人、知识分子和统治阶层人士的加入，基督教的信徒逐渐多元化和丰富化，力量也慢慢增强。力量的逐渐扩大、影响的持续普及，使得基督教逐渐稳定并形成了稳固的三级教职制度，整个宗教仪式也逐渐趋于规范化和程序化，并产生了一批"教父著作"和"护教著作"。基督教力量的与日俱增使统治者不得不改变立场，寻求与基督教的共处。公元392年，基督教被罗马帝国正式确认为国教，由此开始了其境遇转变，不再受到当局的打压，而获得了他们的认可，并在此之后获得更快的发展；但是作为精神寄托的宗教信仰，只能够对人们施以精神抚慰和劝诫，并没有获得控制世俗的实质性权力。公元800年，法兰克王国的国王查理曼在教皇利奥三世的主持下加冕为罗马帝国皇帝，继承"奥古斯都"头衔，这标志着国家统治与基督教合二为一，基督教通过神和信仰等精神力量控制世俗权力并获得了合法性。虽然在之后的历史中发生了君权与神权即政治与宗教间的相互较量，但基督教作为官方意识形态已经被历史定位。尤其是经院哲学的集大成者圣托马斯·阿奎那①对基督教国家的权威阐释，让基督教教义作为国家主导意识形态成为固定的历史传统。反观基督教与国家关系由迫害、打压到合谋共处的历史性大转变，其原因在于：首先，基督教自身的日益壮大形成了强大社会力量，使当局不得不对其加以重视，并肯定其布教的合理性、合法性；其次，基督教所宣扬的教义符合统治者需求，能够辅助统治者进行国家统治，具有政治功能。②

基督教国家本质上是国家与宗教相妥协的产物。国家希望借助于宗教的力量，一方面拉拢民意，另一方面在对人们实现政治统治的同时，加强对人们的精神控制。妥协的一方——宗教则希望通过与政权的勾结，实现其历史地位的突破，并将神权与政权相结合，获得更广泛、普遍的宣扬。但基督教国家的最终结果，并不具有原初设计的理想性与完美性，因为其中隐藏着不合理之处，如基督教国家的建立，意味着国家将不再以独裁者

---

① 意大利哲学家圣托马斯·阿奎那的《神学大全》和《反异教大全》等著作，奠定了其在经院哲学的地位，并且借此对宗教政治或政治神学进行了权威、有力阐释，甚至为之后的基督教国家确定了基调。

② 关于基督教的发展历程，参见顾肃：《宗教与政治》，译林出版社2010年版，第14—21页。

身份进行国家统治,而需要兼顾宗教的方式与信念,这使得国家作为统治工具所具有的国家职能并没有获得充分的发挥和施展,因为宗教总是以各种方式和手段参与政治,干涉政治的自由与政治独立。马克思"以宗教为前提的国家,还不是真正的、现实的国家"① 的结论,显现于马克思对基督教国家潜藏着的问题与矛盾的深刻认识之中。

首先,在基督教国家,政治社会与市民社会具有重合性。由于国家政权的强势发挥以及以基督教教义为核心的意识形态的高度控制,市民社会的权力被统治阶级掌握,国家处于高度政治化状态之中,政治权力通过自身原有的方式加之宗教的控制手段所达到的影响无所不及,整个世俗社会都被笼罩于政治的阴云之下,政治社会与市民社会以一种重合的状态存在。"在中世纪,人民的生活和国家的生活是同一的。"② 基督教国家中,作为国教的基督教,作为控制着国家意识形态的基督教,并没有回归到应然存在的属地——私人领域之中,而是作为中间者,将私人领域与公共领域相串通,将整个社会统一于基督教国家的统治之下。马克思批判宗教依附于国家而存在,批判国家不再作为独立的力量发挥作用,而是依赖于宗教的帮扶,甚至受其控制来实现国家功能,并认为这种以宗教的形式、从宗教的角度而不是以国家的形式、从政治的角度对待国家,其实是基督教对国家的否定,这种国家是不完善的国家,基督教对它而言只不过是其不完善性的补充与神圣化。马克思强烈地表达了他的立场,认为国家应该从宗教的魅惑与控制之中获得解脱,只有当国家真正摆脱宗教的纠缠和捆绑时,国家才能够以自己独有的方式进行管理和统治。只有当国家与宗教实现分离,各自回归到应有位置时,政治生活和市民社会才能相对独立存在,而不是混杂于一体。

其次,生活于社会底层的普通大众作为国家的支撑点,受到来自国家和宗教的双重控制,人自身的自由发展被强有力的控制所束缚。基督教国家中存在特权和特权阶级,因为它使得基督教国家中的普通大众将不再具有其自身特有的意识与意志,个体将丧失属于人自身的人格,他们存在和

---

① 《马克思恩格斯文集》第1卷,人民出版社2009年版,第25页。
② 《马克思恩格斯全集》第3卷,人民出版社2002年版,第42页。

存活的意义只在于隶属于基督教国家的首领，即为特权阶级服务。国家是统治阶级维护统治的工具，其代表的利益是统治阶级的利益。国家作为统治阶级的利益维护工具，带有利己主义特征，统治阶级掌控国家的目的就在于维护和巩固自身利益，而完全不顾及他人利益的维护与保障。那些处于社会底层，深受压迫的人们，既无法使自身利益获得保护，而又要被迫地维护统治阶级的利益，他们必然成为统治阶级维护其利益的牺牲者，正如金字塔一般，统治者立于金字塔的上部，剥削和控制着处于底层的穷苦人。但在基督教国家，处于金字塔顶部的不仅只有统治阶级，或者说控制着底层人们的不仅只有统治阶级，还有基督教。基督教通过宣扬其教义，通过精神的疏通和麻痹，使人们相信君权神授和"原罪说"，相信必须服从统治者的统治，才能获得来自上帝的救赎。这种论调本质在于维护统治者利益，它通过平等、博爱、救赎等掩饰的方式呈现在人们面前，蒙蔽人们的理性思维，直击人们的精神世界，使深受苦难的人誓死衷心追随基督教。由于身处如此境地、受制于国家和宗教的双重控制，人们难以获得实质性解放，即使是局部或部分的解放也都难以达成与实现。马克思清晰地认识到基督教国家的真实性，他希冀从现实出发，先"把宗教从公法领域驱逐到私法领域中去"[①]，使人们逐一摆脱压迫在身上的大山，然后再寻求人类的彻底解放。

马克思主张进行政治解放，将人从基督教国家中，或者说从宗教中解放出来，既将人重新归附为市民社会中的人，即独立、利己的个体，也将人重新视为公民或法人。由于长期受基督教国家的压迫和统治，处于社会底层的贫苦大众难以喘息，他们迫切渴望得到自由民主，憧憬能够获得属于自己应有的、最基本的权利和地位，他们向往能够获得人的解放。在此大背景下，宗教改革的浪潮在欧洲大陆逐一掀起，它沉重地冲击了基督教国家的统治，动摇了其意识形态，推动着欧洲国家向着自由民主的方向前进。虽然宗教改革的结果并不是将人从基督教国家中彻底解放出来，但其附带的效果还是动摇了旧式的宗教政治，松动了宗教政治的土壤，为历史的进一步发展开启了闸门，也使人的解放迈开了最初的一步。

---

① 《马克思恩格斯文集》第 1 卷，人民出版社 2009 年版，第 32 页。

随着历史的演进和人的价值诉求在现实中的呈现，宗教作为人的意识的产物，作为一种异己的力量终将淡出政治和历史舞台，人的自由自主发展才是最终的目标。然而，宗教的"淡出"并不意味着人的自由自主发展目标的实现和完成，作为社会中的人，尤其是作为资本主义私有制统治之下的人，其解放还需要经历一段艰辛的历程。

二、政治国家：过渡性的角色定位

随着基督教国家的衰亡以及资产阶级对国家统治地位的确立，私人利益与公共利益的矛盾体系便在政治舞台上发挥着作用，原本重合的市民社会和政治国家开始得到分离，市民社会作为特殊的私人利益关系的总和，政治国家成为普遍的公共利益关系的总和，两者相对立而存在。这便是基督教国家之后，马克思人类解放历程的第二阶段：政治国家阶段。

基督教国家是宗教与政治合谋的产物，生活于基督教国家中的人们受到来自国家和基督教的双重压迫，人们必须逐一剥离套在身上的这些链条。而政治国家所做的就是解开宗教这条锁链，完成对宗教压迫的剥离，即"淡出"宗教，取得人类解放的阶段性成果。宗教剥离、宗教"淡出"并不意味着宗教的消灭和彻底清除，而只是将宗教从政治生活中驱逐出去，使其重新回归到私人领域之中，不再干涉国家的运行，国家回归到国家本身，这正是马克思政治解放的目的所在。然而，从压迫和剥削的双重性看，政治解放只剥离了双重解放中的一种，并没有将国家对人的剥削与压迫从人的身上完全剥离。这意味着政治国家也并不是马克思所憧憬的理想社会，它只是迈入理想社会的一个过渡阶段，这种解放是不完全、不彻底的解放，必然具有自身的局限性。

政治国家的局限性，主要体现在以下几个方面：第一，政治国家只是作为通往理想社会的中间过渡阶段，充当着中介的作用，它是一种控制人、奴役人的异己力量；第二，公共利益与私人利益的区分意味着阶级对立仍然存在，也意味着剥削的延续，国家作为剥削阶级维护其剥削的道具的本质没有改变。

从政治国家的性质分析，政治国家不过是过渡者和中介者，"国家也是中介者，人把自己的全部非神性、自己的全部人的自由寄托在它身上"①。鲍威尔曾认为，只要通过政治解放将基督教从国家中撵出，国家就会成为大众普遍意识的集中营，能够为维护和实现人们的普遍意识而付诸努力。在此意义上的国家就是一个自由的政治共同体，生活于政治共同体中的每个人的自由意识和诉求都能够在国家中获得响应与满足，也能够获得自由，实现解放。然而，在马克思看来，国家和宗教都是属于异己的力量，都只是用间接的方法把人们从单个的人连接为"共同体"中的人，只有当现实的人处于相互分离、相互敌对或者具有利益争斗的情况之下，人才需要利用他物将个体连接起来。政治国家暴露出人的类本质的异化，它是人与人之间关系扭曲的外在美化。政治国家中介身份的存在不仅不能真正解决人的问题，反而会如基督教国家一样成为控制和奴役人的异己力量。马克思将政治国家定义为一个中介者，其内在深意在于道明政治国家的真相，使人们不至于都被其外貌和表象所欺瞒，资本主义国家无论以何面目示人，其维护自身利益的本质都不会改变，只不过资产阶级会利用各种手段和方式掩盖其真实目的，通过一些渠道，如宣扬自由、平等、私人财产受法律保护等，将无产阶级本来的被动地位转化为形式上的主动地位，以此获得无产阶级的支持与认可，缓和与无产阶级的阶级矛盾。

从公共利益与私人利益的矛盾及其产生的结果看，基督教国家中市民社会和政治国家两者重合在一起，但这种利益统一体之下潜藏着市民社会的被迫和窘境。在政治国家中，市民社会与政治国家遭到拆分，双方都回归到自己的本位和应然立场。市民社会和政治国家的分离，其实就是资本主义国家私人利益和公共利益矛盾关系的产物。作为市民社会的一员，人必然为了维护自身的私人利益而不惜采取各种手段，将人降格为实现利益的工具。正如在资本主义私有制控制之下，人沦为维持自身生存的工具一样，市民社会的人也只不过是作为自然存在的人而已。作为政治国家的一员，人们又将公共利益的实现视为私人利益实现的完美释义，即在公共利益得到实现时，私人利益必然也会获得满足，这明显呈现出私人利益与公共利益两者间的矛盾关系。矛盾的结果则是国家仍然没能完全超出其作为

---

① 《马克思恩格斯文集》第 1 卷，人民出版社 2009 年版，第 29 页。

统治阶级的工具的本来职能，继续作为统治阶级利益的守护者而存在。而无产阶级则继续受困于国家的剥削和压迫，其对个人利益的追逐难以企及。

"政治解放当然是一大进步；尽管它不是普遍的人的解放的最后形式，但在迄今为止的世界制度内，它是人的解放的最后形式。"① 马克思在《论犹太人问题》中的这句表达并非是对政治国家的辩解，而是对政治国家的合乎现实的定位。马克思所言的"最后形式"附带有前提条件，即"迄今为止的世界制度内"。马克思只是立足于整个人类发展历史来考察政治国家在对人的解放意义上的贡献和价值，而没有将其带入未来社会的发展行列，即马克思并没有将未来社会发展推进的共产主义社会考虑在其中。将政治解放置于马克思所划分的整个人类历史发展进程中加以思考，便可以清晰地看到马克思对政治解放的定位：政治解放将人从宗教中解放出来，使人类从基督教国家跨越到了政治国家，却并不意味着已经完成了整个人类的解放。作为人类解放的最后形式，必然是能够使人从整个社会的桎梏中完全、彻底解放的形式。这个形式是马克思所要表达的下一个阶段：后政治国家。

三、后政治国家：民主与自由的现实展现

无论是基督教国家还是政治国家，它们都是作为国家而存在的，即作为统治阶级统治工具而存在的。在手段和方法上的改变和掩饰，都无法改变其阶级本质，公共利益与私人利益间的矛盾也难以得到彻底解决。只要国家还是阶级利益和阶级思想的维护者，人们就难以摆脱来自国家对他们的规定和限制，甚至压迫与剥削。而在马克思所要构建的理想社会，国家的工具职能已不存在，阶级压迫和阶级剥削将消失，每个人都能够实现真正平等，获取同样的成长条件和发展空间，得到完全的民主以及自由而全面的发展。在这样的理想社会中，国家和阶级、剥削和贫穷都将消失，这就是真正的共产主义社会。笔者从政治哲学视角将其定义为"后

---

① 《马克思恩格斯文集》第 1 卷，人民出版社 2009 年版，第 32 页。

政治国家"。

后政治国家是针对政治国家而言的。政治国家在马克思文本中频繁出现，尤其在《论犹太人问题》中，马克思更是对其进行了详尽阐述。在人类解放的历程中，政治国家并非是终结体，而只是历史的中介和过渡。经过完成对宗教的剥离的过渡后，才能够开始思考剥离国家统治工具的身份，达至人类解放的终点——后政治国家。"后"包含有反抗、破解和颠覆之意，后政治国家便是对原先政治国家及其所奉行的政治理念、社会思想等的整体颠覆，从而达到一个每个人都可以获得民主和自由的共同体。虽然后政治国家这一范畴中沿用了"国家"概念，但是"国家"已经不是原本意义上的国家，它不再是阶级统治的工具，而只是作为个体的集合或共同体的概念而存在。

后政治国家对政治国家的颠覆性在于：

首先，在阶级问题上，后政治国家已经不存在阶级的概念，自然也不存在阶级利益和阶级思想，在后政治国家中每个人都是国家的主人。在马克思所经历的政治国家中，利益的分离使得社会划分了不同的阶级，统治阶级始终占据着优势地位，统治阶级的思想在所统治的时代都占据着主导地位。统治阶级一直掌握政治、经济、文化等的话语权，国家只为统治阶级服务。为了消灭一个阶级的独断，消灭以国家之名进行压迫和剥削的手段，就必须消灭阶级，消灭产生利益分离的根源，才能够使人从阶级异化中解救出来，"劳动阶级在发展进程中将创造一个消除阶级和阶级对立的联合体来代替旧的市民社会"①。消除阶级和阶级对立的联合体就是后政治国家。在阶级消灭之后，世界将不存在一个人支配另一个人，也不存在一个群体支配另一个群体的情况，每个人都将成为联合体中的主人，享受平等、公平、正义。

其次，在市民社会和政治国家两者之间的关系问题上，后政治国家以实现两者的统一替代政治国家中两者的分离。在马克思看来，无论是市民社会还是政治国家，它们的存在都是人类社会发展的必然产物，也是阶级社会不断演化的产物，其前提和基础都建立在阶级之间的相互对立之上。

---

① 《马克思恩格斯选集》第 1 卷，人民出版社 1995 年版，第 194 页。

在后政治国家，旧的生产关系、阶级对立、阶级本身存在的条件都被消灭时，人在政治国家中所存在的双重属性也将彻底消亡，特殊利益与共同利益之间的对立、市民社会和政治国家的分离都将湮灭，转而实现市民社会和政治国家的融合统一。后政治国家如果继续沿用市民社会与政治国家的概念来对其进行归纳、概括，就应该理解为原先的市民社会将获得全部的权力，政治国家将不再有特权，权力的主人也不再是部分人，而是全体人民。实现市民社会和政治国家的统一，并非是一种妥协的结果，实质上是一种彻底颠覆和改革的结果。市民社会和政治国家已作为一个历史范畴不再存在。

最后，在民主和自由的问题上，后政治国家实现了全体人民的完全自由和民主，是对政治国家的彻底颠覆和超越。在政治国家，民主和自由只适用于部分人、适用于特定的群体。绝大多数人触及的民主和自由，只不过是一种形式民主和形式自由。全体人民的民主与自由在政治国家中只能是一个抽象概念，是一个如上帝般隔绝于人之外的存在。而在后政治国家，由于阶级的消失、国家的消亡、私人利益和公共利益从历史中淡出，全体人民作为整个共同体的主人，能够名副其实地享有其应得的民主和自由。他们不仅可以决定整个国家应该如何发展，也能够按照自己的兴趣决定自身的发展，"任何人都没有特殊的活动范围，而是都可以在任何部门内发展，社会调节着整个生产"①。人们拥有了现实的、在生活中可触及的民主与自由，这也是后政治国家带给人们的最基本的权利。

后政治国家意味着民主和自由的展现，也意味着原先意义上的国家已经消失，但是这并不代表马克思的后政治国家与自由主义、无政府主义相互等同。自由主义和无政府主义是政治思想家围绕着市民社会与政治国家的关系而产生的思想流派。其中自由主义推崇个人主义和自我利益的膨胀，其思考的出发点在于人自身，认为社会存在的目的即为了个人，个人利益高于国家利益，其隐含的关系是特殊利益与公共利益之间的对立。从政治国家和市民社会关系的角度看，自由主义以市民社会作为目的，个人在市民社会中享有广泛自由权利，政治国家只是作为市民社会的工具，必

---

① 《马克思恩格斯文集》第1卷，人民出版社2009年版，第537页。

须担负起保护市民社会和个人的重担，社会的运作空间越广泛，国家的活动空间就越狭窄，也越民主。无政府主义则认为国家将所有权利都收归自己手中，从而使整个市民社会受到国家的绑架，不再具有自由和平等，国家纯粹是一种邪恶，因此必须废除国家，由人们自己来掌握自己的命运，这样才能够真正使人们获得自由和民主。自由主义、无政府主义都指出了国家作为统治工具对个人权利和利益所造成的冲击，他们与后政治国家具有某种一致性。然而，自由主义和无政府主义都具有极端性：自由主义偏向于个人利益的维护与捍卫，而忽视了社会和国家的整体利益；无政府主义彻底否定了国家的存在和职能，也断然否决了国家调节社会管理的新形式，并强调可以通过人的理性构建社会。这两种观点在未来社会的发展中，都显得缺乏现实路径的可能性和实现方法的科学性。而后政治国家不仅是符合历史发展规律、顺应社会潮流的产物，而且其实现具有现实通道，可以通过革命的方式取得成功。后政治国家与自由主义、无政府主义具有质的差别，不可一并而论。

> 只有当现实的个人把抽象的公民复归于自身，并且作为个人，在自己的经验生活、自己的个体劳动、自己的个体关系中间，成为类存在物的时候，只有当人认识到自身"固有的力量"是社会力量，并把这种力量组织起来因而不再把社会力量以政治力量的形式同自身分离的时候，只有到了那个时候，人的解放才能完成。①

后政治国家即是这一愿景的实质表达。在后政治国家，自由和民主将成为每个人生活的常态，剥削和压制将不再复归，政治国家亦将消亡，每个人都能够获得自由全面发展，从而实现整个人类的彻底解放。

---

① 《马克思恩格斯文集》第1卷，人民出版社2009年版，第46页。

第三章 演绎：马克思人类解放思想的宏观变化

马克思人类解放思想的宏观变化表现在以下几个主要方面：在研究的侧重点上实现了从理论继承到革命建构的变化，使人类解放思想既拥有坚实的理论基础，又内含自身独特的创造；在批判视角上实现了从价值批判到社会批判的转变，使马克思人类解放思想具备了科学的分析范式；在解放视域上实现了从欧洲到全球的拓展，使马克思人类解放思想在真正意义上促进世界人民的整体解放。梳理和揭示蕴藏于马克思思想发展史中的这些线索及其宏观演绎，将马克思人类解放思想进行整体性的厘清与概括，对回归人类解放的思路历程、准确理解马克思思想本意具有切实的帮助。

第一节 从理论继承到革命建构的解放逻辑

伟大的哲学思想不可能直接实现从无到有的跳跃式进展，也不可能是天才人物头脑中突然闪现出来的灵感，它必然需要经过思想的沉淀和积累，需要继承发展前人的智慧，从而铺设好自己的理论"地基"，才能够在这一"地基"之上构建其宏伟的哲学"大厦"。马克思人类解放思想的成型与成熟，同样不能摆脱这一规律和逻辑进程，也必然面临和经历从理论继承到突破创新再到革命建构的学术发展过程。关于马克思理论继承的判定，已是无可争议的事实。需要对这一问题进行更为深入探讨的是，马克思的理论继承与前人的关联度如何区分？其理论继承的内容主要包含哪些？作为一位伟大的思想家，马克思如何从所继承理论的框架之中实现超越，构建起自己的体系？

一、理论继承的多元性及其本质性扬弃

马克思生前酷爱读书，并且涉猎广泛，对文学、哲学、经济学、政治学等都有一定研究，他的读书体会，很大部分存留在他的读书笔记中。马克思的宽泛涉猎及其对知识的积累为他的理论发掘和思想深索奠定了坚实的基础，也为其人类解放宏大愿景的构设埋下了种子。

从理论继承的角度看，马克思思想的理论源泉是多元化的。我们既可以在马克思的思想中找到古希腊罗马哲学的身影，如其博士论文对德谟克利特和伊壁鸠鲁的自然哲学加以比较，以及为作博士论文专门针对古希腊哲学撰写了七本笔记，甚至曾一度想要撰写一本关于古希腊哲学的巨著（只不过后来这一想法没有实现），也可以领略到马克思对中世纪哲学的延续与独到见解，如对基督教国家的批判和解构，是马克思政治解放的主题和对象。近代哲学更是马克思哲学理论的主要来源，笛卡尔、休谟、斯宾诺莎、伏尔泰、康德、卢梭、黑格尔、费尔巴哈等哲学大家，是马克思文本中的"常客"，虽然这些"常客"大多时候是作为批判对象而显现其中，但马克思对他们的批判力度之深、思辨视域之广，足见近代哲学对马克思而言理论渊源影响之深。若将马克思比作一个思想汇聚池的话，那么他所继承的各种理论便是通往这一汇聚池的各条支流，而近代哲学中的德国古典哲学，毋庸置疑地在如此众多的支流当中是最主要的一条，即是马克思理论继承中的主流。马克思不仅继承了德国古典哲学的财富，并合理利用了这笔财富，使这笔财富在马克思的哲学思想中焕发出新的光芒。马克思早期思想中的意识哲学、人本主义、辩证法思想都主要源于德国古典哲学，而成熟时期的唯物史观则是其对德国古典哲学思想体系超越的结晶。回到德国古典哲学解析马克思的思想，是"走进马克思"的必经之路。

德国古典哲学是指兴盛于18世纪末到19世纪上半叶的德国资产阶级

哲学，它主要是指包括康德、费希特、谢林、黑格尔和费尔巴哈①等哲学家在内的哲学流派。其中，康德作为德国古典哲学的创始人，其在形而上学、道德、自由和自然的关系等问题上，将哲学研究带到了一个全新的领域。从整个德国古典哲学来看，康德哲学为之后的整个德国古典哲学奠定了哲学思辨的根基。从世界哲学史来看，康德哲学更被视为哲学史的"中转站"，尤其是"三大批判"奠定了其在哲学史上的泰山北斗地位，我国康德研究的开创者郑昕曾如此评论康德："超过康德，可能有新哲学，掠过康德，只能有坏哲学。"② 可见康德在哲学史上的地位之显赫。而黑格尔也同样在哲学史上具有难以比拟的地位。时至今日，学界依然对黑格尔的研究保持相当的热情，掀起了一股"黑格尔热"。这一方面是由于马克思在很大程度上批判性地继承了黑格尔的思想，要精确地研究马克思哲学需要借助于黑格尔思想的力量；另一方面还在于黑格尔思想本身具有的理论深度值得学界予以重视和深入研究，尤其是结合时代发展将其应用于现实指导。而费尔巴哈作为德国古典哲学最后的代表人物，实现了德国古典哲学思想的转型，即从原先的唯心主义倾向转为唯物主义倾向，虽然这一转型不彻底、不完整，但其影响特别是对马克思的影响不容置疑。当然，除康德、黑格尔和费尔巴哈外，费希特和谢林同样在德国古典哲学中占据着重要的地位，他们在对康德思想的继承和拓展方面也有诸多贡献，甚至在部分领域比康德哲学探究得更为深刻，他们的理论对于马克思而言也同样具有较深的理论渊源意义。

德国古典哲学是西方哲学史上的重要环节，也是考察马克思思想的深刻背景。它对古希腊哲学、中世纪哲学、17世纪的形而上学和启蒙哲学等开展了扬弃性的概括归纳，撷取了其中的思想精华，并在此基础上创造性地构筑了内容充实、逻辑严密且哲学运思深刻的思想体系。德国古典哲

---

① 学界对费尔巴哈是否属于德国古典哲学代表之一存在一定争议，有学者认为青年时期的费尔巴哈，作为青年黑格尔主义者，在哲学史上可以作为黑格尔哲学的附庸而归入德国古典哲学的范围之内，而成熟时期的费尔巴哈哲学，由于其已经形成了自己的独立思想，因此不属于德国古典哲学的范畴。（参见俞吾金等：《德国古典哲学》，人民出版社2009年版，第5页）但笔者认为，从费尔巴哈思想对德国古典哲学的延续性来看，还是应该将其纳入德国古典哲学的行列，并在此以整体的德国古典哲学来考察马克思和德国古典哲学思想渊源的关系。

② 郑昕：《康德学述》，商务印书馆1984年版，第1页。

学也为近代西方哲学和当代西方哲学提供了充足的思想资源,在近代和当代西方哲学中出现的如存在主义、分析哲学、实证主义、结构主义、解构主义、西方马克思主义、后现代主义等哲学思潮,无不深受德国古典哲学所蕴含的哲学精神和哲学思想的影响。① 马克思与在哲学史中处于关键位置的德国古典哲学是一种既批判又继承的关系。

首先,从哲学本质精神上看,马克思扬弃了德国古典哲学的批判精神和革命精神。②

关于批判精神。哲学思想的产生,往往是时代发展的产物,始终都带有时代遗留的痕迹。德国古典哲学作为资产阶级的哲学思想,自然也带有针砭时弊的精神内蕴,直接冲击封建专制以及宗教统治。这种批判精神甚至不断地蔓延和散布,拓展和深入到更多的领域,形成了一股强劲的批判之风,浓缩为深潜于哲学内核之中的批判精神。正如海涅曾指出的,"康德引起这次巨大的精神运动,与其说是通过他的著作的内容,倒不如说是通过他著作中的那种批判精神,那种现在已经渗入一切科学之中的批判精神"③。德国古典哲学的批判精神,对马克思思想的形成影响巨大。从马克思在大学时期批判黑格尔的极具概念性和抽象思辨性的理性主义,到莱茵报时期批判省议会仅代表自身阶级利益、不顾及全体人民利益,再到《黑格尔法哲学批判》和《〈黑格尔法哲学批判〉导言》对黑格尔国家与法的深刻批判,直至《德意志意识形态》中对资本主义制度,对费尔巴哈、施蒂纳和鲍威尔等人的批判,《资本论》及其晚年著作对资本主义本质的揭露与批判,以及马克思批判方式的转变等,都显现出他对康德、黑格尔等为代表的德国古典哲学中蕴含的批判精神的延续与拓展。

---

① 关于德国古典哲学具有承前启后作用的观点,参见俞吾金等:《德国古典哲学》,人民出版社2009年版,第1页。

② 本部分内容中,关于马克思对古典哲学继承的哲学精神(批判精神和革命精神)主要参考了温纯如的观点,但温纯如在文中对德国古典哲学的四种精神:批判精神、革命精神、发展精神和创新精神并没有进行主次区分。(参见温纯如:《德国古典哲学精神与马克思主义哲学发展》,《马克思主义研究》2004年第1期)而笔者认为,在这四种哲学精神中,批判精神和革命精神是马克思从德国古典哲学精神中所继承的最为主要和有价值的精神。

③ [德]亨利希·海涅:《论德国宗教和哲学的历史》,海安译,商务印书馆1974年版,第114页。

关于革命精神。德国古典哲学的革命精神并不体现为一种现实革命运动，而显现为一种哲学革命，这与德国资产阶级的发展状况相一致，它不可能像法国一样进行政治革命。正如恩格斯所言："法国发生了政治革命，随同发生的是德国的哲学革命。这个革命是由康德开始的：他推翻了上一世纪末大陆上各大学所采用的陈旧的莱布尼茨形而上学体系。"① 从恩格斯的话语中我们可知，德国古典哲学所发起的哲学革命，主要针对的对象是旧形而上学体系，并希望通过革命将哲学研究的重心转向人与科学。德国古典哲学敢于对权威发出质疑、善于改变旧体系的革命精神在马克思的思想中得到延续，且作为其思想的重要内容之一被批判性继承。在马克思那里，革命不仅是一种哲学革命——对之前的形而上学思想的反思，而且更是一种无产阶级主导的现实运动，即无产阶级革命。马克思将革命视为人类实现解放、通往共产主义的唯一方式，认为共产主义唯有以革命的方式才能抵达。

其次，从哲学思想内容上看，马克思哲学与德国古典哲学有着广泛的连接点和难以割断的"网结"。

马克思对德国古典哲学思想的继承体现在其整个哲学历程中。早在大学时期，马克思就已对德国古典哲学的众多学者有深入了解和研究。麦克莱伦指出："马克思经历了从康德、费希特、谢林到黑格尔这一与德国古典哲学本身同样的发展历程。"② 正是在这一历程之后，马克思深受黑格尔思想影响，开始偏向于黑格尔思想。马克思曾投入青年黑格尔派的旗下，并在其中结识鲍威尔等人。而之后马克思的思想历程更是体现出其对德国古典哲学思想的批判继承，康德的实践理性思想、黑格尔的辩证法思想、费尔巴哈的人本主义、唯物主义思想等都是马克思与德国古典哲学的链接点。马克思的哲学发展之路，反映了其对德国古典哲学思想内容批判继承的深度与广度，透视出德国古典哲学在马克思整个哲学思想的理论来源中所占据的重要分量和地位，马克思的哲学思想与德国古典哲学有着难以割断的"网结"。

---

① 《马克思恩格斯全集》第 3 卷，人民出版社 2002 年版，第 489 页。
② ［英］戴维·麦克莱伦：《卡尔·马克思传》，王珍译，中国人民大学出版社 2005 年版，第 23 页。

马克思对德国古典哲学的理论继承，绝非全盘照搬式的"拿来主义"，而是融入了马克思自己的思辨加工以及对社会现实的深入思考，是一种批判性继承，是一种扬弃。马克思与德国古典哲学的关联是绝对的，而德国古典哲学多元的思想在哪些方面对马克思具有相对更强的理论引导力和影响力，这一问题值得我们深究。

二、马克思与康德、黑格尔的"相遇"*

从历史顺承层面看，探究康德、黑格尔再到马克思的思想进路，是一个合乎思想发展规律的纵向脉络分析思路，它有利于呈现哲学史的顺利衔接与完整构建。但换一个角度，即从马克思思想的解析来看，从"回到康德"还是"回到黑格尔"来解读马克思，其意义已不是停留于哲学史的构建问题，而在于理清马克思与前两者的关系。基于思想的关联性，以"回到马克思"来考察马克思哲学，窥探马克思人类解放思想，能够使我们回归到马克思思维的本真意图，破除人们原先的思维定势和固定教条，为现实困境的开解指明出路。

学术界长期存在着一种倾向，即认为黑格尔思想是马克思解放哲学思想的主要来源之一，而康德作为德国古典哲学的创始人，对马克思的影响相对薄弱，诸多学者为这一观点立据。导致这种偏向的流行，笔者认为主要有以下两个方面的原因：第一，黑格尔作为德国古典哲学的集大成者，其哲学体系广博而深邃，受此影响，马克思曾多次拜读，吸纳借鉴了黑格尔的诸多观点和哲学概念，这在马克思的文本中可以得到大量证据。在马克思整个人生和思想中，黑格尔哲学几乎都伴随左右、时隐时现，虽然在不同阶段他对黑格尔思想也会有褒贬不一的评判，但无论如何从中都能显

---

* 本部分内容虽然主要从康德、黑格尔与马克思之间的"对话"来阐述马克思对前两者的思想扬弃，或者说主要考察通过"回到康德"还是"回到黑格尔"来解读马克思，但笔者并不否认德国古典哲学中其他几位代表人物，尤其是费尔巴哈对马克思人类解放思想的影响。近年来，学界对"以康解马"还是"以黑解马"的相关问题进行了讨论，甚至有刊物以笔谈的形式开辟专栏做了系统探讨，如《哲学动态》在 2013 年第 1 期和 2013 年第 6 期就以头条位置大篇幅刊登了相关文章。

现出一个问题：黑格尔对马克思确实影响至深。第二，在中国的话语体系中，我们往往将德国古典哲学视为一个连贯的、必然的、合乎逻辑的历史进程，从康德，经费希特、谢林到黑格尔，存在一个在思想上前后相继、步步推进、具有内在发展规律的独立思想逻辑，其中前者被后者扬弃并包含于后者之中，使之呈现出一个从低向高的、螺旋式上升的"合乎目的"的进程，按照这一思路，黑格尔自然就成为比康德等人更受崇拜和更重要的学术大家。①

然而，"以黑解马"的思维惯性同样受到学界的追问和反思，正如有学者指出，"以黑解马"思维惯性的形成可能使我们忽视对这一路径本身的前提性批判，即会导致忽视对"以黑解马"有效性与解释的限度的反思和追问。要确立"以黑解马"的理论自信，需要存在"他者"的比较，在这个意义上，"以康解马"的思维方式和探索路径对于中国马克思哲学研究界来说就是那个异质性的"他者"。

究竟是"回到康德"还是"回到黑格尔"来解读马克思便成为马克思解放哲学研究的又一争论点。

笔者认为，既要"回到康德"，也要"回到黑格尔"来解读马克思，否则会失之偏颇。马克思解放哲学与康德、黑格尔在本体论、认识论、方法论等多方面"相遇"，并展开了"对话"。

首先，在本体论方面的对话。本体论是关于存在的学说，也是一种玄幻的抽象，对本体论的讨论在古代哲学中曾经盛行一时，近代哲学则将焦点从本体论转移到了认识论，探讨本体论的热情逐渐消退。但是本体论作为哲学的必经之地，对任何一个哲学家而言都是探讨哲学问题的前提。关于马克思的本体论问题，追根溯源依然涉及其与康德、黑格尔的关联。

康德哲学中，学界对康德本体论存在分歧。有学者认为康德的本体论蕴于先验感性中，并将其分为两个层次，"一是'内在的形而上学'，也可叫作先验本体论；另一是'超越的形而上学'，可称为超验的本体论"②；有学者认为康德的本体论就是物自体，并认为物自体在康德的整

---

① 关于"德国古典哲学是一个合乎逻辑的必然进程"的观点，参见贺来：《重思马克思哲学与德国古典哲学关系的真实意义》，《哲学动态》2013 年第 6 期。

② 崔伟闳：《直观和本体论：从康德到胡塞尔》，《学术月刊》1992 年第 5 期。

个哲学中作为"感性的源泉"而存在,这是康德哲学中本体思想的基本诠释。康德认为,物自体在整个宇宙中的存在是真正独立的存在,它不依赖于任何他物,却又是我们所能察觉到的现象世界的前提和基础,一旦缺少物自体这一基础,那么感性就无从谈起,人类的认识活动也将没有源头。笔者赞同将物自体作为康德的本体论思想加以考究,物自体作为康德整个哲学体系中至关重要的一环,具有重要的思想意义。康德将世界划分为超验的物自体(或自在之物)与经验的现象界,并认为作为超验的物自体是不可知的,只能被思维感知,而人们所能够认识的只能是物自体显现出来的现象。① 物自体被康德视为无法到达的彼岸,人们只能通过现象思考物自体的存在。物自体作为康德哲学的最本根存在,是其阐述其他所有思想的基础,正如有学者指出的:"'物自体'概念是康德哲学的一个最基本的'设定'(预设),但不是一个无根据的、任意的、随意的设定。它是人(不是神)从生活实践出发、从理性出发,'逼'出来的。"② 而从康德的哲学体系来看,也确实需要先明晰物自体的真正意蕴,才能够逐渐剥开康德的整个思想体系。

黑格尔则批判康德的物自体概念,从绝对唯心主义的立场认为康德的物自体概念必然导致不可知论。黑格尔正是在批判康德不可知论的基础之上,思考思维与存在的同一问题,主张可知论。黑格尔在探讨哲学开端的问题时也备感困惑,他认为,哲学不管是直接开端还是间接开端,"开端的方式,无论是这一个或哪一个,都会遇到反驳"③。黑格尔认为哲学本原是客观的,他在《逻辑学》中表明,最适合作为哲学的开端或本原的即是"Sein(存在)"④ 这一范畴。而"存在"本身没有更进一步的任何规定,一旦"存在"有了某种规定或内容,那么它就不再纯粹。因此,黑格尔把"存在"等同于"绝对",认为"存在"和"绝对"两个概念

---

① 参见[德]康德:《纯粹理性批判》,邓晓芒译,人民出版社2004年版,第20页。
② 钱广华:《开放的康德哲学——重读"物自体"》,《中国社会科学》2004年第5期。
③ [德]黑格尔:《逻辑学》上卷,杨一之译,商务印书馆1982年版,第51页。
④ 也有学者将其翻译为"有"或者"是"。

是可以互通、互换的①，"绝对"成为黑格尔哲学的开端。但黑格尔同时又对"绝对"进行了限定，认为"绝对"不能担当为最高的存在者，一旦出现这样的划分，即在质上将"绝对"与其他存在划分、区别的话，那么"绝对"就不构成一个完整的整体，只能成为孤立的存在，永远不能具有普遍性特质。"绝对"作为整个世界的终极统一与完满而存在。②黑格尔的"绝对"本体论，决定了黑格尔思想的客观唯心主义本质，也决定了黑格尔在与马克思探讨本体论的对话中将受到来自于马克思唯物史观的批判。

马克思解放哲学与康德哲学的关系从本体论上看主要集中在其中心概念——实践等的关联上。在实践的运用上，马克思受惠于康德。关于马克思本体论的性质问题，学界有不同的争论。有学者认为，马克思哲学本体论就是物质本体论，有以下表达作为依据："世界的真正的统一性在于它的物质性。"③ 有学者认为，马克思哲学本体论是实践本体论，其依据是马克思在《德意志意识形态》中的论述："这种历史观和唯心主义历史观不同，它不是在每个时代中寻找某种范畴，而是始终站在现实历史的基础上，不是从观念出发来解释实践，而是从物质实践出发来解释各种观念形态。"④ 实践作为马克思思想的核心概念，是其考察社会、人、自然等所有观念形态的出发点，具有本体性意蕴。马克思哲学本体论是社会存在本体论。因为马克思将人作为社会的存在物，当考察人的本体性问题时，就是考察社会存在。⑤ 笔者倾向于马克思哲学本体论是实践本体论的观点。实践概念不仅适用于马克思的认识论范畴，同样适用于其本体论范畴。马克思思想的核心部分即实践哲学，它是与解释世界相对应的改造世界的哲学体系，缺乏实践的哲学不能称其为马克思主义哲学。在马克思看来，人的所有认知和对世界的改造都建立在实践基础之上，实践作为所有事物的

---

① 参见［德］黑格尔：《哲学科学全书纲要》，薛华译，上海人民出版社 2002 年版，第 33 页。
② 参见倪剑青：《黑格尔的"绝对"概念》，《哲学研究》2012 年第 11 期。
③ 《马克思恩格斯文集》第 9 卷，人民出版社 2009 年版，第 47 页。
④ 《马克思恩格斯文集》第 1 卷，人民出版社 2009 年版，第 544 页。
⑤ 参见俞吾金：《本体论视野中的当代中国马克思主义哲学》，《复旦学报》2006 年第 5 期。

始发性来源，融合了初创性、人的理性思维等本体论特质。

而在追溯马克思实践本体论的由来时，康德的实践理性将自然进入我们的考察视野。康德将理性区分为两种：理论理性与实践理性。理论理性将研究对象确认为现象界的感觉经验，主要涉及自然必然性；实践理性则将研究对象确认为本体界的道德行为，并以自由为主要聚焦点。康德的实践理性将本来归属于非理性的意志演变为理性化，使意志遵从善良意志而活动，并从始至终服从理性的绝对命令。马克思从康德的实践理性中剥离出"实践"概念，并赋予了实践唯物主义思想新内涵，使实践在马克思解放哲学中成为始源性的本体论存在。

其次，在认识论方面的对话。认识论问题是康德所表述的"我能够知道什么"的问题。在此问题上，康德和黑格尔在各自的哲学领地进行了迥异的阐述，康德的认识论归结为先天综合判断，它强调认识的拓展性、普遍性和必然性特征。黑格尔的认识论可以称为精神认识论，它通过"实体就是主体"的原则，希望使主客体达成同一。马克思在承继了康德认识论的特征，又肯定了黑格尔对于主客体同一性的论述的基础上，超越了康德与黑格尔，提出通过实践活动的方式获得认识，主张实践才是人类认识的来源和获取方式。

康德之所以能够作为德国古典哲学的创立者，不仅是因为其哲学体系的创建，更在于他所发起的哲学革命，颠覆了旧形而上学通过客体认识主体的传统，为主体确定了主导地位，这便是康德的"哥白尼式的革命"。

> 当我们假定对象必须依照我们的知识时，我们在形而上学的任务中是否会有更好的进展。这一假定也许将更好地与所要求的可能性、即对对象的先天知识的可能性相一致，这种知识应当在对象被给予我们之前就对对象有所断定。这里的情况与哥白尼的最初的观点是同样的。①

康德效仿哥白尼颠覆了传统的认识逻辑，重新将认识的主体确认为主

---

① ［德］康德：《纯粹理性批判》，邓晓芒译，人民出版社2004年版，第15页。

体自身。康德"哥白尼式的革命"的颠覆效果也延续到了其认识论的问题上。对于认识的来源,康德并不赞同唯理论和经验论两者的观点,在康德看来,唯理论强调的是认识的先天性,就如康德所说的先天分析判断,它是仅具有说明性,而缺乏拓展性的认识来源。经验论强调的是认识来源的经验性,即康德所批判的后天综合判断,这种判断虽然弥补了唯理论的缺陷,有利于知识的拓展,但在认识的普遍性和必然性上却无法保证。综合以上两种判断,康德提出了先天综合判断,并认为只有先天综合判断,才能够既拓展我们的认识,又保证认识的普遍性和必然性。因此,"先天综合判断何以可能"便成为康德认识论的首要问题。而在康德看来,这一问题本身就是不成立的,先天综合判断本身的存在"无可争辩"和"无可置疑"。[1] 康德借用了"哥白尼式的革命"的思想,将"人为自然立法"引渡到认识论的范畴之中,认为对客观事物的认识其实就是使它们适合我们的理性,即将认识的主体确定为人自身,而非客观事物。当然,从康德物自体概念来看,康德的认识论具有其限制性,物自体作为认识的彼岸是无法企及的。

黑格尔反对康德在认识问题上的二元论,即认识主体与认识对象(物自体)两者之间无法达成真正的和解,主张主客体相同一的一元论。而作为客观唯心主义的哲学家,黑格尔将这种一元论的认识论诉诸精神领域,亦即绝对精神。绝对精神在黑格尔那里是一个无限的、完全自由的、神圣的存在,它是主观精神与客观精神的统一体。立足于绝对精神的认知,黑格尔的认识论主要通过以下几个方面展开:第一,认识的原则是"实体就是主体"。黑格尔在《精神现象学》中清晰地表明"实体就是主体"的本意,"一切问题的关键在于:不仅把真实的东西或真理理解和表述为实体,而且同样理解与表述为主体"[2],绝对精神在作为认识对象的同时,也作为认识主体而存在,主体与对象两者具有同一性,即黑格尔所言的"真理是一个圆圈"。第二,认识的方式主要是规定性和否定性。在

---

[1] 关于康德对唯理论和经验论的超越及其对先天综合判断的肯定与阐述的观点,参见俞吾金等:《德国古典哲学》,人民出版社2009年版,第58-60页;徐瑞康:《哲学史上克服唯理论和经验论片面性的重大尝试——康德的认识论》,《武汉大学学报》1988年第4期。

[2] [德]黑格尔:《精神现象学》,贺麟等译,商务印书馆1979年版,第10页。

黑格尔看来，绝对精神的认识活动所要达到的目的就在于对认识对象的质与量等方面的规定，而这种规定又可以理解为对非对象的否定，即规定也是对认识对象的限定和规制，规定性和否定性两者具有一致性。第三，认识的目的在于达到自为、自觉的境地。黑格尔认为，"精神起初只不过自在地是精神；它成为自为的过程就是它实现的过程"①，当精神还处于主观精神的状态时，即精神还处在作为与他物相联系的自相联系之中时，它都只能是自在状态，一旦主观精神从自在状态提升为自为状态，那么它自身也就不再是主观精神，而变为客观精神。主观精神代表着自在，客观精神代表着自为，而作为主客观精神统一体的绝对精神是自为的最高形式，它代表自由的精神实体，"精神是自为存在着的、以自己本身为对象的实现了的概念"②。黑格尔对认识论的探讨并没有脱离德国古典哲学的轴心问题——自由。

与康德和黑格尔从理性层面阐述各自的认识论不同，马克思秉持的是实践认识论。在马克思看来，实践活动是人认识感性存在，获得对事物规律、本质、方法等认识的前提和基础，是检验认识真理性的标准；唯物史观是以实践为起点对社会发展进行诠释，并非从纯粹的思辨出发来阐发社会历史；实践不仅是人的各种观念形态的起始点和来源，还是解决认识矛盾等问题的关键，"理论的对立本身的解决，只有通过实践方式，只有借助于人的实践力量，才是可能的"③。在马克思哲学中，实践概念不仅被赋予了本体论的意蕴，同时也兼具认识论的内涵。作为认识论的实践，不仅是认识对象形成的基础，也是作为对象进行认识活动的基础。康德、黑格尔的认识论始终难以摆脱形而上学的怪圈，其根本局限在于从理性角度阐述其"认识"。马克思跳出这一局限，将认识的来源、方法以及检验标准等都归于实践，确立了实践认识论。马克思实践认识论所认可的是可知论观点，即认为主客体之间具有同一性。马克思的实践认识论采纳了黑格尔对康德不可知论批判的策略，认为客体的客观存在本质决定了其对主体认识的决定性作用，而主体通过实践不仅可以达到对客体的认识，而且还

---

① [德] 黑格尔：《精神哲学》，杨祖陶译，人民出版社2006年版，第28页。
② [德] 黑格尔：《精神哲学》，杨祖陶译，人民出版社2006年版，第20页。
③ 《马克思恩格斯文集》第1卷，人民出版社2009年版，第192页。

能够对客体产生能动作用,能够检验认识的正确与否、指导认识活动的开展。

最后,在方法论方面的对话。马克思解放哲学中的唯物辩证法与黑格尔的辩证法思想具有密切的关系。与黑格尔的辩证法方法论相比,康德的方法论对于马克思解放哲学的影响相对较小。

康德的方法论以先验性为基础。康德认为,"每一个科学学说都必须是有方法的,否则,陈述就是混乱不堪的"①,他十分注重方法的构建,并将方法论与其哲学中的先验概念相融合。对康德而言,先验的知识并非是有关对象的认识与知识,而是关乎对对象的认识方式的知识。对象的认识方式即方法论与先验的结合,构成康德的先验方法论。先验方法论强调对纯粹理性的规制与限定,并将它"理解为对纯粹理性的一个完备系统的诸形式条件的规定。我们将按照这个意图来讨论纯粹理性的训练、纯粹理性的法规、纯粹理性的建筑术,最后是纯粹理性的历史,并且按照先验的意图去完成那件曾由经院学者们在一般知性的运用方面以实践逻辑的名义尝试过、但却做得很差的工作"②。追溯康德先验方法论可知,它的确立经过了一个长期的发展与构建过程。总体而言,主要可划分为四个阶段:以 1755 年的"形而上学知识的第一原理的新解释"为代表的理性主义方法阶段;以 1763 年《关于自然神学和道德的原则的明确性的研究》为代表的阶段,区分了数学方法和哲学方法,是牛顿力学的分析方法阶段;以 1770 年的求职论文《论感觉界和理智界的形式与原则》和 1772 年 2 月给赫兹的信为代表的阶段,开始形成先验哲学方法的阶段;以 1781 年《纯粹理性批判》的出版为标志的先验哲学方法论的诞生阶段。从先验方法论的演绎过程看,康德的先验方法论是在传统形而上学还未走上正确途径,仍处于盲目摸索之中而亟须变革的前提下诞生的,经过"哥白尼式的革命",康德彻底转变了传统形而上学的思维方式,认为对于对象物的认识不过是我们早就已经放进去的东西而已,这既是康德的"先验

---

① [德]康德:《康德著作全集》第 6 卷,李秋零主编,中国人民大学出版社 2007 年版,第 487-488 页。

② [德]康德:《纯粹理性批判》,邓晓芒译,人民出版社 2004 年版,第 549-550 页。

逻辑",也是康德的方法论逻辑。① 康德的先验方法论,由于强调方法的先验性,其本质难以超然于唯心主义,与马克思解放哲学倡导的唯物辩证法在方向上存在偏差。

黑格尔的方法论即辩证法,也就是素来被称为黑格尔哲学思想"合理的内核"的部分。黑格尔在阐述概念的逻辑体系时,特意将其与传统的形式逻辑相区别。形式逻辑仅注重从形式上要求思维与自身相统一,达至形式上的"A等于A"的等式,这种逻辑方式虽然能够保证思维的有效性,却将思想内容排除于逻辑之外。黑格尔鄙夷只讲形式、不顾及内容的逻辑范式,主张囊括思想内容本身的逻辑,即辩证法。根据马克思对黑格尔辩证法的评判,黑格尔的辩证法可归结为否定性的辩证法,其辩证法思想是:第一,黑格尔认为物质都处于运动变化之中,他反对形而上学将事物看成孤立、静止的;第二,黑格尔发掘出矛盾是构成事物运动、发展的源泉,而不是像形而上学一样将其归结为外力的推动;第三,黑格尔提出了质量互变的思想,阐发了事物在两种不同状态之间的转化,反驳了形而上学的纯粹量变的观点;第四,黑格尔认为真理是具体的过程,并且认为认识也是一个不断深化、具体化的过程,正如黑格尔的否定概念,它其实并不是对事物或概念的简单摒弃,而是在原有基础上的一种发展,一种扬弃。② 然而,不论黑格尔如何界定和运用辩证法,其辩证法仍只是极富神秘性和抽象性,主张思维把握存在的逻辑方式,这显然与马克思的立场相背离。

> 我的辩证方法,从根本上来说,不仅和黑格尔的辩证方法不同,而且和它截然相反。在黑格尔看来,思维过程,即甚至被他在观念这一名称下转化为独立主体的思维过程,是现实事物的创造主,而现实事物只是思维过程的外部表现。我的看法则相反,观念的东西不外是移入人的头脑并在人的头脑中改造过的物质的

---

① 关于"康德先验方法论的发展和构建历程"的观点,参见陈嘉明:《建构与范导——康德哲学的方法论》,社会科学文献出版社1992年版,第6-13页。

② 参见[德]黑格尔:《逻辑学》(上卷),杨一之译,商务印书馆1982年版,编者前言第6页。

东西而已。①

马克思肯定了黑格尔的辩证法思想,但同样对黑格尔辩证法进行了批判,马克思否定黑格尔将思维确定为主体性的存在,主张将感性活动的实践列为主体存在。马克思也批判黑格尔辩证法的神秘形式,强调辩证法在合理形态上所发挥的方法论作用,凸显出辩证法在对现存事物进行肯定的同时又对其给予否定理解。马克思的辩证法是对黑格尔辩证法的完美颠倒,但又保留了其"神秘外壳中的合理内核"。马克思在方法论的承继性上,主要是对黑格尔辩证法的批判继承和发展,而并非是基于康德先验方法论所做的扬弃。在方法论上,马克思解放哲学更偏向于黑格尔。

马克思解放哲学的本体论、认识论和方法论遗传着德国古典哲学的"基因"。回到德国古典哲学来解析马克思哲学是通往马克思本真思想的重要捷径。虽然对于"以康解马"还是"以黑解马",学界始终存在争议,但不可否认,马克思在对人类命运进行深度探索、阐述其人类解放的过程中,始终保留着康德、黑格尔等德国古典哲学家所内蕴的自由精神,并希望以"解放"为轴心构建起充满自由的共产主义社会,这可谓是对德国古典哲学的核心继承。

三、以"解放"为轴心的理论建构

德国古典哲学不论从哲学精神还是思想内容上都给予了马克思绝对的影响,尤其是康德、黑格尔、费尔巴哈等人更是赋予了马克思无限灵感。缺少德国古典哲学影响的马克思,不可能成为完整的马克思;遗漏了德国古典哲学根基的马克思人类解放思想,也不可能成为圆满的马克思人类解放思想。但是马克思对德国古典哲学的继承绝非是思想的照搬照抄,而是一种批判式的继承。没有马克思自身对前人思想的继承、批判、创新、改造和建构,就不可能呈现出我们所熟知的马克思人类解放思想。马克思之所以是马克思,就在于他在思想继承的同时又进行着消化吸收,创造出属

---

① 《马克思恩格斯文集》第5卷,人民出版社2009年版,第22页。

于自己的思想体系。这种创造不是部分的创造,而是由其轴心始发和拓展至整个哲学体系的创造,这一轴心就是"解放"。如果说德国古典哲学的轴心问题是"自由"的话,那么马克思哲学的轴心问题则是"解放",实现人类解放是马克思哲学的根本旨趣。

围绕"解放"的轴心问题,马克思构建了一个庞大的体系。我们需要明确的是:第一,马克思的"解放"意蕴。笔者认为,马克思的解放是指人类解放,从本质上说,它是一种不断消灭现存状况、实现人的自由而全面发展的现实运动,是人类在政治解放、经济解放、文化解放等所创造的社会物质精神条件下,把握与超越外部自然限度,并通过全面颠覆资本逻辑,消除私有制,以自由人的联合体取代市民社会体系和国家,建立起共产主义社会的历史过程。① 马克思关于人类解放问题的探索和实践,贯穿于其整个革命生涯,普罗米修斯精神的灵光一直都在马克思的思想深处闪烁。源于"解放"问题的探究,马克思主义才得以问世。第二,马克思的"建构"本意。马克思首先是一个革命家,他在中后期从来都不以哲学家自居,而是以无产阶级革命者的身份,参与到人类解放的伟大事业之中。对于马克思而言,他围绕"解放"轴心问题建构的绝非是抽象的、与无产阶级革命相分割的哲学体系,而是能够实现的、具有现实性的革命体系。思辨性的哲学之于马克思,不过是一个解释世界的工具,马克思力图摒弃哲学单一、纯粹的价值。他真正关注和重视的是改造世界,改变无产阶级贫困命运,建构共产主义美好社会。

在建构人的自由而全面发展的共产主义社会时,马克思始终围绕"解放"这一轴心问题与主题而展开:他的整个思想体系,也正是在"解放"轴心问题的牵引和关联上建立起来的,并扩展为政治解放、经济解放和文化解放三个维度,马克思哲学就是解放的哲学。

首先,从政治层面看,对宗教的摒弃与分化、对国家的批判与审视,从而希望构建消灭宗教、消灭国家、消灭阶级的理想社会与共同体,是马克思对共产主义社会的精准设计,其目的是在政治上为人类解放的实现提供基本性前提。为了实现人类解放的伟大使命,政治解放是必须首先解决

---

① 参见刘同舫:《马克思人类解放理论的演进逻辑》,人民出版社2011年版,第1页。

的问题。马克思政治解放的任务就在于使国家摆脱宗教的捆绑，实现宗教与政治的分离。但只有政治解放是不彻底的，这种不彻底性表现在：第一，宗教没有消失，即马克思认为的，在政治解放结束后，宗教只不过是不再与政治相互捆绑，但这并不代表宗教的消亡，它依旧存在，并且充满生机、饱含活力。政治解放只是将国家从宗教中解放出来，而并没有将市民社会中的人从宗教中解放出来。第二，国家作为阶级统治工具的性质始终都没有改变，"国家还是让私有财产、文化程度、职业以它们固有的方式，即作为私有财产、作为文化程度、作为职业来发挥作用并表现出它们的特殊本质"[①]。国家依然与阶级紧密相连，成为统治阶级利益的维护者和守护者。虽然政治解放并非彻底的解放，却完整地体现着马克思围绕"解放"这一轴心问题所展开的理论探讨和摸索，为其后期构设真正的共同体奠定了基础。

其次，从经济层面看，围绕生产力与生产关系这一社会形态变迁和发展的主线，探究使两者互相配合、共同发展的理想境界。经济层面的解放是保证人类解放的必然要求与必要准备。马克思深刻揭露了资本主义私有制对生产力发展的阻碍作用，揭露了资本主义内在矛盾与丑陋本质，力图消除资本主义生产关系的障碍，实现社会生产力的巨大增长，在经济上为人类解放的实现准备物质基础。贫穷的人类解放不叫人类解放，人类解放必然是在物质资料生产方面获得绝对的供给与满足，物质问题已经不再成为人们思考与苦恼的问题；而达到这一境地，有赖于生产力的持续、高速发展，即实现经济上的解放。为了实现人类的经济解放，马克思将批判的视野放大到对整个资本主义社会的批判与诘问。通过对资本主义整个经济体制的无情批判，马克思期望无产阶级能肩负起彻底颠覆资本主义经济体制的使命，为人类解放的完成奠定物质基础。

最后，从文化层面看，马克思痛恶资本主义社会商品拜物教等种种异化现象对人们文化、思想的束缚，他渴求破除旧观念、旧思想的捆绑，将话语权归还给无产阶级，主张建立起属于无产阶级自身的主体意识，并且充分发挥和施展主体意识的能动性与创造性，实现文化层面的解放，使人

[①] 《马克思恩格斯文集》第 1 卷，人民出版社 2009 年版，第 29 页。

类解放展现其具有的智识策略。在资本主义社会,文化服从于资本逻辑。金钱在整个人的世界和自然世界中占据着主动和控制地位。"金钱是人的劳动和人的存在的同人相异化的本质;这种异己的本质统治了人,而人则向它顶礼膜拜。"① 在商品拜物教的控制之下,精神文化的发展出现单一化、畸形化的趋势,文化不再遵循自身的发展规律,而是受到异化世界的掌控和操纵,自由的、独立的文化氛围已经被破坏。无产阶级作为被统治、被剥削的阶级,其经济上的劣势地位,决定了其在文化话语权上的缺失。而构筑共产主义社会,不可能仅仅是物质意义上的充裕,也体现为文化上的自由与解放。因此,马克思主张建立属于无产阶级自身的主体意识和自主观念,让它们获得张扬的足够空间,使文化迸发出其应有的活力与生命力,展现共产主义社会、人类解放的丰富和多样化的文化繁荣景象。文化层面的追求和解放,无不渗透着马克思的"解放"情结。

梳理马克思一生的著作文本和思想理路可知,"解放"一直是其从始至终都不曾懈怠的轴心问题,其所有思想的展开都是以"解放"为原点进行的,不论是探讨劳动的异化,还是深究资本主义社会的内在矛盾,抑或是挖掘无产阶级遭受剥削的实质以及积极参与无产阶级的革命实践活动,"解放"问题始终没有从马克思的思想中隐退和剥离。马克思的整个思想体系,正是在"解放"轴心问题的牵引和关联上构建起来的。

第二节 从应然到实然:马克思社会批判的价值取向转变*

马克思思想的阐发、创造与发展都建立在对原有旧哲学体系或不成熟哲学体系的批判、扬弃基础之上,批判的方式是有力支撑马克思整体思想的关键。青年马克思所采用的批判方式是以应然价值取向为主的批判,其批判以某一抽象的哲学概念为基点,以社会现实问题为对象,具有哲学思辨的价值倾向性以及对问题推理的应然目的性,价值批判的结果呈现为抽

---

① 《马克思恩格斯文集》第1卷,人民出版社2009年版,第52页。
* 本节参见刘同舫:《从应然到实然:马克思社会批判的价值取向转变》,《南京政治学院学报》2015年第2期。

象的、自我设定的应然状态。相对而言，以《关于费尔巴哈的提纲》《德意志意识形态》为转折点，马克思完成了由应然价值取向为主的批判方式向实然价值取向为主的批判方式的转变。它们的差异性主要体现在两个方面：从批判方法看，实然价值取向为主的批判不以思辨性的哲学分析为核心，而代之以实证性和科学性的经济学分析方法，具有更明确的现实指向与针对性；从追求结果看，实然价值取向为主的批判所追求的不是带有价值倾向的应然设定，而是侧重于对实然的本真展现。当然，马克思社会批判价值取向的转变不是思想的对抗与断裂，而是思想重心的变化和方法论的转移，其理论脉络、思想旨趣在方法论转变的前后具有一致性。从应然到实然批判价值取向的转变是马克思思想发展的必然，也是其人类解放实现的内在要求。

一、哲学向经济学学科批判的转向

哲学批判作为哲学家最常用和最易于接受的一种方式，在哲学史上有着长久的发展历史。哲学家一方面善于以其敏锐的眼光、缜密的思维来察觉和洞悉现实世界的各种问题，用抽象性强、思辨性高的论证方式和哲学话语将问题探究至对象的深处；但是另一方面，面对超乎想象的复杂现实难题，哲学家也难以寻找到真正克制和抵抗这种困境的钥匙，无法利用现存的条件对现实进行改造，只能在理性世界中依靠哲学批判的方式思考现实问题的出路和解决路径，宣泄其拯救世界的情怀，预设未来的理想境地。因而，在这种批判性探究的过程中，理性哲学在哲学家的思辨、推理中扮演着重要的角色，俨然成为其思考的逻辑起点。这种在哲学范畴之内进行的、带有价值倾向性的哲学批判，在马克思早期思想中并不鲜见。

在马克思的青年时代，"批判"是当时的流行词汇，如施特劳斯、鲍威尔就以"批判的哲学家"自居，施特劳斯把自己所做的事情称为"批判"的工作，鲍威尔则自称为"批判的批判"的工作。但马克思认为这些批判都只是形式上的批判，于是他开始了"对批判的批判所作的批判"的工作。其中，黑格尔的理性主义和费尔巴哈的人本主义是马克思哲学批判过程中的有力武器，它们成为马克思在哲学批判路程中的"拐杖"。

黑格尔的理性主义对青年马克思影响至深，以至于马克思在看待社会发展和国家存在等一系列问题上，都始终坚信只要理性国家存在，世界就必然趋向美好。在黑格尔的理性主义思想中，社会的发展和进步被视为理性决定的结果，国家的存在也是理性的产物。当时的马克思认为，社会的发展、国家的存在必然代表所有民众的心声，也保障所有人的权益，每个人的权益都将获得法律的保护。然而，在《莱茵报》编辑工作的经历使马克思开始对黑格尔理性主义产生怀疑，并从这一美梦中慢慢苏醒。马克思萌发了从历史中寻找具有真理性答案的想法，并付诸实践。通过对历史学、社会学等的研究，马克思逐渐从黑格尔的唯心主义哲学运思中挣脱出来，寻找到更为科学、合理的哲学依靠。费尔巴哈的思想，吸引了马克思的注意，并不断获得马克思的赞赏。马克思十分认同费尔巴哈从唯物主义视角所进行的批判，他认为对宗教的抨击与批判的主要依据在于：宗教是由人创造的，而非宗教创造了人。费尔巴哈的哲学思想已经入驻马克思的哲学营地，并对其产生或隐或现的作用。此外，费尔巴哈的人本主义思想所投射的人的本质复归更是马克思对费尔巴哈思想赞赏有加的主要原因。马克思笃信费尔巴哈关于人的问题的解析，并在费尔巴哈人本主义影响之下，开始对资本主义社会进行新一轮的批判，即在《1844年经济学哲学手稿》中所显现的对资本主义异化世界的针砭，他的批判"不再像黑格尔辩证法那样，在自身之中打转，而是努力超出精神的范围，成为真正'改变世界'的活动"①。在这一批判过程中，马克思以异化尤其是劳动异化作为批判核心，将人的本质复归视为批判目标，通过否定之否定的批判方式，希冀能够彻底消灭异化。然而，不论是马克思所预设的理性主义国家模式还是摆脱资本主义异化世界的人的本质复归，在现实的面前都显露出自身的尴尬和不堪。

马克思早期哲学层面的批判方式存在一定局限性，原因主要在于：第一，缺乏与现实生活的互动。马克思虽然看到资本主义社会制度下人们的苦难，却未能真正了解到导致人们苦难的根本原因，只是更注重抽象思辨

---

① 谢永康：《理论批判与改变世界——从康德到阿多诺的哲学实践》，《马克思主义与现实》2013年第6期。

性质的意识活动。马克思驻足哲学基地进行批判,用异化理论对人的问题、资本主义社会进行剖析,以类似于外行人看内行功夫的错位性批判分析探察资本主义社会的主要矛盾,难以达到其目的。第二,缺乏革命性和现实性。哲学批判是通过意识层面的推演以及逻辑的附加而形成,其并非真正意义上对现存世界进行改造和完善的手段。缺乏革命性和现实性,这也正是马克思在《1844年经济学哲学手稿》写作时期开始意识到并加以重点关注的问题,而问题得以解决主要呈现在其后期的思想之中。

在《关于费尔巴哈提纲》中,通过对德国古典哲学的批驳以及实践概念的认识,马克思意识到,按照以往哲学家的批判路径,哲学只不过是充当解释世界的工具,而没能成为改变世界的手段。基于对哲学认知的不同理解,马克思倡导实践概念的引入与运用,使原本富有思辨性质的哲学批判方式发生了质的改变。在《德意志意识形态》中,马克思着手探索改变世界的现实路径,认为只有从资本主义社会发展的根本入手,探究其经济根源,才能有力地揭露资本主义社会的谎言和骗局,直击资本主义社会的脏器。马克思彻底扬弃了费尔巴哈的人本主义思想,最终创立了唯物史观。在对资本主义社会进行彻底批判、寻找导致异化的根源时,经济学批判成为马克思主要手段和工具。马克思认识到:

  在大工业和竞争中,各个人的一切生存条件、一切制约性、一切片面性都融合为两种最简单的形式——私有制和劳动。货币使任何交往形式和交往本身成为对个人来说是偶然的东西。因此,货币就是产生下述现象的根源:迄今为止的一切交往都只是在一定条件下个人的交往,而不是作为个人的个人的交往。①

他从资本主义经济运作的内在关系中揭示出私有制与异化劳动对人的根本制约性,揭露了在物化世界中货币使人们之间的关系演化为物的关系的实质。资本主义私有制虽然在历史中曾发挥着重要作用,但现已成为生产力片面发展的根本原因。经济学批判对资本主义的直击不同于哲学批判

---

① 《马克思恩格斯文集》第1卷,人民出版社2009年版,第579页。

的隔靴搔痒，它并非脱离现实的表象批判，而最终指向的是生产力与生产关系之间的复杂矛盾，这便是马克思经济学批判最有力和最具科学性的判断。马克思经济学批判的作用不仅体现于对资本主义社会真相的揭露，更体现于它为人们摆脱资本主义的迫害、追求人类解放指明了现实道路——号召全体无产者联合起来，通过革命的方式消灭私有制、消除异化，还人以真正的自由自觉的劳动。这为马克思后来在《1857—1858 年经济学手稿》《资本论》等著作中展开全面而整体的经济学批判打下了坚实基础。

经济学批判具备的独特性在于：首先，它从异化现象深入到异化本质及其深刻根源，属于从现象到本质的探究理路，指向造成问题的根本原因。在马克思之前，众多资本主义人道主义者和国民经济学家等都看到无产者的贫穷和悲惨现状，也曾试图寻找导致这一现状的原因，尝试对无产阶级进行解救，但他们都只是停留于抽象的人的分析，未能抓住问题的核心和要点。马克思利用经济学批判真正找到了无产阶级贫困的根本原因，并依此寻觅到实现解放的现实出路。其次，马克思的经济学批判利用经济关系中的基本矛盾，尤其是生产力与生产关系的矛盾来分析判断问题。在《德意志意识形态》中马克思就明确指出，这两者之间矛盾和冲突的爆发会带来其他各种形式的革命、不同等级之间的冲突等等，还包括各种其他的思想矛盾、政治争斗等问题，甚至认为"一切历史冲突都根源于生产力和交往形式之间的矛盾"①。再次，马克思的经济学批判不仅仅是一种方式，同时也体现为一种建构，即对共产主义社会的建构，对人类解放的建构。马克思的思想目标不是"解释世界"，而在于"改变世界"，他的落脚点不是简单停留于对资本主义社会的批判程度，其视野早已辐射到实现共产主义和人类解放等宏伟目标的建构上。

从哲学向经济学学科批判的转向凸显了马克思在方法论、分析方式的切换和对社会现实问题的不断深入思考，也呈现出马克思哲学观整体性的升华与超越。马克思转向经济学批判，就是"为了将人的生存和发展问题置于社会历史的现实运动之中来加以考察。正因为如此，他才没有在科

---

① 《马克思恩格斯文集》第 1 卷，人民出版社 2009 年版，第 567–568 页。

学研究中陷入实证的琐细,而是为经济事实建立起批判的概念"①。正是伴随着这种从抽象思辨到针对现实的批判方式的转变,马克思才逐渐扬弃早期思想,创立唯物史观,进入思想发展的巅峰时期,使人类解放清晰地显现在人类社会发展史的日程表上。

二、应然预设到实然结果追求的转换

马克思从哲学批判到经济学批判的转向,具体体现为从早年对异化、物化等概念的频繁应用,到思想成熟时期较少使用这一类哲学概念,取而代之以商品、生产力、剩余价值等经济学概念,与此同时,批判的价值取向也相应地发生改变,即从追求应然预设到实然结果的转换。这种转换体现为在运用哲学批判时,其所指向的目标属于价值预设式的人的本质复归;而在运用经济学批判时,其所指向的最终价值目的在于符合历史发展规律的全人类解放。

青年马克思在探讨这些问题时,更多的是以继承前人哲学遗产的方式进行的,将目标设定为应然的推演终点,而非实然的必然结果,即在价值追求上将康德的德性、黑格尔的绝对精神等类似的价值预设作为最终的批判归属。价值预设是一种先验的逻辑设定,它的前提在于首先对事物主体设定一种理想状态,或者一种抽象的本源状态,然后要求现实世界的缺陷主体或不完满主体向这一先验状态不断趋近。撰写博士论文时期,马克思将意识哲学作为哲学批判的武器,预设个体是自我意识的存在,不仅具有自身的独立性和主体性,而且能够表达各自的看法和观念,使自身权益获得保障。这在当时的资本主义现实社会中,只能是"应该如此的展望",不可能是"真实世界的实现目标";在《莱茵报》当编辑时期,马克思敬仰黑格尔的理性主义或法哲学,坚信凭借理性国家的存在与发展,每个人都能够在其中获得自己理想的生活。但随着之后对无产者贫困现实与统治者阶级本性的观察与洞悉,马克思开始质疑、反思原初的理性理想社会论断。而最能够体现马克思站在哲学基地之上进行应然结果探索历程的是

---

① 汪信砚等:《论马克思的哲学观》,《哲学研究》2013年第12期。

《1844年经济学哲学手稿》。

在《1844年经济学哲学手稿》中，马克思频繁使用异化、物化等概念来剖析资本主义社会对人的奴役，披露人受到资本主义社会多方面剥削与压迫的现实，并希冀通过否定之否定的方式，将人从异化世界中解救出来，使他们能够自由自觉地劳动，享受自由而全面的发展。马克思的设想与愿望看起来如此美好，让人无限憧憬。然而，马克思这一时期思想的出发点、对人的异化的消解途径以及最终所要达到的目标都缺乏现实根基，难以真正在现实生活中实现，他所追求的不过是一种应然结果——人的本质复归的实现。

第一，从思想的出发点来看，马克思将人的类本质视为起点。马克思指出人与动物的区别在于人是有意识的存在，能够进行自由自觉的劳动，但是现实社会却将体现人的类本质的劳动异化了。他指证，在资本主义社会，工人的劳动是被支配的强制性劳动，工人不能自由选择自身的劳动方式，不能自主控制劳动过程，更不能支配自己的劳动产品。在这种状况下，不仅人与自己生产出来的产品及整个生产活动相异化，而且人与人之间、人与人的类本质之间也都产生相互间的异化关系。虽然马克思尖锐地指出资本主义社会对人的奴役、剥削和压迫，但对造成异化的根源问题，在这一时期他只是从资本主义社会的资本、分工、工资等层面加以解析，尚未深入造成这一事实的更深层次原因，未能寻找到异化世界最稳固的根基，以致其异化思想呈现出鲜明的哲学思辨性。

第二，从对人的异化的消解路径来看，马克思认为，应该通过革命实践的方式消灭私有制和异化劳动，把革命理论同共产主义运动相结合，将人从生产劳动和社会关系中解救出来，主张"对异化的扬弃只有通过付诸实行的共产主义才能完成"[①]。显然，关于解救的出路，马克思思考的角度只是共产主义运动，尚未触及无产阶级革命，也还没有对未来理想社会进行细致的演绎。同时，他在论述共产主义运动的历史必然性时，也只是强调"历史将会带来这种共产主义行动"，并没有从资本主义社会发展的内在矛盾出发，论证人类作为历史推进的主体将主动地推动共产主义运

---

① 《马克思恩格斯文集》第1卷，人民出版社2009年版，第231页。

动的开展和进行的自主必然性。之所以形成这种思想的非完整性，缘于马克思在这一阶段还没有完整掌握资本主义的内在运行机制，尚未深挖到资本主义发展的根本问题与主要矛盾。

第三，从所要达到的目标来看，人的感性存在和人的类本质的统一，即人的类本质的复归是马克思这一时期奋力追求的目标。人的类本质复归是贯穿于《1844年经济学哲学手稿》的核心思想，只有实现人的类本质复归，工人才能真正摆脱资本主义社会的束缚，才能不再将劳动作为一种生存手段加以利用。马克思以人的类本质复归来替代人类解放，将目标以价值预设的形式，设定为应然发生的结果追求，这反映出马克思没有真正抓住社会历史发展的主要矛盾和根本规律，也无法为社会历史的发展设定一个符合规律的目标。实现人的类本质复归的目标只是一种理想的可能性，可能性的实现是马克思下一步的关键性任务。

在《1844年经济学哲学手稿》写作时期，马克思主要以人本主义为核心，通过异化劳动理论剖析整个资本主义社会，将人性复归作为最终追求的结果。但异化劳动理论不是一把完整锻造的"锁钥"，它还带有抽象的思辨性。这一时期，马克思的社会经济形态概念尚未形成，其对劳动的认识也还有待深化；作为唯物史观的基本范畴——社会存在、生产力、社会经济基础、社会上层建筑等也还没有形成，建立在这些范畴之上的唯物史观的基本原理虽隐有阐明和论述，却没有真正给予明确界定与表达。总之，青年马克思关于社会问题的提出及其解决方式囿于哲学思辨体系，缺乏现实性和物质性，无法实现对社会的实践改造，难以使应然的价值预设转变为实然的现实途径。他倡导的人的类本质复归，只能如无根之学和空中楼阁般地存在，是一种充满理想性、哲学思辨式的应然结果，而不是实然景象的展现。

从《德意志意识形态》写作开始，马克思就摒弃了价值预设式的应然推测，开始在现实路途中摸索人类解放实现的可行性路径，对人类解放的到来给予肯定性回答，为我们展现了未来社会的实然图景。这一转变源于马克思对现实的充分考察和合乎规律、合乎历史运行的演绎。首先，马克思通过对资本主义社会的深入剖析，发掘了人类社会发展的必然规律——生产力与生产关系之间的关系，指证了共产主义的实现是人类社会发展规律不可逆转之必然。资本主义必然灭亡，随之而去的还有资本主义对人的奴役、剥削，以及与资本主义所有相对应的社会关系，取而代之的将会是社会主义的生产关系以及建立在其上的共产主义社会。其次，马克思所构设的共产主义社会，不再是极具抽象思辨性的哲学概念或哲学运思，而是具有客观根据、在现实中能够预见的未来实然景象。在这样的社会之中，人们将不再受到来自政治、经济、文化等的束缚与压迫，每个人都可以获得实质性的解放。从马克思对未来社会的描绘中，我们既能够看到历史发展的轨迹在未来运行的轮廓，也能够在现实生活中看到未来的影子。他所描绘的共产主义，不是虚无缥缈的虚幻存在，而是忠于规律、始于现实、合乎发展的实然存在。正如马克思所言，其思想的起点"不是意识决定生活，而是生活决定意识。前一种考察方法从意识出发，把意识看做是有生命的个人。后一种符合现实生活的考察方法则从现实的、有生命的个人本身出发，把意识仅仅看做是他们的意识"①。

归附于人性复归的应然状态和偶然存在，是马克思早期对人的发展最终走向的确认和定位，它只不过是作为一种终极意义上的理想设定存在于理性思维之中，难以真正在现实中完美呈现。《德意志意识形态》等著作对共产主义的现实考察和逻辑演进，使马克思所构设的每个人的自由而全面发展的实然图景映入人们的眼帘，以实然状态和必然结果的方式呈现在人们的面前。应然与实然的对比，充分凸显出社会批判价值取向转向的差异性，也显现出马克思社会批判的实然价值取向的科学性与真理性，更坚定了人们对构建共产主义的信心与决心。

三、实然价值取向的社会批判：通往解放的核心分析方式

在马克思整个思想进程中，始终贯穿着"问题—批判—解放"的基本线索，他自始至终都以问题开始，坚持两大重要精神——批判精神与解放精神。批判与解放两者之间相伴相随，是不可分割的统一体。不经过深入透彻的批判，就难以抵达真理的彼岸，便无法登上通往未来的渡船。但

---

① 《马克思恩格斯文集》第1卷，人民出版社2009年版，第525页。

若仅有对对象的批判，缺乏对对象归属的确认与解放，其批判就像是少了目标的船只，便会随波逐流。只有有了人类解放思想的引导，批判才能明晰自己的方向。

马克思社会批判理论是用实然价值取向为主的经济学批判方式对资本主义社会及其内在矛盾进行彻底的、历史的批判理论，它揭示了资本主义社会的历史规律，解析了人类社会发展的客观轨迹，并号召全世界无产阶级联合起来，共同推翻资产阶级的残酷统治，逐步迈向共产主义理想社会。在整个过程中，实然价值取向的社会批判是通往解放的核心分析方式。

第一，实然价值取向为主的社会批判的前提在于对时代问题和社会历史现实的深刻把握和全面体悟。

马克思将社会发展分为三大形态，其中第二大形态是人对物的依赖关系，这也是马克思对资本主义社会根本性的认识之一。在马克思看来，随着资本主义社会大机器、大工业时代的来临，整个社会变成了以物的依赖性为基础的社会。个体的活动已经不能由自身控制和掌握，即人对自身已经失去了控制权，取而代之的是人被自己生产出的劳动产品和产物所决定，其实质就是马克思所阐述的人的异化。人已经不再是作为其本身而存在，而是作为物的对象而存在，在这种状态下人与物的关系被彻底颠倒。人与人之间所构建起来的社会关系，也不再由人自身来决定，物作为中介和桥梁成为社会关系的搭建者，人们通过交换价值和货币将社会联系确立起来。物取代人获得了整个社会的统治权，人则被贬黜为物的奴隶，即使是作为资本持有者的资产阶级同样和无产阶级一样处于物的控制之下。无产阶级被异化，是迫于要进行生产以获取维持生命活动的物资资料的生存需要；而资产阶级被物所异化，则是由于资产阶级本身所具有的无比贪婪的本性。在物的依赖关系的社会形态中，异化不只是针对部分群体或阶级，而是一种普遍现象。只有深刻把握和全面透析人的这种严重异化与被动地位，并寻找到解决这一问题的切实方案，才能够使包括无产阶级和资产阶级在内的全体人得以解除异化的枷锁，使人类得到自由而全面的发展。

第二，实然价值取向为主的社会批判的核心在于对资本主义社会内在矛盾的深刻揭露和彻底批判。

马克思紧紧地把握住生产力与生产关系这两者之间的矛盾关系，对资本主义社会的根本性问题和内源性矛盾进行了深刻揭露。随着生产力的发展，资本主义受到内在贪婪本性的驱使，不断扩大自身控制的范围，拓展世界市场，并将所有国家都纳入这一宏大的世界市场之中，使其一切生产活动都演变为全球性的生产活动。资产阶级在这种殖民、扩张以及迅速发展过程中，将分散的资源和分离的人口以资本主义掠夺等多种方式聚集起来，其结果就是将所有生产资料和财产都集中在少数的统治者——资产阶级的手中，而人口也逐渐从原先的散居状态变为集聚于城市和工厂的密集状态。经济基础决定上层建筑，资产阶级在经济上的统治地位必然带来其在政治上的话语权和统治力，从而将整个世界都收归至其剥削与压迫的残酷统治之下。

马克思指出，资产阶级所构建的商业帝国以自己的方式即"商业危机"来反抗资产阶级及其统治的存在条件。事实上，"商业危机"及资本主义原先的支配权逐渐丧失，其根源就在于生产力的发展已经达到极高的程度，以至于资本主义的所有制关系已不能够适应其发展，这种不适应"使整个资产阶级社会陷入混乱"，"使资产阶级所有制的存在受到威胁"①。为了解决这一问题，要么彻底改变资本主义生产关系，但那意味着资产阶级自己毁灭自己的生存根基；要么依靠夺取新的市场来缓和自身矛盾，但这种缓和手段无论如何都无法阻止历史的必然进程，迎接它的只能是更为彻底的革命，即推翻资本主义私有制的无产阶级革命运动，资本主义必将灭亡。

第三，实然价值取向为主的社会批判的最终旨趣在于扬弃价值预设，构建符合社会、历史发展规律的现实的"自由王国"。

批判的过程也是建构的过程，在对资本主义社会进行批判时，马克思也开始了对共产主义社会的建构。经过对经济学的细致研究和对社会现实的深度考察，马克思不再将问题及其解决放置在哲学范畴之内，而是从现实出发并进行科学的、合乎规律的逻辑演绎，并最终寻找到可以抵达现实

---

① 《马克思恩格斯文集》第 2 卷，人民出版社 2009 年版，第 37 页。

的"自由王国"的无产阶级革命实践路径。以实然价值取向为主的社会批判的特点就在于其所指向的最终旨趣不是一种应然状态,而是彻底扬弃原先的那种虚幻、抽象的价值预设,将理论的出发点设定在现实之中,并通过实践性的革命手段构建一个合乎社会、历史发展规律的理想社会——共产主义和人类解放的社会。

实然价值取向为主的社会批判作为马克思中晚期的一种批判方式,是通向人类解放道路的核心分析方式。马克思从应然到实然的批判价值取向的转变是马克思思想发展的必然走向,也是其人类解放思想实现的内在要求。缺乏以实然价值取向为主的社会批判的支撑和助推,马克思的人类解放也只能止步于抽象思辨式的人性复归,而非每个人的自由全面发展。以实然价值取向为主的社会批判之于马克思思想的建构,其意义十分重要且不容忽视。

第三节 从欧洲到全球解放视域的拓展

在马克思人类解放的内在逻辑之中,价值批判与社会批判、理论继承与革命建构等都是基于解放哲学而进行的理解和剖析。在这种理解和剖析中,马克思解放视域曾发生过重要变化——从欧洲范围到全球视域的拓展。早年马克思有着解放全人类的理想和追求,有着为全世界人们奉献不已的普罗米修斯精神,但是限于其所接触的文化以欧洲文化为主,其知识所能够触及的界限也只不过是在欧洲范围之内,还未能将思想的根基伸展至全球领地,但其精神境界已具有全人类性。随着后期对东方社会特别是对俄国、印度、中国等的了解和研究,对美国等国家的涉足,马克思开始实际地思索在全球范围内如何实现人类解放的问题,展现出马克思人类解放的全球视域。

一、解放规划的欧洲中心论是否成立

作为一种"解放"的规划,马克思的思想"究竟只是一种始终从属

于西方并因此必然被告别的西方想象，还是一种虽源自西方但代表历史方向的普遍话语？这是由今天的全球发展态势提出并在反西方中心主义话语中扩散的至关重要的意识形态难题"①。一直以来，关于马克思思想对世界各国的适用性问题，有学者确实持反对意见，认为马克思的思想只适用于欧洲，而非适应于全球，这就是所谓的"欧洲中心论"。

"欧洲中心论"的主要理由是：第一，马克思的思想主要来源于欧洲文化。传统教科书认为，马克思主义具有三大理论来源——德国古典哲学、英国古典政治经济学以及英法空想社会主义，这三大理论来源的地域分布，都集中于欧洲社会，特别是集中于西欧国家。马克思对其他思想的考察，如古希腊哲学、历史学等，也还是局限于欧洲范围之内，并没有突破这一地域界限。在马克思早年思想中找到大量诸如英国、德国、法国、欧洲等字样，也可以在马克思的自白和文本中轻松地找到其欧洲理论的来源以及对欧洲现实的批判，如《黑格尔法哲学批判》就是对黑格尔法哲学的声讨，等等。第二，马克思思想的现实根基在欧洲社会。马克思所论述的资本主义私有制、劳动异化、无产阶级的贫困等问题，都是立足于欧洲社会现实之上的阐发，早年马克思并没有看到东方社会的发展形态和现实状况，其思想的现实根基只扎根于欧洲社会，如《论犹太人问题》是基于德国犹太人问题所进行的运思，《1844年经济学哲学手稿》是对欧洲资本主义发展状况的深刻剖析。第三，马克思所倚仗的力量也主要是在欧洲出现的无产阶级。马克思所探讨的共产主义运动，是由无产阶级所带动和发展起来的，无产阶级之所以愿意并且能够发动革命运动，是因为欧洲的资本主义已经发展到其私有制开始阻碍生产力发展的地步，无产阶级也在这一历史过程中悄然成长，具备进行革命的主客观条件，而世界的其他区域，基本还没有完成向资本主义社会的转变，无产阶级都还处于弱势地位，不可能发动大规模的无产阶级革命，所以马克思设想的从资本主义跨越到共产主义的发展模式，仅仅对欧洲国家的发展具有普遍适用性。据此，有人强调马克思的思想在理论来源、现实根基以及倚靠力量等方面都局限于欧洲的历史和现实，是针对欧洲社会的实况而进行的逻辑展开和演

---

① 胡大平：《马克思对现代性想象的超越及其思想史效应》，《哲学研究》2013年第10期。

绎推理，从而得出结论：马克思对世界其他地区的人类生存状况显然不够了解，因而全人类解放无从谈起。

笔者认为，从马克思的思想发展和变化来看，"欧洲中心论"的概括是对马克思思想的误读。马克思解放视域在其一生中的任何阶段都不仅仅是圈定在欧洲范围之内。早年马克思在地域考察上确实更为偏向和侧重于欧洲社会，认为世界其他地域的情况应该和欧洲几无差别，这与他的知识结构、自身经历以及能够接触到的社会现实有重要关联，他无法对整个世界状况进行细致、全面的考究，但是我们不能由此否定马克思思想所蕴含的全球观念。其早期思想虽直指欧洲现实问题，但着眼点不仅限于欧洲，而是整个人类社会，是跨越阶级、跨越国界的全球性质的解放；追求的目标在于通过全世界无产阶级的联合，建立一个人人都能够获得自由而全面发展的共产主义社会。应该说，早期马克思在进行理论展开时的具体论证更侧重于欧洲，但其精神境界已具有全人类性。

中年马克思已经将其目光投射到东方社会，其解放视域向全球的转变已在文本中有所凸显。在《1857—1858 年经济学手稿》中，马克思就开始关注东方社会的问题，他认为雇佣劳动很有可能在东方社会的公有制体制崩溃后诞生①，马克思的判断表明，他对东方社会的公有制有了初步认识。而后俄国也逐渐进入到他的视野之中，1863 年受俄国占领的波兰地区的起义就已经得到马克思和恩格斯的关注，恩格斯曾写信告知马克思，"波兰的起义者似乎也没有取得成果。领袖们全部阵亡或者被俘后遭到枪杀"②。但是波兰的起义，并没有让马克思聚焦于俄国，直至 1870 年，马克思才对俄国的革命运动加以关注。在《马克思致路德维希·库格曼》的信件中，马克思对俄国的公社所有制给予了自己的评论，认为公社并非导致贫穷的根本性原因，与之相反，公社恰恰起到了积极的作用，将人们的贫困化逐渐减轻，并认为古代社会的公社根源于蒙古这一观点难以成立。③ 而在《马克思致劳拉·拉法格和保尔·拉法格》的信件中，马克思表示十分赞赏费列罗夫斯基的《俄国工人阶级状况》一书，并指出通过

---

① 参见《马克思恩格斯全集》第 30 卷，人民出版社 1995 年版，第 15 页。
② 《马克思恩格斯文集》第 10 卷，人民出版社 2009 年版，第 204 页。
③ 参见《马克思恩格斯文集》第 10 卷，人民出版社 2009 年版，第 320 页。

对该著作的深入研究和解读，他确信俄国必然将经历一次规模宏大的社会革命，而这种社会革命爆发的形式和程度则依旧会符合俄国自身发展的程度和水平。马克思将俄国与英国等同，认为它们是支撑整个欧洲社会体系的中坚，而其他地区和国家包括法国、德国等，都只不过是次要的地位和意义而已。① 可见，包括俄国在内的东方社会逐渐映入马克思的眼帘。

马克思晚年在《资本论》写作中，关于俄国社会发展道路问题的研究对欧洲视域的超越特别明显。这种超越主要表现在具有内在逻辑关联的两个方面：

一是马克思明确把《资本论》第1卷关于资本主义起源和发展的概述限定在西欧范围之内。民粹主义思想家米海洛夫斯基曾在俄国杂志《祖国纪事》1877年第10期发表论文，把马克思在《资本论》第1卷关于西欧资本主义起源与发展的历史过程歪曲为一般发展道路。马克思对此进行了澄清，认为米海洛夫斯基把关于西欧资本主义起源与发展的历史概述变成各国注定要走的一般发展道路的理论，"他这样做，会给我过多的荣誉，同时也会给我过多的侮辱"②。马克思对这一问题的坚定回答表明，《资本论》第1卷的论断和结论主要是依据欧洲社会尤其是西欧资本主义发展状况提出来的，不应将其对特定地域的研究状况泛化为俄国社会发展的一般道路。

二是马克思从"条件"出发分析俄国农村公社和俄国社会发展的前景问题。《资本论》第1卷关于资本主义起源和发展的概述虽未提供当时东方非资本主义国家发展道路的具体选择方案，但并不意味着西欧资本主义起源和发展与俄国农村公社和俄国的未来发展无关，并不意味着他关于资本主义发展与未来社会之间关系的基本观点不适用于俄国。马克思把西欧资本主义起源和发展问题与俄国的具体的历史环境相联系，得出"俄国革命将成为西方工人革命的信号而双方互相补充"等结论，他反对把资本主义视为一种地域性的存在或西欧社会的独特产物，强调当时的俄国如果要缩短向社会主义发展的历程，必须吸取"资本主义制度所创造的

---

① 参见《马克思恩格斯文集》第10卷，人民出版社2009年版，第325页。
② 《马克思恩格斯文集》第3卷，人民出版社2009年版，第466页。

一切积极的成果",必须要以西欧工人阶级的社会主义革命取得胜利为前提。显然,马克思在思维方式和话语系统意义上彻底拒斥了"欧洲中心论"。

马克思晚年对欧洲与整个东方社会的聚焦,进一步印证了马克思解放视野的全球性。马克思晚年的思想成果主要有四大笔记:《哥达纲领批判》《人类学笔记》《关于俄国发展道路笔记》以及《历史学笔记》。① 而其中《人类学笔记》是学界最为关注和重视的笔记。

《人类学笔记》撰写于 1879—1881 年,但其面世却是在几十年后,这其中经历了一番波折。《人类学笔记》共包括马克思的五部读书笔记。恩格斯在马克思逝世后,根据马克思对摩尔根的《古代社会》所作的笔记,撰写了《家庭、私有制和国家的起源》,但是对其他笔记并没有做整理工作,因此也无法及时将它们发表。虽然之后考茨基、伯恩斯坦等人对马克思的笔记有所关注,但他们的探究只是限于几个人的小圈子之间,并没有对外公布或发表相关作品。直至苏共中央马克思恩格斯研究院第一任院长梁赞诺夫受列宁指派前往德国收集马克思、恩格斯手稿,获得了晚年马克思的手稿复制本,马克思晚年笔记才得以从书斋中走出。然而由于梁赞诺夫认为马克思晚年笔记充满着"不可饶恕的学究气",以致晚年笔记在苏联并没有获得足够重视,其学术价值未能获得深入挖掘。20 世纪 70 年代,美国人类学家劳伦斯·克拉德经过对马克思晚年笔记的潜心研究,以《卡尔·马克思的民族学笔记》为名相继出版了马克思的《人类学笔记》,马克思晚年笔记才终于得以问世,并获得学界的注目与热捧。

马克思的《人类学笔记》自撰写完成以来,在经过将近百年后才得以呈现在世人面前。没能够及早发现马克思对东方社会人类解放困境的破解,或许也是"欧洲中心论"盛极一时的原因之一。在《人类学笔记》

---

① 马克思晚年的成果主要为四大笔记。(参见王东等:《〈资本论〉体系构想与马克思晚年笔记关系新探》,《马克思主义研究》1997 年第 2 期)有学者对《人类学笔记》这一书名提出质疑,认为这一书名不仅将马克思关于"人的科学"同现代意义上的"人类学"混为一谈,也忽略了对马克思理论革命性特征的关注,是对马克思晚年笔记的误读,并认为从马克思晚年笔记的内容、评注,以及和《历史学笔记》的比较阅读中所找到的理由,理应将马克思晚年笔记更名为《国家与文明起源笔记》。(参见王东等:《"人类学笔记",还是"国家与文明起源笔记"——为马克思晚年笔记正名》,《哲学研究》2004 年第 2 期)

中，马克思为了能够彻底掌握人类社会发展的规律，证明资本主义社会的历史暂时性，有意对东方社会的古代公社制度进行了详尽的考察，并得出结论：资本主义社会必将和历史上其他社会形态一样，具有历史暂时性。马克思在考察到东方社会遭受资本主义殖民压迫的惨状之后，开始思索东方社会的解放路径问题。对俄国的关注以及对其特定历史条件的剖析，使马克思认为俄国极有可能跨越资本主义"卡夫丁峡谷"，寻求一条直接踏进社会主义的道路，这使得那些受压制于殖民统治之下的东方社会看到了解放的曙光和希望。马克思晚年笔记显示马克思将其解放视域真正拓展至全球。

马克思从整个人类社会的发展规律出发，自始至终探究的都是人类每一个阶段的发展状况和突破，其精神境界是一以贯之的，所辐射的是整个人类社会的解放，而绝不仅仅是部分地区和部分人的解放；其理论视域实现了从欧洲到全球的拓展。从整体而言，马克思的解放哲学既有最为直接的现实根据，又有全球化的眼光和视野，它"反映了一个时代具有国际普遍性的问题和呼声"①。这正体现出作为伟大哲学家的马克思不拘泥于一时之历史、一隅之地域的广阔胸怀。

二、理论中断还是理论延续

马克思晚年笔记中所阐述的思想，表现出其解放视域从欧洲到东方社会侧重点的转移，凸显出马克思的全球视域和全球观念，从而驳斥了持马克思"欧洲中心论"的观点，有力证明马克思人类解放是真正意义上的全人类的解放。而随着马克思晚年笔记的问世以及学者对其进行的深入研究，如何看待马克思整个人类解放思想的脉络体系发展与衔接的问题便成为学界的热点问题。对该问题的阐发，学界主要有如下几种观点：

第一，中断论。中断论认为晚年马克思所关注的是人类学，是与其前期成果截然不同的一种研究取向，晚年马克思的思想与其早年思想相比而言是一个在新领域拓展的结果，而不是对其早年思想的延续发展。曾经特

---

① 杨学功：《马克思主义及其哲学的出场语境和理论形态》，《哲学研究》2013年第11期。

意去阿姆斯特丹对马克思晚年笔记加以潜心研究的美国著名学者诺曼·莱文就持此观点，他认为马克思在其晚年已经离开了经济学这一领域，离开了英国工业问题，也离开了在《资本论》中所探讨的19世纪的西欧世界。这一观点将马克思早年思想与晚年思想相互割裂。美国学者唐纳德·凯利也同样秉持"中断论"的观点，认定马克思在其一生中最后十年左右的时间里，认识到自己研究的两大盲区——前资本主义社会及东方社会，开始产生了"去西方化"的倾向，强化了对"前西方"和"超西方"的各种社会制度的兴趣，并把注意力从原先的政治经济学转移到了对古代社会和俄国发展道路方面，并作为自己的一种重大计划；认为马克思正是基于这种兴趣或计划，才没有能够或许从未打算完成《资本论》的全部写作，晚年马克思的思想不仅与其早年思想断裂，更与其《资本论》所阐发的思想相断裂。① 中断论的观点似乎忽视了马克思晚年笔记与《资本论》的衔接问题，相对缺乏对马克思撰写晚年笔记动机和历史情境的挖掘。

第二，复归论。复归论的着眼点在于马克思晚年笔记中关于人类学方面的阐述，并将之与马克思在《1844年经济学哲学手稿》中所展现的人本主义相联系，认为其晚年的人类学思想完全是对人本主义思想的重拾，是一种思想上的折返。最早将马克思晚年笔记真正公布于世的劳伦斯·克拉德曾表达了这一倾向。例如，他在《作为民族学家的马克思》《马克思著作中的民族学和人类学》《卡尔·马克思的民族学笔记》和《亚细亚生产方式》等多部著作中，都明确坚持复归论的观点。他认为马克思晚年从《资本论》的撰写工作转向研究人类学，其实是在更厚实和坚固的前提与积淀之上重回到早期受费尔巴哈思想影响的哲学人类学或人本学。他把马克思一生的哲学探索及其演变历程直接概括和归纳为从早年的哲学人类学到晚年的经验人类学的演绎。坚持复归论观点的并不仅仅有劳伦斯·克拉德，如他的弟子西里尔·勒维特，就对劳伦斯·克拉德的观点作了肯定性解读，认为马克思晚年《人类学笔记》是对其早年哲学人类学的重

---

① 参见王东等：《〈资本论〉体系构想与马克思晚年笔记关系新探》，《马克思主义研究》1997年第2期。

大突破和发展。① 复归论可能较多地关注于《人类学笔记》的研究，而没有将研究视域拓宽至《历史学笔记》等其他几大笔记，观点难免偏颇。

第三，困惑论。困惑论主要是基于马克思所处的历史境遇及其革命运动的现实状况等所得出的结论，认为晚年马克思在亲眼目睹资本主义日渐发展和强盛，而无产阶级革命却逐渐走向衰弱之后，不免开始对自己之前的革命预测及形势发展持怀疑态度，甚至逐渐困惑其理论的现实指导意义和科学性等。在现实与理论的巨大差距之间，马克思晚年只能沉浸在这一困惑之中而难以自拔，为了极力摆脱困惑，他"转而去从事陌生的东方社会和人类学研究"②。困惑论对马克思关于无产阶级革命思想的理解可能出现了某种偏差。虽然巴黎公社失败之后，无产阶级革命确实逐渐走下坡路，但是马克思从未放弃过无产阶级，也没有放弃无产阶级革命的道路。马克思在巴黎公社失败后认为，"成立国际是为了用工人阶级的真正的战斗组织来代替那些社会主义的或半社会主义的宗派"③。马克思认为，巴黎公社的失败是无产阶级自身不成熟的结果，并不代表无产阶级革命道路是条死胡同，因此马克思依然充分保留着对无产阶级革命的希望。

第四，整体论。持整体论观点的学者将马克思晚年笔记中的思想理解为对早期思想的延续和发展的结晶，认为马克思晚年笔记所呈现出的思想与早期思想具有一致性，是一种延续性发展的关系，这种观点无疑是对晚年笔记的认可与肯定。有学者将晚年马克思分布在各个笔记中的观点，与《资本论》中所涉及的思想进行对接，认为这些笔记各自研究的侧重点存在差异，但写作动因和思想主题具有共性，"都和《资本论》体系构想的后半部分息息相关，紧紧相连，是《资本论》完整的科学理论体系的有机组成部分"④。也有学者认为马克思晚年笔记是其唯物史观持续发展的观点，"进一步发展唯物史观，才是马克思晚年走向社会人类学研究的理

---

① 参见江丹林：《西方关于马克思晚年"人类学笔记"主要观点探析》，《北京大学学报》1990年第1期。
② 张奎良：《马克思晚年的困惑》，《光明日报》1989年5月29日。
③ 《马克思恩格斯文集》第10卷，人民出版社2009年版，第367页。
④ 王东等：《〈资本论〉体系构想与马克思晚年笔记关系新探》，《马克思主义研究》1997年第2期。

论动机"①。

笔者认为，整体论观点更加契合马克思晚年笔记的内容及其撰写动机，是对马克思晚年笔记较为合理的解释。一种新思想的涌现是不断成熟和发展的过程，也是不断突破自我而创新的连续性与非连续性相统一的过程，我们不能只注意非连续性而忽略连续性，割裂看待马克思早期、中期、晚期的思想，都是主观地割裂了马克思学说的历史性。马克思曾指出，"不论我的著作有什么缺点，它们却有一个长处，即它们是一个艺术的整体"②。将马克思早期、中期、晚期思想视为一个整体加以考察与研究，更符合马克思的本意，更贴近马克思的思想始端。而对马克思晚年笔记中所呈现的有别于其早期主流思想的问题，笔者认为这不能归咎于研究内容和方向的转移，而只是马克思在解释框架上的一种区别与侧重。

在马克思整个思想体系中，内含三个基本的诠释框架，即社会构成框架、历史解释框架、阶级分层框架。社会构成框架主要是以经典唯物主义为表述形式的社会构成理论，主要包括人类社会历史演进规律、人类社会发展和变革内在动力、社会经济形态演进模式等研究；历史解释框架是对人的两种"方式"，即"人的生产方式"和"人的存在方式"的历史解释，即从对历史的解释中得出人的两方面规定；阶级分层框架主要指的是马克思将阶级分层作为一种社会分析的重要方法论原则，即建立一种根据人们在社会生产体系中的地位和作用来对其在社会阶级结构中的位置进行排列的方法原则，其具有革命性和批判性的本质特征。社会构成框架在其早期和晚期使用得较为频繁一些，但是早期使用的时候，是较为模糊的，到了晚期再使用的时候，由于阶级分层的框架已经非常成熟，所以思想也就比较清晰和具体。可以说晚期使用社会构成框架时，已经包含了阶级分层框架下所取得的全部思想成果。历史解释框架在马克思晚年笔记中同样有所体现，其对古代社会人类生产方式、生存状况及其发展的阐述，便是将人类社会放置于历史的框架之中加以诠释。阶级分层框架虽在晚年笔记中较少体现，但对阶级分层问题的澄清已经隐藏于对其他问题的阐释之

---

① 江丹林：《马克思晚年为什么研究社会人类学》，《学术月刊》1988年第3期。
② 《马克思恩格斯文集》第10卷，人民出版社2009年版，第231页。

中，成为一种前提性的存在。理解马克思的思想需要在他的叙述中去考察其概念使用以及所要解决的问题是在哪个框架下进行的。① 总之，马克思的思想在整体上具有一致性，都是以对人类的生存境遇的终极关怀为主线，其晚年笔记中的理论是其早期思想的延续。

三、何种意义的拓展及其根源

人类解放是马克思的根本旨趣，是贯穿其一生的终极理想。对于全人类的解放，对于"自由人联合体"美好愿望的实现，是马克思持之以恒的追求。由于受到所处社会历史环境的外在影响，以及自身审视人类境遇的内在局限，马克思在早期对人类解放问题只能够诉诸欧洲的无产阶级革命，期望作为资本主义发展最早、无产阶级成长最为成熟的欧洲能够首先实现解放，从而带动全人类的解放。但欧洲革命运动的现实并没有按照马克思原有的设计思路进行，尤其是资本主义殖民侵略在全世界范围内的扩张，使马克思意识到必须关注全球范围内的革命斗争。马克思在晚年将东方社会，尤其是俄国、印度、中国等具有代表性的国家纳入其视野范围之内，着手研究和洞察非欧洲国家人民解放的可能性。马克思一生思想所蕴含的全球性与人类性，充分表达了马克思解放哲学在宏观意义上的连贯性和延续性，在具体的问题域上实现了从欧洲到全球地域的拓展。

马克思为什么会在晚年出现如此变化，或者说这一变化的根源究竟是什么？它到底是历史的必然还是历史的偶然？笔者认为，关于这些问题的解答必须从马克思对所处时代无产阶级地位和私有制状况的揭示中寻找答案。

第一，欧洲社会的革命形势迫使马克思在全球其他地域寻找新的革命火种与解放的突破点。《共产党宣言》的发表对欧洲的无产阶级革命运动起到了一定作用，让无产阶级开始意识到要跨越国家、民族界限进行无产者联合的必要，因为资本主义世界市场的殖民扩张和迅猛发展，使全世界

---

① 参见刘同舫：《马克思学说中的哲学与马克思学说的解释框架》，《社会科学辑刊》2011年第1期。

劳动人民都遭受着资本主义带来的迫害。随着资本主义压迫的加强，无产阶级及其他被压迫人民所进行的反抗斗争也持续强化，尤其当资本主义打通了世界各国的通道之后，全世界的受压迫人民更加意识到资本主义是他们共同的斗争对象，全世界无产者联合起来也成为必然。正是在这一大形势之下，第一国际成立并带领无产阶级进行了跨国家的世界性抗争。第一国际在马克思和恩格斯的领导下，一度将革命运动推向高潮。然而，无产阶级革命运动的热潮并没有持续太长时间，资本主义在拓宽世界市场的过程中获得的迅猛发展以及无产阶级自身存在的问题，使得第一国际所进行的革命运动在后期显得越来越举步维艰，尤其是1871年巴黎公社的失败，更是对无产阶级革命运动的重击。虽然马克思对巴黎公社给予了相当的赞赏，声称"历史上还没有过这种英勇奋斗的范例"①，但是巴黎公社的失败实际上成为无产阶级革命运动的重大转折点。自巴黎公社失败之后，欧洲的无产阶级革命运动便逐渐走向衰弱，一时难有重新回归革命高潮的转机，而与此形成鲜明对比的则是资本主义的持续高速发展和不断强大。从历史上看，在巴黎公社失败后的连续30年间，资本主义迎来了黄金发展的时期，其殖民版图不断扩大，国际资源不断聚集于资产阶级手中，世界市场也陷于资本主义的控制之下，以致欧洲的无产阶级要再次发动像第一国际时期的革命运动已经显得有些捉襟见肘、力不从心。马克思作为无产阶级革命运动的实践者和参与者，自然也能够体悟到历史潮流的转向。他认识到欧洲作为资产阶级的主场，已难以爆发有威胁和冲击力的革命运动，必须寻求欧洲之外的革命爆发点，希望能够以此持续革命的热度，坚持人类解放的推进。而东方社会，尤其是俄国便自然而然地进入到马克思的考察范围与视野之中。可见，革命形势的发展，是马克思解放视域转向的现实原因。

第二，东方社会在资本主义国家的殖民入侵的条件下，展现出了强大的生命力。马克思在《柯瓦列夫斯基〈公社土地占有制〉一书摘要》中曾揭露了资本主义国家对东方社会的殖民侵略。但马克思在看待这种侵略时，明显地坚持了其辩证分析的方法论。马克思既对殖民侵略予以无情揭

---

① 《马克思恩格斯文集》第10卷，人民出版社2009年版，第353页。

露和批判，认为殖民地的贫困和衰落都是这些外来殖民者带来的直接影响，当地的人们也由此遭受了无可挽回的沉重伤害，马克思称之为"罪人"，又认为正是资本主义经济和政治的侵入，使东方社会开始了一场社会革命。他声称资本主义对殖民地的人们带来了痛苦，但同样为当地带来了一场社会革命，资本主义在客观上推动了地区觉醒，成为发展的"历史的不自觉的工具"①。同时，马克思通过对俄国的分析与探究，发现了其在特定历史条件下所展现出来的强大生命力：马克思在俄国找到了其农村公社具有二重性的证据，即它原本所具有的公有制经济体制使整个公社组织处于相对稳定的结构和状态，而部分财产的私有化，例如耕田、产品等，又使蕴藏于公有制内部的个性得到认可和发展。正是俄国农村公社所具有的这种二重性使俄国具有特殊的境遇，即私有制的一面使得俄国能够融入并吸收资本主义的生产方式，并在资本主义生产方式中获得发展，而公有制的一面则为其实现社会主义转变和过渡提供一定基础。同时，随着资本主义的持续发展以及殖民扩张，资本主义的先进技术、先进生产方式等都被带入到被殖民国家之中。而俄国作为当时时代的参与者，完全可以借用资本主义的已有成就，并使之转化为自己发展的基础和工具。② 马克思开始对欧洲之外的其他国家进入共产主义社会进行尝试和努力。

第三，为驳斥美化资本主义私有制的言论，论证资本主义私有制的历史暂时性，马克思开始了对东方社会，特别是东方社会的古代社会的研究。在巴黎公社之后，资产阶级在自身获得快速发展的同时，也向无产阶级鼓吹和美化资本主义私有制，以消磨无产阶级的革命斗志，使他们认可资本主义的价值观与生产关系。他们不断宣扬资本主义经济原则永恒存在，认为私有制从人类诞生之日起就已经存在，等等。马克思对这些观点予以坚决批驳，他在早年已经对资本主义的历史暂时性予以了论证，并依次推演，认为之前的人类社会都是遵循这一规律发展而来的。这便是马克思在研究人类社会发展问题上所采用的"人体解剖对于猴体解剖是一把

---

① 《马克思恩格斯文集》第 2 卷，人民出版社 2009 年版，第 682–683 页。
② 参见刘明如：《〈人类学笔记〉在马克思思想发展史中的重要地位》，《天津社会科学》1990 年第 2 期。

钥匙"① 的"向后回溯"的考察方法。但人体解剖只能够作为钥匙而存在，不能够完全替代对猴体本身的解剖。马克思需要从人类社会的"原生形态"入手，并挖掘在"原生形态"中公有制是如何转为私有制的。早在撰写《德意志意识形态》时，马克思就开始对"原生形态"进行探讨，并将之确定为部落所有制，但其奴隶制的内在本性决定了部落所有制不可能是作为无阶级存在的"原生形态"。而后马克思还探讨以"亚细亚生产方式"取代部落所有制作为"原生形态"，但都遭到了其自身的反驳。马克思对该问题的探索曾一度陷入困境。摩尔根《古代社会》一书的问世，使马克思豁然开朗。他坚信摩尔根找到了古代氏族社会的实质及其对部落的影响，并充分肯定摩尔根的这一发现揭示了古代氏族社会内部结构的一般方式。也正是在《路易斯·亨·摩尔根〈古代社会〉一书摘要》中，马克思剖析了原始社会的生产结构，确信氏族公社才是原始社会的本质特征，而之后的部落、农村公社只不过是由"原生形态"演化而来的。马克思终于发现了原始社会也存在从公有制转向私有制的历史，从而为其批驳资本主义私有制"自古有之"提供了强有力的证据。② 在这一寻找证据的过程中，马克思将目光投射到了东方社会，将解放视域拓展到了全球范围。

第四，资本主义世界市场的形成和发展促使马克思拓展自身的理论视域，将全球、全人类作为其解放哲学的研究视野。马克思曾对于《资本论》的总体结构反复推敲，他高度关注"世界市场"，把"世界市场"作为《资本论》体系构想的逻辑归宿。这其中主要有两方面原因：资本主义的内在本性决定了资本主义的发展必然会促使"资产阶级社会越出国家的界限"③，构建其跨越地区界限的世界市场；世界市场是资本主义生产方式的前提、基础和生活条件。依赖于世界市场，资本主义生产方式才能够得以产生，资本主义经济关系才能够得以存在和发展。对马克思而

---

① 《马克思恩格斯文集》第 8 卷，人民出版社 2009 年版，第 29 页。
② 参见江丹林：《马克思晚年为什么研究社会人类学》，《学术月刊》1988 年第 3 期；刘明如：《〈人类学笔记〉在马克思思想发展史中的重要地位》，《天津社会科学》1990 年第 2 期；王东等：《〈资本论〉体系构想与马克思晚年笔记关系新探》，《马克思主义研究》1997 年第 2 期。
③ 《马克思恩格斯全集》第 33 卷，人民出版社 1995 年版，第 221 页。

言，资本主义在世界市场上的危机爆发，为他揭示资本主义社会的弊端、阐发其历史暂时性提供了条件。在《资本论》中马克思就已经明显地将世界市场和全球性作为其研究范围。马克思晚年笔记延续和发展了《资本论》的思维理路，将世界市场纳入思考的对象，将全人类作为自身哲学的考察视域。

马克思晚年思想在马克思人类解放思想系统中占有重要位置，虽然在晚年他并没有对人类解放问题进行直接阐述，其思想深处却无不渗透着强烈的解放气息，这与马克思毕生专注于无产阶级革命运动的发展、共产主义社会的构建、人类解放事业的实现息息相关。如果用一个词语对马克思毕生思想进行归纳和总结的话，"人类解放"必然是唯一的而且是最好的答案。

第四章 确立：马克思人类解放思想的全面论证

马克思主义理论及其理论核心——人类解放思想，在当今全球化社会面临着不同方面的质疑与挑战。在如此情势下，廓清笼罩在马克思主义理论周围的迷雾，澄明马克思主义理论特别是人类解放思想，就是一件关乎马克思学说历史命运的头等大事。理论工作者必须解决的问题是：弄清马克思如何从人类解放思想的不同角度、不同层面进行的全面论证，包括必要性论证、可能性论证、阶段性论证以及整体性论证，从而揭示马克思人类解放思想的科学性，这样才有可能回应当今的各种质疑和挑战。

第一节 人类解放的必要性论证

"人的问题是一个常新的问题。只要生活在前进，思维在运转，这个问题就不可避免地和经常地提到人们面前，迫切地要求予以思考和回答。"[1] 作为对现代性和资本逻辑的反思者和批判者，马克思对人类生存处境深度忧虑与关注，认为人类必须实现对自然、社会与自身限度的超越，从而实现人类解放。其关于人类解放必要性论证的着眼点是，人在现代性和资本逻辑的支配下陷入物化的命运，具体表现为人类面临的三重困

---

[1] [苏]鲍·季·格里戈里扬：《关于人的本质的哲学》，汤侠声译，生活·读书·新知三联书店1984年版，第3页。

境：人与自然之间由于价值对立和分离导致了在物质变换过程中的断裂；人在物化、对抗性社会关系中丧失了现实生活的丰富内容；人的身体被资本"遮蔽"进而分化为工具性的身体和欲望性的身体。马克思并没有停留在对这些问题的"外部"揭示上，而是以个体的人及其存在为对象，追问人的存在之根，自觉地"为生民立命"，把现代人在生存和物质生活上所遭受的磨难作为现实背景，在透彻把握资本统治根本性质的基础上，把资本主义制度当作批判的对象，力求为全人类解放提出可行方案。人类要不断地消灭现存问题，根除在发展过程中遭遇的顽疾，就必须颠覆对人类本能的压抑，消解人的异化，拯救人的"存在"，实现自身全面自由的发展。马克思对人类生存境遇认识得越深刻，就越感觉到解放的必要性与紧迫性。

一、人与自然：从"主奴对抗"达至"本质统一"

人与自然的关系及其优劣性是人类文明进步程度的标志之一，在马克思人类解放思想中占有不可忽视的地位。① 马克思从人与自然关系需要的角度来谈论解放，主要涉及两个彼此相融的方面：必须将作为劳动力的人"解放"出来；必须将作为劳动对象的自然"解放"出来。从历史的角度来审视人与自然关系的变迁，两者在不同历史时期表现程度存在差异，其差异大致可划分为：人对自然动物式的受动（需要从自然中解放人）——人对自然的征服与控制（需要从人中解放自然）——人与自然的本质统一（人与自然关系的理想状态）三个层面。自资本主义制度确立以来，人与自然的关系就处于第二个层面，随着科学技术的发展，人与自然的关系较之前社会的形态发生了质的改变，人类不再屈从于自然，转

---

① 近年来，人和自然的关系成为全球关注的焦点和探讨的主流话语，并引发了重读马克思自然观的热潮。目前，学界对马克思的自然观与人类解放的关系进行了双重研究。其一，从现代性的角度来讲，人类受到了来源于自然的压迫与威胁，必须发展科学技术，提高利用自然、改造自然的能力和水平，以实现人类解放。其二，从后现代性的角度来讲，科学技术破坏了自然的和谐一致，遮蔽了人的主体地位，必须把技术控制在一定限度，才能实现人类解放。上述两种观点在马克思的文本中都能找到各自的依据，但这并不表明马克思的观点自相矛盾，它要求我们在不同的话语环境中考察马克思的具体论断。

而成为自然的"主人",而社会又产生了新的矛盾:人与自然在物质变换过程中由于价值对立和分离产生了新的裂缝,这一裂缝使人类陷入严重的环境污染、生态平衡失调、能源危机之中。因此,必须修补人与自然之间的裂缝,合理调节物质变换,人类才能"诗意地栖居"在自己生存的地球家园上,实现人与人、人与自然的真正和解。

在资本主义之前的时代,人作为劳动力没有"解放"出来。人们改造自然的能力非常有限,在自然面前处于极其孱弱的地位,各种自然危机威胁着人类的生存环境以及人类自身。马克思曾指出:"自然界起初是作为一种完全异己的、有无限威力的和不可制服的力量与人们对立的,人们同自然界的关系完全像动物同自然界的关系一样,人们就像牲畜一样慑服于自然界,因而,这是对自然界的一种纯粹动物式的意识(自然宗教)。"① 在生产力和技术水平极端落后的情况下,人类慑服于自然,对其怀有深深的敬畏与恐惧,人的本质力量得不到展现,像动物一样受恶劣的自然条件的控制与摆布,因而处于萎缩状态。

到了资本主义时代,随着第一、第二次工业革命的爆发,人类进入蒸汽时代、电气时代。先进的技术实践为"自然解蔽"和"生命祛魅"打开了现实之路,人类改造自然的技术摆脱了不可计算、不可测量的力量,对神秘力量的存在有了较为理性的判断,对神秘力量的破解方式也不再诉诸神学手段和宗教方法。"现代自然科学和现代工业一起对整个自然界进行了革命改造,结束了人们对自然界的幼稚态度以及其他幼稚行为。"② 人类凭借技术赋予的强大力量,在自然面前确证了自己的主体或主人地位。"只有在资本主义制度下自然界才真正是人的对象,真正是有用物;它不再被认为是自为的力量;而对自然界的独立规律的理论认识本身不过表现为狡猾,其目的是使自然界(不管是作为消费品,还是作为生产资料)服从于人的需要。"③ 工业社会克服了农业社会的诸多局限,所创造的物质文明使得人的本质力量获得全面释放,人类享受着由于改造自然实践水平的提高而带来的福祉,陶醉于对大自然所取得的胜利中。

---

① 《马克思恩格斯文集》第1卷,人民出版社2009年版,第534页。
② 《马克思恩格斯全集》第10卷,人民出版社1998年版,第254页。
③ 《马克思恩格斯文集》第8卷,人民出版社2009年版,第90页。

然而，不可忽视的是自然作为劳动对象没有被"解放"出来。在社会发展到资本主义阶段，出现了发展的悖论和矛盾：一方面，人类在自然面前确立了自身的主体或主人地位，成为与自然相互对立的能动性极强的存在物；另一方面，由于对自然的过度掠夺，造成了生态破坏、环境污染等诸多问题。马克思敏锐地发现了隐藏在人与自然关系的全面异化乃至全面对抗背后的深层逻辑，即人"对自然的支配"建立在资本"对人的支配"之上，环境危机的本质是资本主义制度危机，根源就在于资本主义制度。《资本论》作为马克思经济学研究的代表性著作，详尽论述了资本主义生产方式带给自然环境、人类生产、生活环境的恶劣影响和灾难性后果。马克思深刻地指出，"作为资本家，他只是人格化的资本。他的灵魂就是资本的灵魂"①。资本的本性或资本的生命力在于无节制地追求自身利益最大化，"生产剩余价值或赚钱"，这是一条铁的事实和绝对规律。自然界成为一种被剥夺有用性的对象，人与自然的关系被实用化。资本的逐利本性损害了人的"神经"与智慧，加强了对自然的宰制与盘剥，导致了资本主义生产的盲目性和无度性，带来了生态系统的破坏和环境的恶化。人与自然的关系不仅没有达到和谐，反而变成全面对立的状态。

特别值得指出的是，马克思将人与自然之间的冲突更多地归结为资本主义制度，而人类改造自然的过程中逐渐凸显出来的技术异化现象，既未在马克思文本中系统论及，也不是马克思所身处的时代关注的焦点问题。随着工业文明的推进，技术对自然和人的影响与日俱增，甚至直接影响或改变人们的生活环境、生产状况和意识形态。技术、人、自然在当代社会已经不是彼此分离的三个元素，各自的意义只有在相互关联性理解中才能得到阐释。笔者将马克思身后的学者对技术异化（技术异化涵盖多个方面，本文仅从人与自然关系的角度谈论）这一现实问题的研究和探讨，视为在马克思人类解放视域中对人与自然关系问题的演进和拓展。

反思现代社会人与自然关系出现的全新状况已经成为理论工作者应担负的一项重要社会职责，马克思身后的学者们试图沿着将自然环境从不利的技术干扰中解放出来的进路继续进行深入、广泛的研究。国内学者已经

---

① 《马克思恩格斯文集》第 5 卷，人民出版社 2009 年版，第 269 页。

意识到技术异化带给人与自然关系紧张的负面效应，认为人类创造了先进的技术，征服自然与改造自然的能力大大增强，但也受到技术的严格控制。在技术、人、自然三者的关系中，技术不仅控制了自然，使自然物处处打上技术的烙印，成为"人化自然"，而且在一定意义上以"超人"的面目极度扩张，在与人、自然的关系中由服从性地位一跃而成为控制性力量，技术的"人性化效应"演变为"非人性效应"[①]，技术的发展过程与生态环境的破坏过程呈正相关。技术既是"天使"也是"魔鬼"：人们在享受技术带来的福音的同时，也饱受技术异化使人和自然紧张关系所造成的苦果。外国学者如海德格尔、霍克海默、马尔库塞等人，也对现代社会中人与自然的关系给予了高度关注。海德格尔曾指出，技术不仅使自然变得"不自然"，而且取缔了人与自然原先亲近的、丰富的关系，代之以简单化、机械化的操作流程。[②] 他对在技术世界中如何保护自然及正确看待人的理性、人的本质等问题进行了深入思考。霍克海默认为，随着技术支配自然力量的增长，技术支配人的力量也在同步增长。[③] "技术支配"无疑是指技术改变了自然有机系统和人类的生存方式，使人与自然的关系无法达到和谐。马尔库塞对这一观点深表赞同，他尖锐地指出，不尊重、不爱护自然的技术滥用"较之奴役和监禁好不了多少"，自然仅仅是"用于加工制造的原料，是物质，是加强对人和物的剥削性管理的原料"[④]。技术的扩张使人在一定程度上凌驾于自然之上，并能随心所欲地塑造自然，但现实生活中的大气污染、水污染、噪声污染等无不告诉我们：人对于自身的基本理解不应该也不能够囿于如何改造自然、超越自然，而必须思考如何与自然融为一体，否则人和自然之间的关系会越来越疏远。学者们关于技术异化的思想无疑从一个新的、当前发生学的角度揭示了人与自然之

---

① 参见刘同舫：《技术的边界与人的底线——技术化生存的人学反思》，《自然辩证法通讯》2004年第3期。
② 参见［德］马丁·海德格尔：《林中路》，孙周兴译，上海译文出版社1997年版，第299页。
③ 参见［德］马克斯·霍克海默等：《启蒙辩证法：哲学片断》，渠敬东等译，上海人民出版社2003年版，第31页。
④ ［美］赫伯特·马尔库塞：《工业社会与新左派》，任立编译，商务印书馆1982年版，第129页。

间的尖锐矛盾,但对技术异化的批判方式与实现方式也只有在变革社会制度的框架下才能完成,事实上,它们并没有超越马克思对资本主义的制度批判理论。

马克思冲破了传统人与自然"主—奴"关系的困厄,认为人与自然在本质上是融为一体的,人的解放与自然的解放具有同一性。人与自然之间的物质变换是人类生存和发展的基础,但是,自然在向人的需要生成过程中会出现否定的结果,即自然的"异化"或"非人性化",因而,我们必须不断消除异化,实现人的自由解放——人从内在自然和外在自然的束缚中获得解放。在自然界与人类发展的变奏曲中,不仅包含如何使自然成为人类的"创造性基础",而且包含如何使人自身成为"合乎人类性的存在",人类要从"必然王国"迈向"自由王国"就必须认识支配物质世界的规律,在纷繁复杂的历史进程中逐步超越自然的因果必然性,将作为劳动对象的自然解放出来,将作为劳动力的个人解放出来。

二、社会关系:由"外在于人"转向"服务于人"

社会关系是马克思人类解放思想的基本范畴之一。在马克思看来,人是自然性和社会性的统一,离开自然性的人是一种幽灵形式的存在,离开社会性的人是一种抽象形式的存在。人的各种社会关系的总和从根本性意义上决定了人的本质,构成了人类的具体生活境遇,并实际决定着一个人能够发展到什么程度。资本主义社会制度的渗透,使人与人之间的关系转化为物与物之间的关系,使所有社会关系全面物化,这种物化关系具有独立于人之外的特性,但又支配着人、统治着人。人类必须克服这种反主体性、异己性的社会关系,实现自身的解放,把"人的世界和人的关系还给人自己"。

人既是主体也是对象:作为主体的人,承担和创造着社会关系;作为对象的人,被社会关系所规定和制约。但是,社会关系不是凝固不变的"结晶体",在不同历史时期具有不同社会关系。要了解人的发展状况必须弄清社会关系的历史演变。社会关系的历史演变与社会形态的变化具有一致性,我们可依据马克思的"三大形态"理论将社会关系分为大致相同的三个阶段：人对"人的依赖"阶段、人对"物的依赖"阶段以及人的"自由个性"全面发展阶段。

首先，人对"人的依赖"是纯粹自发的社会关系，是社会发展的最初历史形态阶段，包括封建社会在内的前资本主义社会都属于这一时期。在这个阶段，人们的物质生产、精神生产都建立在天然的自然条件之上，并与天然的自然条件具有依赖性关联：人们对自然界的理解是狭隘的，因而他们的社会关系也是狭隘的。这种狭隘关系主要以自然的血缘关系为纽带，人们以血缘关系结为一定的共同体即家庭，从事劳动和生产，并开展有限度的交往活动，"家庭起初是唯一的社会关系"①。人既完全受制于自然，也完全受制于社会，人只能依赖于人，靠集体的力量而存在。这种客观的历史局限使人与人之间具有明显的依附关系，从而严重地束缚了人的发展。

其次，"以物的依赖性为基础的人的独立性"是第二大社会形态即资本主义社会所表现出来的社会关系特征。这一阶段，社会关系最准确、简洁的表达就是"独立—依赖"。这种社会关系以抽象劳动为基础，抽象劳动所表现出的"抽象物"导致了人的个性的"独立—依赖"双重性品格。

一方面，资本主义生产关系从本质上突破了第一大社会形态中人们关系的狭隘性，创造了一个新的世界文明形态，这种新的生产方式相对封建社会关系而言带来了物质财富的巨大增长，以物为基础的人的独立性也得到提升和进化。产品的社会生产和价值的普遍交换（物质的生产、交换和精神的生产、交换）成为每个人的生存条件，而为了获得和扩张这一生存条件，每个人必须在世界市场上同其他一切人发生实际关系，这种扩大化的社会关系在一定程度上克服了人们在之前社会形态中所固有的片面性和有限性，使人们能够利用全人类生产的一切积极成果，生产出多样性、普遍性和全面性的个人需要、个人关系和个人能力，有效地整合、放大和提升了人的社会性力量，显著增强了人的独立性。

另一方面，人与人之间的社会关系演变成一种以货币为核心纽带的"物化"关系。资本主义市场经济所创造的"普遍有用的体系"，使人与

---

① 《马克思恩格斯文集》第1卷，人民出版社2009年版，第523页。

人的关系表现为物与物的关系。人的本质——由劳动实践所创造的真正社会关系,通过物来表现或表现为物的关系,"人类主体自己创造的经济力量,颠倒地成为奴役和统治人的主导性的非主体的客观外部力量"①。马克思指出:"活动和产品的普遍交换已成为每一单个人的生存条件,这种普遍交换,他们的相互联系,表现为对他们本身来说是异己的、独立的东西,表现为一种物。在交换价值上,人的社会关系转化为物的社会关系;人的能力转化为物的能力。"② 抽象和同质性的商品、货币、资本等物的形式成为表现人的一切个性和一切作为人的关系的唯一。马克思认为,商品交换者在资本市场中交换的商品具有等值性,但这种等值是从商品的具体使用价值中抽象出来的,因而,交换者之间的关系表面上看来是自由的,实际上是价值在货币的符号形式上的化身,即抽象的量的关系,抽象的关系代替了人与人之间丰富的、真实的关系。人被自己创造的社会关系"抽象统治",这种"抽象统治"在现实中表现为资本家和工人双方围绕着工资而展开斗争的对抗性社会关系。资本主义社会的存在逻辑不是凝聚,而是冲突,它把社会关系腐蚀成为一种完全异己的力量,从而造成一种"弗兰肯斯坦"式的悲剧。总之,这一阶段,资本成为统治社会关系的中心,个人未真正占有社会关系而被社会关系单方面决定为"社会关系的总和","各个人联合而成的虚假的共同体,总是相对于各个人而独立的"③,人的存在与类的特征已经分裂。

最后,人的"自由个性"全面发展阶段是社会关系发展的最高阶段。人类解放就其实质而言,体现在社会关系的历史发展和转换的高层度上。"个人的全面性不是想象的或设想的全面性,而是他的现实联系和观念联系的全面性。"④ 资本主义社会一方面破除了封建制度中那种人与人之间的依附关系,这对个性解放和人的自由来说是一大进步;另一方面,资本主义制度使人的自由个性被物和金钱所掩埋。资本主义社会不是人类的理

---

① 刘士才等:《马克思和海德格尔的物化批判理论之比较》,《马克思主义与现实》2013年第2期。
② 《马克思恩格斯文集》第8卷,人民出版社2009年版,第51页。
③ 《马克思恩格斯文集》第1卷,人民出版社2009年版,第571页。
④ 《马克思恩格斯文集》第8卷,人民出版社2009年版,第172页。

想状态,必须消灭资本主义不合理的社会关系的束缚,超越资本主义的物役性,能动地改造社会,构建崭新的社会秩序。"全面发展的个人——他们的社会关系作为他们自己的共同的关系,也是服从于他们自己的共同的控制的——不是自然的产物,而是历史的产物。"① 个人全面发展的阶段,个人的活动具有充分的自主性特征,个人在与他人、社会的具体丰富性联系中,确证人的本质,实现人的主体性。社会关系被全体社会成员所掌握,不再是作为异己的力量而存在,而是转向服务于人,服务于实现人的自由全面发展。

人是具有可塑性、开放性的存在物,这种可塑性、开放性离不开一定的社会关系,对社会关系的充分理解,就是对人的发展程度的认识。马克思对现代资本主义及其之前社会形态中"外在于人"的社会关系的揭示,对未来社会人与人之间关系的畅想,是他克服自己早期理想浪漫主义观的思想武器,这种论证旨在说明资本主义社会关系必然替代之前的原生和次生社会关系,而资本主义社会关系本身存在的反主体性又决定了它的历史暂时性和历史过渡性。无产阶级则必须树立变革、推翻资本主义社会关系的自觉性和主体性,实现自身的解放。"马克思以自己终生开创的学术传统,深刻揭示了资本主义现实存在的社会关系基础及其制度性质,使无产阶级真正认识到自己所处历史地位的所有制根源,指明了实现人类解放的社会历史条件和现实路径,从而彻底从思辨哲学转向实践哲学,从解释世界的哲学转向改变世界的哲学。"② 随着人类实践的发展,真正的服务于人的社会关系必然取代异化的外在于人的社会关系。

三、人与自身:从"身体遮蔽"回到"身体澄明"

在马克思人类解放视域中,身体作为人之存在的最直接、最显露形式是一个不可或缺的维度。人类正是通过激发身体的力量而展现于现实世界之中,推动人类文明不断向前发展。但是,资本主义制度确立以来,人们

---

① 《马克思恩格斯文集》第 8 卷,人民出版社 2009 年版,第 56 页。
② 李潇潇:《当今马克思主义哲学研究方式的自我批判》,《哲学研究》2013 年第 11 期。

为了获得资本而甘愿牺牲肉体的需要,在对资本增殖的追逐与膜拜中遮蔽了现实的身体,即资本的至高无上性导致了身体的异化和沉沦。身体以可变资本的形式被资本循环和持续积累的外部力量塑造,同其他生产环节一起构成资本的附属品,成为负责承担某一特定经济角色的被动实体。"身体遮蔽"是人性的失落,人的解放首先应是"身体澄明"。马克思通过对身体的思考,从人性的源头为我们提供了分析解放的路径和方向。在这一意义上,马克思人类解放思想也是关于身体解放的社会批判理论。

资本主义社会"遮蔽"了工人本真的身体,将其异化成作为工具而存在或作为欲望而存在的身体。当资本家强调生产的时候,工人的身体被贬低为工具性的身体,但当资本家强调消费的时候,工人的身体又会被夸张为欲望的身体。

工人本真的身体在资本家对剩余价值的热切追求中被"遮蔽",沦为一种工具,即工具性的身体。马克思从工人①出发探讨人的本真身体,认为工人为了延续生命,"就必须获得生存和繁殖所绝对需要的生活必需品"②。他所认为的"绝对需要的生活必需品"包括工人在两种情况下的消耗:劳动消耗和休闲娱乐等非劳动消耗。不幸的是,人的这种本真身体在资本主义社会中受到"遮蔽"和扭曲,资本家仅仅把工人的身体当作劳动的身体,即为提供劳动力而存在的身体。"劳动从作为自我实现之劳动的目的中抽离出来,以及从共同体的目标中抽离出来,转而围绕着一种无规定的、无目的的——机械的——活动来建构自身,这样的劳动的目的掌握于资本家的手中,而与工人不再相关。"③ 资本家凭此权力尽可能地压榨工人的劳动时间、劳动产品,却只提供维持工人劳动力的工资而不是工人作为人的存在的工资。资本主义私有制条件下,工人被规定为纯粹以

---

① 马克思之所以从工人出发探讨人的身体,而不从资本家探讨人的身体,是因为在他看来,人与动物的根本性区别在于劳动,工人是劳动者。在德语中,"劳动者"和"工人"是同一个单词 Arbeiter,如有学者认为,在《共产党宣言》中,"Arbeiter"既可译为劳动者,也可译为工人。(参见郑异凡:《"全世界无产者,联合起来!"的口号无需改译——与高放先生商榷》,《探索与争鸣》2008 年第 5 期)

② 《马克思恩格斯文集》第 3 卷,人民出版社 2009 年版,第 73 页。

③ [美]麦卡锡:《马克思与古人:古典伦理学、社会正义和 19 世纪政治经济学》,王文扬译,华东师范大学出版社 2011 年版,第 300 页。

劳动状况存在的人,其身体只是最单纯肉体需要的身体,工人只为满足这种肉体需要而劳动,资本家完全"遮蔽"工人在休闲娱乐等非劳动状况下的身体,将工人的存在等同于牲畜般的存在,只给工人"劳动的动物"的最低工资和待遇。马克思在《1844年经济学哲学手稿》的"私有财产和需要"一节中,对资本家"遮蔽"工人本真身体而精打细算的嘴脸进行了精辟的描述,批判了资本家只把工人的身体当作工具来使用,"把工人的需要归结为维持最必需的、最悲惨的肉体生活,并把工人的活动归结为最抽象的机械运动"①。工人深受约束与管制,肉体的自由、精神的独立完全被"遮蔽",沦为替资本家赚钱的工具。

不仅如此,资本家的资本积累还超出生产领域,经历销售、消费等环节,"生产—销售—消费"是一个整体的循环过程,三者全部完成时,资本积累才被认为最终完成。在资本积累的销售和消费阶段,为了引诱工人消费,资本家依然"遮蔽"工人本真身体的需要,绞尽脑汁通过各种途径不断刺激工人产生新的需要——既包括对人的基本需要的精致化,也包括对人的潜在需要的挖掘。资本家总是千方百计地"服务于"对工人来说非人的、非自然的和幻想出来的欲望。"每个人都指望使别人产生某种新的需要,以便迫使他作出新的牺牲,以便使他处于一种新的依赖地位并且诱使他追求一种新的享受,从而陷入一种新的经济破产。"②从表面上看,资本家低三下四地向工人服务,工人成为资本家需要讨好、迎合的上帝(消费者),但是资本家的这种讨好并非为了肯定工人的主体地位,而是哄骗工人钱财的方法和手段。

> 没有一个宦官不是厚颜无耻地向自己的君主献媚,并力图用卑鄙的手段来刺激君主的麻木不仁的享受力,以骗取君主的恩宠……工业的宦官迎合他人的最下流的念头,充当他和他的需要之间的牵线人,激起他的病态的欲望,默默地盯着他的每一个弱点,然后要求对这种殷勤服务付酬金。③

---

① 《马克思恩格斯文集》第1卷,人民出版社2009年版,第226页。
② 《马克思恩格斯文集》第1卷,人民出版社2009年版,第223页。
③ 《马克思恩格斯文集》第1卷,人民出版社2009年版,第224页。

新的需要、欲望的激发使工人陷入可怕的心理贫穷中：工人作为劳动者制造了满足欲望的产品，又被产品、被资本家激起新的无穷欲望，却无法用可怜的工资来满足其欲望。资本主义社会的工人表面上成为人上人的消费者，但实际上工人产生的新的需要并不是工人本质力量的实现，而是资本家为掠取工人钱财而诱使工人产生的幻想，工人陷入欲望的海洋，"任何一种感觉不仅不再以人的方式存在，而且不再以非人的方式因而甚至不再以动物的方式存在"①，工人的身体被无限膨胀的欲望所"遮蔽"而处于异化状态。这种异化主要表现为人性的沉沦和各种外在于人性的焦虑与烦心，表现为被虚假主体刺激起来的各种后天欲望支配，表现为抛弃了自在生命之本真，彻底地堕落为一种消费机器。

马克思正是以具有社会性、历史性与实践性向度以及身心合一的生命始原意义上的身体作为其理论线索，深刻论述了身体的价值及其革命意义。他以身体在生产领域、消费领域的双重"遮蔽"——作为工具而存在的身体和作为欲望而存在的身体——为理论起点，将具体的、现实的身体置于对应的社会活动之中，通过身体被"遮蔽"的境遇来审视资本主义社会的复杂状况，认为它们都是资本逻辑对身体规训、统治的结果。与此同时，马克思又通过现实社会的具体展开来发现工人身体上的种种痛苦和遭遇，主张通过社会革命和斗争（改变不合理的社会制度、砸碎资产阶级的国家机器）来"澄明"人自己真实的身体，将其从"遮蔽"状态中彻底解放出来，从而获得自主、自由的发展。人要扬弃异化劳动中把工人与机器相互等同而导致的畸形身体，获得审美感觉的身体，就必须使自己的身体获得完全解放，真正成为本真的身体，"即通过自己同对象的关系而对对象的占有，对人的现实占有"②。马克思通过人与身体的关系来探寻一条生命得以彻底解放的现实道路，使"身体遮蔽"状况走向"身体澄明"状况，使身体从资本逻辑的笼罩中、从"未被照亮的背景"中显露出来，并发现自己的真实本性，达至自我解放、自我超越。

马克思深刻地洞察到资本主义生产方式为人类带来前所未有的巨大物

---

① 《马克思恩格斯文集》第1卷，人民出版社2009年版，第225页。
② 《马克思恩格斯文集》第1卷，人民出版社2009年版，第189页。

质财富的同时，也造成了人与自然、人与社会、人与自身的三重困境。但是，马克思并不是一个悲观主义者，他的理想和终极旨趣——人类解放思想足以令人兴高采烈与欢欣鼓舞。当代印度政治评论家阿加兹·阿赫默德曾感叹：马克思的思想让人体会到令人吃惊的思绪和无法弥补的怅然若失，"道德的困境使人们无论抚今抑或追昔都无法释怀：不幸之人亦有不争之处，而人类历史的成败是非背后不过是物质生产。最终，仅剩的一丝希望将引导人们迎来这冷酷历史尽头的光明"①。人类面临的生存处境问题是严峻的，但也预示着未来的希望。

第二节　人类解放的可能性论证[*]

"人类解放"是马克思一生的理论主题，具有崇高的理想性与实践的可行性。然而，无论过去还是现在，都有人认为马克思关于人类解放的理想是一种远离现实的、虚幻的价值前设，是遥不可及的神话。从德国哲学家布洛赫到法兰克福学派第二代代表人物之一的 A. 施密特，再到马尔库塞，他们都以不同的形式、从不同的角度，得出马克思人类解放思想是"乌托邦"的结论。笔者认为，这种认识忽视甚至歪曲了马克思人类解放思想的现实性与可能性维度。客观而言，在哲学本体论上，马克思批判了对人类解放抽象化、非现实化的理解，以实践论思维方式彻底颠覆了先验理性主义本体论的思维方式，将人类解放奠基于现实生活和客观规律之中；在现实社会层面上，马克思揭露了资本主义生产方式自身固有的矛盾和病症，找到了埋藏在现实土壤中的未来"种子"——无产阶级，将社会变革、无产阶级革命和共产主义前景相关联；在基本方法上，通过"人体解剖是猴体解剖的钥匙"和经济学论证等严谨缜密方法揭示了人类社会发展的一般规律。马克思从哲学本体论、现实社会层面、基本方法上科学阐释了人类解放何以可能的问题。马克思人类解放思想是批判性与建

---

① Aijaz Ahmad. *In Theory*: *Classes*, *Nations*, *Literature*, London: Verso, 1992, p. 228.

* 本节参见刘同舫:《马克思论证"人类解放何以可能"的维度》，《华南师范大学学报》2015 年第 2 期。

构性的统一、价值性与科学性的统一，既是一种人性价值的理想，也是对社会历史和人的历史发展规律的科学把握。

一、在哲学本体论的求索中发掘根据

哲学的奥秘在于对人的探索，哲学是什么与人是什么具有同义性，"人的存在何以可能"是德国古典哲学的本体论问题。早在马克思之前人们就已经开始对人的自由、道德、认知等"何以可能"进行了思考。马克思并不满足于这种抽象追问，而是要求把对人的追问彻底地诉诸人本身，并赋予哲学新的使命——把人从非人的存在中"解放"出来，将其作为哲学本体论的内涵，深入地追问"人类解放何以可能"。马克思由此在哲学史上完成了哲学本体论内容的革命性变革，这场本体论内容的变革形成了一种区别于以往任何哲学的新世界观，更开启了一个崭新的哲学理路。哲学的智慧之光开始聚焦于"人类解放"的问题上，哲学的本质由此被明确地表述为关于人类追求自身解放的学说。马克思在不同时期的不同代表性文本反映了他对"人类解放何以可能"的哲学本体论的求索路径。

《1844年经济学哲学手稿》写作时期，马克思受到费尔巴哈人本学的影响和启发，把"人类解放"的根据诉诸人的"类特性"和"类主体"，即"自由自觉的活动"。作为主体的人，与动物存在的本质区别，就在于在发展过程中表现出强烈的能动性和创造性。"自由自觉的活动"是人的一种内在要求，是人的本质力量的确证和人的主体性地位的表征，它表明人对各种因素的限制有了独立、自由的处置能力，有了自身支配自己和社会的义务与权利。总之，"自由自觉的活动"是人类解放必要性与可能性的根据。但是，费尔巴哈人本学的核心概念是抽象的"人"，阐发的是"人—非人—人"的抽象公式，即从抽象的人出发，最后归结为抽象的人和"类主体"。马克思此时正是以这种抽象的"人"和"类主体"本体为前提来论及人类的解放。

在《关于费尔巴哈的提纲》中，马克思把人的"自由自觉的活动"现实化为人的"实践活动"，以实践为本体对"人类解放何以可能"给予了理论跃迁式的回答。马克思在开篇的第一条曾划分了自己的哲学和他人的哲学（包括费尔巴哈哲学等，费尔巴哈哲学是马克思批判矛头的主要针对对象），认为："从前的一切唯物主义——包括费尔巴哈的唯物主义——的主要缺点是：对对象、现实、感性，只是从客体的或者直观的形式去理解，而不是把它们当做人的感性活动，当做实践去理解，不是从主体方面去理解。"① 马克思以实践为基础来理解人的世界，从历史的、现实的人出发来研究实现人类解放和自由的社会历史条件，有意识地把"解释世界"和"改变世界"的哲学进行区别，凝聚了马克思对西方哲学史的反思与总结，升华了前人对人类解放探索的理论成果，表征着马克思哲学的实践转向与对现代本体论的追寻。镌刻在马克思墓碑上的名言——"哲学家们只是用不同的方式解释世界，问题在于改变世界"，无疑经典地表达了马克思哲学的性质和功能，以及马克思本人颠覆传统哲学的态度，即从"沉思—解释"世界的"理论—静观"转变到"行动—改变"世界的"实践—劳动"决心，由此，哲学的任务发生了重大转变。哲学世界观不是"观"世界的认识论，也不是向人们提供某种超验的终极存在、终极真理、终极价值的形而上学，而是以实践为基础指导人们"改变世界"的理论学说。"改变世界"的根本目的就是要把"人的世界和人的关系还给人"，也就是实现人类解放。马克思找到并明确了人类解放的现实根据，指出劳动实践是每个人得以自由、全面发展的根本性前提，是人类解放从空想到科学的哲学变革的"阿基米德支点"。

《德意志意识形态》是马克思"实践转向"的一大理论成果，并第一次对唯物史观作了经典、系统的描述，展现了"人类解放何以可能"的真正根据。马克思非常明确地把德国古典哲学同自己哲学研究的前提与出发点——对"人"的理解，进行了不同定位。马克思的出发点不是设想出来的人，而是真正从事实践活动的现实的、能动的人。他指出，"全部人类历史的第一个前提无疑是有生命的个人的存在"②，人类的历史活动是现实个人的历史活动。在对"第一个前提"和"历史活动"理解的基

---

① 《马克思恩格斯文集》第1卷，人民出版社2009年版，第503页。
② 《马克思恩格斯文集》第1卷，人民出版社2009年版，第519页。

础上，马克思这样总结其历史观——

> 这种历史观就在于：从直接生活的物质生产出发阐述现实的生产过程，把同这种生产方式相联系的、它所产生的交往形式即各个不同阶段上的市民社会理解为整个历史的基础，从市民社会作为国家的活动描述市民社会，同时从市民社会出发阐明意识的所有各种不同的理论产物和形式，如宗教、哲学、道德等等，而且追溯它们产生的过程。①

这种历史观深刻地表明：马克思开始以社会关系为本体，站在唯物史观的基地之上来解开"人类解放何以可能"的谜底。

马克思在《德意志意识形态》及其之后的政治经济学批判阶段，对社会关系地位的认识有所变化：从普通范畴提升到本体论位置。在"社会关系本体论"的论证上，马克思牢牢抓住现实的人的活动和他们的物质生活条件，从"分工"入手，深入地考察了"生产力""生产关系""交往方式""市民社会"和"世界历史"等人的现实存在方式。他认为，在任何历史时代，生产劳动得以展开、人的本质得以展现，必须以本体论的社会关系为基础和前提。人在历史活动和现实实践中所结成的社会关系，制约着人的生产，制约着人的生活方式，形成了人的具体的现实的存在根据。马克思从生产关系的演进和人的发展的内在关联中论证了人类解放的历史必然性与现实可能性。生产形式的进步与人的发展具有同一性，它们是社会历史进程中所展现出来的两个不同侧面，又反映、度量了同一历史进程。马克思正是在由生产关系促进或阻碍生产力这一客观力量向前发展的必然趋势中，洞察到社会关系的演进和人的自由全面发展的可能性。社会关系在马克思哲学中具有本体论性质，在这一意义上说，马克思哲学革命的深刻价值就在于创立了"社会生产关系本体论"，它为我们透过社会现象看清社会本质提供了根据，开辟了由追问"世界何以可能"到探究"解放何以可能"的哲学道路，从"解释世界"的探索提升为

---

① 《马克思恩格斯文集》第 1 卷，人民出版社 2009 年版，第 544 页。

"改变世界"探索。在德国哲学忽略实践的背景下,马克思重拾实践的旗帜,高喊"改变世界"的口号,在实践的思维下,发现了以现实个人发展为核心内容、以生产方式发展变化为动力、以社会联合体为目的三者有机统一所构成的唯物史观。马克思并不像历史上的空想家那样,只是停留于理想层面的表层描述与构想,而是在"类主体本体"→"实践本体"→"社会关系本体"的推进与提升中,在不断认识社会的发展规律和人的发展规律的基础上,科学地揭示历史发展的总趋势,论证人类解放的可能性。

二、在现实社会的批判中探求希望

马克思哲学不是经院哲学,而是实践的哲学、现实的哲学和时代的哲学。马克思并没有止步于思想理论变革的论域中,而是强调一切理论问题都要面对现实生活,从现存的事实出发。马克思在探讨历史发展的客观规律和客观进程时,不仅依赖于逻辑论证,更重要的是对时代现实问题的深入考察,即历史论证。因此,新世界观"一经得到",便立即运用到对现实社会的批判性考察中。

哲学是时代的产物和历史的产物,哲学的根本任务和主要功能不在于让人们获得内心的自我满足与陶醉,而是引导人们正确处理和合理掌控自身同外部世界的关联——不仅包括对世界的理论解释,更包括对世界的实践改造。马克思哲学关照了现实社会和人的现实存在,他特别指出,"全部问题都在于使现存世界革命化,实际地反对并改变现存的事物"[①]。马克思的思维方式与研究原则都是和现实紧密结合的,从来没有脱离现实而进行纯粹主观、抽象的学术思考。马克思哲学正是以对现实、时代和社会的关切为基础,将对"人类解放何以可能"的思考深入到人的现实生存论层面,特别是对人的现实生命的贬损、歪曲和丧失进行了沉思,并找到了通往未来社会的现实力量。他直接从当时的客观事实出发,认为资本主义社会明显存在两大对立的阶级:有产者阶级和没有财产的工人阶级,工

---

① 《马克思恩格斯文集》第 1 卷,人民出版社 2009 年版,第 527 页。

人阶级是受难的、被彻底戴上锁链的阶级，工人被视为"机器的部件"，丧失了人作为人的本质和尊严。

马克思通过剖析自身所处的资本主义现实社会，发现未来的"种子"埋藏在当下社会的土壤中，当下社会的土壤孕育着超越现实的力量。迫切希望改变自身存在方式、劳动方式的工人阶级正是连接现实与未来的桥梁，他们不仅是维持现实存在的重要力量，也是彻底变革现实的强大动力源。工人阶级所处的历史地位决定了他们终究必将觉悟到并担负起摧毁整个资本主义制度和铲除一切剥削的历史使命。在《法兰西内战》中，马克思说，无产阶级"不是要实现什么理想，而只是要解放那些由旧的正在崩溃的资产阶级社会本身孕育着的新社会因素"[1]。要使希望超越幻想，必须采取行动让美好的未来成为可能。马克思正是从眼下的现实入手，分析现实、透视现实，发掘现实中蕴藏着革命的潜力。对资本主义现实社会的揭露和批判，对资本主义生存方式的诊断和诟病，正如海德格尔所进行的评价——马克思已经深入历史的"本质"，从而超越了任何同时代思想家所达到的高度和深度。

马克思的批判精神在于对资本逻辑的内在秘密和资本主义制度的深刻揭露。马克思认为，如果不改变资本主义条件下资本运行的基本原则，不彻底推翻资本主义制度，人类就没有未来。马克思在1842年9月给卢格的信中，精辟地论述道："新思潮的优点又恰恰在于我们不想教条地预期未来，而只是想通过批判旧世界发现新世界。"[2] 教条式地推测未来，认为存在适合未来的永恒不变的决定，是马克思对旧哲学所提出的严厉批判。他希望在批判旧世界中发现新世界，这种批判越彻底，理论就越彻底，所建构的理想世界就越能反映现实的根本。对旧世界的无情批判是建立新世界的重要前提条件之一。

只是单纯地将人类解放视为一种理想，并不完全符合马克思的本意。对于实践的唯物主义者即共产主义者来说，"共产主义对我们来说不是应当确立的状况，不是现实应当与之相适应的理想。我们所称为共产主义的

---

[1] 《马克思恩格斯文集》第3卷，人民出版社2009年版，第159页。
[2] 《马克思恩格斯文集》第10卷，人民出版社2009年版，第7页。

是那种消灭现存状况的现实的运动。这个运动的条件是由现有的前提产生的"①。这一运动直接针对资本主义现实社会的基本矛盾，在对现实资本主义社会的具有原则的批判中得以展开。为了强调共产主义的现实性，马克思连用了三个"实际"，认为"共产主义是用实际手段来追求实际目的的最实际的运动"②。马克思终身的革命事业就是时刻保持清醒的现实主义头脑，运用批判的武器在历史的深处反思、透析社会，以社会发展的客观需要为着眼点，展开对未来的想象，寻求历史发展的一般规律。正是在这个意义上，英国思想家伊格尔顿称赞马克思"将注意力从未来的美好幻想转移到枯燥的现实生活中。也正是在这里，他找到了真正丰富的未来。他对过去的看法比很多思想家都更为忧郁，但他对未来的憧憬与很多思想家相比都更具希望"③。

当然，西方思想家从人性或人道主义等观念出发也对资本主义的各种现实问题进行了一定程度的批判，有的甚至达到了恩格斯所描述的"片面的深刻性"程度。但西方思想家的批判在总体上、根源上并没有触及也不愿触及资本主义制度的根本问题，没有把对资本主义问题的解决方案与无产阶级、社会主义等范畴相联系。哲学家与革命家的双重身份使马克思超越了西方哲学家、空想社会主义者无法避免的理论与现实相脱节的矛盾，更能直面现实，洞察资本主义运行规律，揭露其隐藏的病症。"马克思的全部理论，就是运用最彻底、最完整、最周密、内容最丰富的发展论去考察现代资本主义。自然，他也就要运用这个理论去考察资本主义的即将到来的崩溃和未来共产主义的未来的发展。"④ 马克思正是从资本主义现实社会的客观条件出发，从资本主义社会发展过程给个人发展造成的根本缺陷中发现未来社会的"种子"，找到超越现实的力量，谋求全人类的自由与解放。对资本主义现实社会客观状况的深入批判，是使马克思人类解放思想成为科学而与以往一切空想社会主义理论产生根本区别的原因之一。

---

① 《马克思恩格斯文集》第1卷，人民出版社2009年版，第539页。
② 马克思、恩格斯：《德意志意识形态》，人民出版社2003年版，第91页。
③ ［英］特里·伊格尔顿：《马克思为什么是对的》，李杨等译，新星出版社2011年版，第104页。
④ 《列宁专题文集——论马克思主义》，人民出版社2009年版，第255页。

三、在论证方法的甄别中获得支撑

马克思的论证工具和方法是关涉马克思人类解放思想是否科学的重大问题,科学以及科学理论包含的特征在很大程度上凭借方法所决定。因此,对论证方法进行考察极具必要性。马克思在论证其思想主题——"人类解放何以可能"时,使用了"人体解剖是猴体解剖的钥匙"的方法和经济学论证方法。

(一)"人体解剖是猴体解剖的钥匙"的方法

马克思在《〈政治经济学批判〉导言》中对社会形式进行分析时指出:"人体解剖对于猴体解剖是一把钥匙。反过来说,低等动物身上表露的高等动物的征兆,只有在高等动物本身已被认识之后才能理解。"① 马克思区分了当时资本主义社会的经济基础、上层建筑,说明了人类社会存在与发展的诸多领域归根结底都是客观的物质形态或物质形态关系的反映,人们的"物质关系形成他们的一切关系的基础"②,并认为这种对资本主义特定社会的论证适合整个人类社会的历史发展。

马克思用形象化的表达试图说明,一类现象在低级阶段所包含的特征具有隐藏性,只有在充分成熟的高级阶段,其特征才能表现得比较清晰。马克思在考察人类历史发展的时候正是运用了这种"从后思索",即由现在反观过去的方法。③

---

① 《马克思恩格斯文集》第8卷,人民出版社2009年版,第29页。
② 《马克思恩格斯文集》第10卷,人民出版社2009年版,第43页。
③ 马克思认为历史总是现实的,从现实中可以找到历史源头的"总开关"。他曾至少三次使用这种历史回溯的方法:第一次是在《〈政治经济学批判〉导言》中指出的"人体解剖是猴体解剖的钥匙",提出应站在历史完成形态上来反思过去。第二次是在《资本论》第1卷中论及资本积累过程时,马克思在充分认识"资本主义积累的一般规律"之后才回过头来论证"所谓的原始积累",这样才有可能充分认识资本积累的客观规律(参见《马克思恩格斯文集》第5卷,人民出版社2009年版,第707、820页)。第三次是在《资本论》第1卷中阐述商品拜物教时,明确提出"对人类生活形式的思索,从而对这些形式的科学分析,总是采取同实际发展相反的道路。这种思索是从事后开始的,就是说,是从发展过程的完成的结果开始的"。(参见《马克思恩格斯文集》第5卷,人民出版社2009年版,第93页)他从资本主义形态人的异化中,揭示了深藏于这一历史事实背后的轨迹与资本内在逻辑。

资产阶级社会是最发达的和最多样性的历史的生产组织。因此，那些表现它的各种关系的范畴以及对于它的结构的理解，同时也能使我们透视一切已经覆灭的社会形式的结构和生产关系。资产阶级社会借这些社会形式的残片和因素建立起来，其中一部分是还未克服的遗物，继续在这里存留着，一部分原来只是征兆的东西，发展到具有充分意义。①

要考察人类生产、生活方式，必须选择最典型的社会形态或最丰富的展现形式，分析这种社会形态的基本结构及其构成的相关因素，然后追溯、透视过去的历史，才有可能得出具有一般意义的规律。

由于资产阶级经济本身为古代经济的研究提供了钥匙，因此在经济学领域中，马克思不是先研究古代社会的经济，然后研究当代资产阶级社会的经济；相反地，他先探寻了当代资产阶级社会的经济，而后对原始社会、奴隶社会和封建社会进行描述。正如他在作为《资本论》准备性著作的《1857—1858年经济学手稿》第二篇的"资本主义生产以前的各种形式"中，在对资本主义社会深刻洞察的基础上，对之前存在的亚细亚所有制、古代所有制与日耳曼所有制这三种公社所有制形式作了比较和分析，并从中发现了更为本质的问题。

为了从最成熟、最丰富的展现形式上考察分析，马克思运用了双重抽象法：一是从人类社会历史发展的纵向中抽取一个当时最发达、最复杂的资本主义社会作为分析阐述的典型对象；二是从当时资本主义社会发展的横向中选取典型性的国家如英国进行探讨。对在纵向发展中的资本主义社会的解剖，不仅显示出未来社会的某些征兆，而且构成了分析以往社会的前提和基础，进而有利于推导出整个人类社会发展的一般辩证法；对在横向发展中英国状况的解剖，突破了"辩证法的局部情况"，解决了一般与个别的矛盾，揭示出资本主义社会生产关系的重复性和普遍性，使一定社会经济形态发展的自然史过程的性质、一个社会经济形态为另一个社会经济形态所代替的规律性、必然性得到了科学说明。

---

① 《马克思恩格斯文集》第8卷，人民出版社2009年版，第29页。

马克思尤其强调人体解剖是猴体解剖的钥匙的方法"只能在一定意义上来理解"[1],即用高级社会的范畴去分析低级社会形式的时候一定要"自我批判",因为它们在本质上总是会存在差异。如果不对高级阶段进行"自我批判"与反思,可能会"对过去的形式作片面的理解"[2]。因此,要避免"对过去的形式作片面的理解",就必须对当今资本主义社会自身进行自我批判。马克思的"人体解剖是猴体解剖的钥匙"与批判精神的结合具有科学的方法论意义。

(二)经济学论证方法

从经济学的角度探讨人类解放是马克思的一个重要思路,马克思把对人类解放的论证扎根于现实,建立在对市民社会进行经济分析的基础之上。马克思的经济学论证方法具有实证经济学方法和规范经济学方法的双重统一性。实证经济学方法是先提出假说,然后建立发展模型或应用计量学方法对假说进行检验;规范经济学方法是以一定价值观为前提,对社会经济问题进行定性考量。马克思人类解放思想不仅是马克思的价值预设和人文关怀,还是基于经济学论证的科学理论。他认为,只有通过政治经济学批判这一非哲学性批判,才能真实熟悉社会历史生活的基础——市民社会,从而揭示资本在运行过程中的内在矛盾,真正解决当下的资本主义社会走向自由发展社会的历史问题。马克思对市民社会、资本逻辑的经济学批判与科学社会主义学说、人类解放思想密切关联,表明了马克思创立的新哲学的理论高度。

马克思在写于1844年的《詹姆斯·穆勒〈政治经济学原理〉一书摘要》中,第一次从经济角度确定了共产主义状态下的人类解放思想,不久之后《1844年经济学哲学手稿》中的异化劳动理论的现实指向更加深刻地批判了资本主义社会的经济生活。《德意志意识形态》《评弗里德里希·李斯特的著作〈政治经济学的国民体系〉》等则完全用经济学话语体系分析了分工、大工业、生产力与共产主义的关系,论证了共产主义运动及其社会制度,进而展开对未来理想社会的想象,实现了从哲学共产主义

---

[1] 《马克思恩格斯文集》第8卷,人民出版社2009年版,第30页。
[2] 《马克思恩格斯文集》第8卷,人民出版社2009年版,第30页。

思想到经济共产主义思想的转变。其理论思路是：以分工为现实起点，通过分析西欧经济发展的历史，以及对私有制各种社会结构及其更替关系的评判，来揭露资本主义生产方式的秘密与历史局限。这是一种以经济学研究为主的科学实证批判方法，是马克思历史唯物主义开始建构的直接基础。《资本论》中马克思的劳动价值理论、剩余价值理论、两大部类社会扩大再生产比例公式、资本有机构成理论等实证性经济学研究，充分肯定了资本主义制度在社会历史进程中的必然性与合理性，科学探寻了资本主义由于内部自我矛盾所必然导致的消亡，体现了马克思对社会发展的内在经济规律和有关资本主义经济制度理解的深刻性。马克思对人类解放进行了从哲学到经济学话语描述系统的转变，走向了历史的深处并在历史的语境中进一步揭示出历史发展的真实进程和本来面目，体现了其理论深沉的历史感、现实感及其对现实问题的指向；走向了问题的深处，并展开了对未来社会的想象与无限的价值追求，凸显出其理论的现实性与理想性的高度统一。法兰克福学派第二代思想家中的左翼代表——A. 施密特，在论及马克思的经济学论证和哲学论证关系时指出，"唯物辩证法在任何地方都没有脱离经济学的内容"[①]。马克思对政治经济学的关注越深厚，就越逼近历史唯物主义，政治经济学研究是马克思新哲学——历史唯物主义的直接基础。正是通过经济学研究，马克思才将哲学从"天上"拉回"地上"，实现了哲学史上的伟大变革，真正找到了通往未来社会的现实之路。

  理论科学性的获取往往与其探索理论的过程紧密关联。马克思正是运用"人体解剖"来理解"猴体解剖"的方法和经济学论证方法，发现了资本主义社会发展的规律和必然灭亡的趋势。列宁曾经指出，"使马克思的理论得到最深刻、最全面、最详尽的证明和运用的是他的经济学说"[②]。

  人类解放既是对未来社会的一种理想展望，也是马克思对自身所处时代的资本逻辑运行的本质把握，是对人类历史发展的客观进程所做出的合逻辑性与合规律性的阐发。只要人们旗帜鲜明地沿着马克思人类解放这栋

---

  ① ［德］A. 施密特：《马克思的自然概念》，欧力同等译，商务印书馆1988年版，第46页。
  ② 《列宁专题文集——论马克思主义》，人民出版社2009年版，第17页。

立足于现实基地之上的"大厦"踏踏实实地逐级而行，就一定能够登上其光辉的顶峰。

第三节 人类解放的阶段性论证

马克思人类解放思想的形成过程包含着一系列不同质的阶段。目前，学界主要以唯物史观的发展历程为标尺，对此进行了阶段性分类，即唯物史观形成之前的初步探索阶段；伴随唯物史观确立的逐步展开阶段；唯物史观确立之后、在唯物史观指导下的发展和完善阶段。这种归类是有道理的，它与唯物史观的发展进程相关联，能够深刻反映马克思人类解放思想的内在联系和上升过程的完整性。这为我们把握马克思人类解放思想的历史分期提供了一种思考的维度。

除了用唯物史观作为标尺来对马克思人类解放思想的阶段进行相对区分外，笔者认为，还可以从马克思人类解放思想本身发展的结构层次与不同时期所凸显的思想特点来进行划分。马克思人类解放思想是一个有着内在层次结构的理论，具有从深层结构向表层结构移动的基本走向。这一走向包含三个主要阶段：早期人之生存哲学的反思阶段、中期社会历史理论的建构阶段、晚期具体实践结论的演绎阶段。当然，这绝不是指马克思人类解放思想越来越肤浅，越来越表面化，而是说早期思想逐渐积淀在他的学说和理论的底层，成为其思想的深层结构和隐形理论，也即这三个阶段在认识上是从抽象到具体、从创立学说到系统丰富发展的理论体系的思想进程。为了厘清马克思思想的这一演进理路，凸显各阶段的特点，进而深刻把握马克思人类解放学说中所包含的关于人之存在的本质性哲学思想，笔者在总体上按照历时态的结构顺序，运用了早期、中期、晚期的时间概念（所使用的早期、中期、晚期概念不是按照传统习惯上的年龄早晚所作的区分，也不是完全按照马克思作品的写作年代进行区分，而是按照马克思研究主题的转换所进行的相对划分）来探讨马克思人类解放的阶段论述。①

一、早期阶段：反思人之生存哲学的深层结构

哲学的本质是一种批判性反思以及对未来社会发展的终极思考，以哲学的思维方式考察社会就在于批判现存社会，超越现存社会，对未来社会进行总体设计与设想。② 马克思在早期阶段即1845年之前以哲学的视角将关注的焦点置于人的生存结构、人的存在状态和人的解放问题上，从哲学层面建构起一种关于人的存在的深层结构，将哲学作为自己思想的核心和"基地"，作为思考一切问题的总原则，作为解答问题的出发点。③

第一，大学阶段，马克思曾站在"理想主义"的哲学基地上，从人的解放和发展状态的应然设定出发张扬了"自由"这一人类追求的最高价值。马克思对人类解放的探索发端于学生时代的有关文章和博士论文。在博士论文写作时期，马克思已经意识到哲学作用于世界的基本功能，提出"哲学世界化"和"世界哲学化"的基本理念。他通过对伊壁鸠鲁哲学和德谟克利特哲学进行比较，表达了自己的哲学观：应批判与人的生活世界不相关联的有神论哲学，强调人的自我意识与人的主体性，并将它作为人获得自由、解放的现实途径。马克思充分肯定了伊壁鸠鲁让个体原子"从直线中解放出来"的规律，并将其运用于人、人的意识、个人的自由

---

① 关于马克思学说发展的阶段性问题，学界主要有两种代表性观点：一是后期否定前期，如阿尔都塞认为《1844年经济学哲学手稿》及其之前的作品都是一种"意识形态"，马克思正是通过抛弃之前的一些核心概念如"异化"发现了唯物史观，马克思思想由此成为真正的科学；二是青年时代的马克思思想才是马克思一生理论的巅峰期，后来的理论锐气逐渐减弱甚至衰退，到晚年则完全丧失了理论探索能力以致销声匿迹。本人认为，这两种观点都带有片面性。马克思的思想前后是一致的，都是紧紧围绕"人类解放何以可能"的主题而展开，根本不存在早年马克思和老年马克思断裂之说。西方学者没有看到马克思思想发展的内在逻辑以及人类解放的演进逻辑，总是把主题的转移、认识方法与逻辑思路的差异看作思想的断裂。马克思的思想一以贯之，是多样性的统一，所谓的不同，表现为围绕人类解放主题论证的侧重点不同。

② 参见王晓朝：《希腊哲学简史——从荷马到奥古斯丁》，上海三联书店2007年版，第2页。

③ 参见王金福等：《从"哲学共产主义"到科学共产主义——马克思、恩格斯的哲学革命与共产主义学说的转变》，《哲学研究》2006年第11期。

意志，使人在面对偶然性时，能够摆脱必然性规律所带来的对命运、自由意志的力量的束缚。同时，马克思认为伊壁鸠鲁所指的自由仅仅是"脱离定在的自由，而不是在定在中的自由"①，这种自由是内心的、与外界对立的恬静，是摆脱了对死亡恐惧的心境，其实质是一种幻想。真正的自由具有全面性：不仅仅存在于人的内心，而且存在于人与人之间的各种交往中。马克思对伊壁鸠鲁哲学的超越性理解体现了他对人的自由、主体性和自我意识的哲学追求，正如苏联学者尼·拉宾所指出："马克思的博士论文是他的革命民主主义世界观的哲学语言，是他作为革命民主主义者的实践活动的理论准备。"②

第二，1842 年前后，在《莱茵报》工作时期，马克思站在黑格尔理性主义哲学基地上来关注现实，批判德国社会。他当时遇到一个重大现实问题：封建专制制度通过反动的书报检查令来扼杀出版自由。马克思认为，书报检查令是违背理性的反常现象。书报检查令就是建立在对官吏无限信任和对人民无限不信任的基础上的，它让世界的精神只具有单一色彩，即官方色彩。精神的丰富性是由思想自由决定的，扼杀思想自由就是扼杀精神的无限色彩。报刊只有在正常而自由发展的前提下，才能真正融合人民精神的一切要素，服从人类理性的自然规律。马克思从黑格尔的理性出发来批判现实，强调只有通过出版自由，理性才可能得以表现，真理才可能得到传播，社会才可能得到改造。

> 理性是世界的本质，理性通过人民的舆论、人民的精神表现出来，通过自由出版物和哲学研究集中起来，然后上升到国家和法之中，国家和法必须以哲学为基础，建立在出版自由之上，国家和法是理性的体现，负有使世界理想化的重大使命，只有通过世界哲学化，理性才真正实现了自身。这不是别的，正是从思想到物。③

---

① 《马克思恩格斯全集》第 1 卷，人民出版社 1995 年版，第 50 页。
② [苏]尼·拉宾：《马克思的青年时代》，南京大学外文系翻译组译，生活·读书·新知三联书店 1982 年版，第 46 页。
③ 赵常林：《马克思早期哲学思想研究》，北京大学出版社 1987 年版，第 80 页。

这就是马克思哲学思想的内在逻辑。心怀用自我意识、自由理性改变世界的宏伟抱负，致力于为人类幸福而奋斗的"哲学期望"，从"哲学期望"出发经历了艰难曲折的理论和实践斗争，并不断地将其发展、具体化。

第三，1843 年至 1844 年，马克思以费尔巴哈人本主义哲学批判现实，思考未来社会发展、走向和历史必然性问题。这一阶段的代表性著作有《论犹太人问题》《〈黑格尔法哲学批判〉导言》《1844 年经济学哲学手稿》等，它们都是从哲学的价值层面来反思和批判现实生活中的不自觉、不自由，以寻找"失落"了的人性。马克思说，"任何解放都是使人的世界和人的关系回归于人自身"①，"所谓彻底，就是抓住事物的根本。但是，人的根本就是人本身"②。他用大量的笔墨将异化作为一个重要的哲学范畴进行研究，对处于资本主义社会关系中现实人的生存状态进行了深度剖析。无产阶级之所以不满意现实制度是"由于在无产阶级的生活条件中集中表现了现代社会的一切生活条件所达到的非人性的顶点，由于在无产阶级身上人失去了自己，而同时不仅在理论上意识到了这种损失，而且还直接被无法再回避的、无法再掩饰的、绝对不可抗拒的贫困——必然性的这种实际表现——所逼迫而产生了对这种非人性的愤慨"③。劳动异化造成了人的本质与人本身的对立、分离，以及人与人之间的敌对关系。而共产主义则坚持的是一种人本学哲学原则——人对人的本质的真正占有。马克思把费尔巴哈的"人是人的最高本质"看作最高原则和"绝对命令"。既然异化劳动使人失去了自身乃至自身的本质，那么为了人本身的解放就要从根本上使自己的本质得到恢复并重建已丧失的本质，达到对人的本质的真正占有。在共产主义条件下，"人以一种全面的方式，就是说，作为一个完整的人，占有自己的全面的本质"④。马克思的逻辑主线和逻辑理路是：人的本质是自由活动→资本主义私有制下自由活动变成异化劳动→人和自己的本质相分离被全面异化→人将通过劳动实践发展自

---

① 《马克思恩格斯全集》第 3 卷，人民出版社 2002 年版，第 189 页。
② 《马克思恩格斯文集》第 1 卷，人民出版社 2009 年版，第 11 页。
③ 《马克思恩格斯文集》第 1 卷，人民出版社 2009 年版，第 262 页。
④ 《马克思恩格斯文集》第 1 卷，人民出版社 2009 年版，第 189 页。

己从而扬弃异化回归真正人的状态→实现自由发展的共产主义。马克思逻辑理路有着自身的人本学哲学原则和哲学基础,其逻辑理路显现出他对社会现实进行的是一种哲学激情批判和人道主义价值批判。

马克思在早期阶段思考的内容,构成马克思思想的本质内核,成为他全部学说的价值追求,这一阶段思想的本质精神积淀在后期思想的底部,并为其后的研究规划了较为明确的方向。马克思在这一阶段的思想是深刻的:对自我意识和自由理性的追求、对资本主义制度条件下人的异化状态与生存危机的批判,以及关于劳苦大众的解放路径进行了分析;深入挖掘了"人类解放何以可能"的论证主题以及作为早期阶段哲学思想内在基本维度的人文关怀,为以后更加成熟的人生运思提供了信念支撑。只有抓住马克思在这一阶段关注人类生存境遇与发展命运的哲学品格、哲学理念,才能把握马克思之后思想的精髓。虽然马克思并未提出"真正解决"人类面临的诸多矛盾,但其思想蕴含着对于当下的解读和未来的期冀,包含了解决这些矛盾的意义、价值和功能,找准了解决人类面临的矛盾的大方向,这是马克思早期哲学思想的真实涵义。

二、中期阶段:建构社会历史理论的中层结构

在 1845—1859 年,马克思通过运用政治经济学、传统社会历史理论等批判方式,把关于人的主体性存在的哲学理解转换成关注社会发展的社会历史理论,这种社会历史理论侧重于对社会运行机制和社会变革模式的分析,即是以经典唯物主义为表述形态的社会构成理论,主要包括人类社会发展的内在动力、人类社会演进的历史规律、社会经济形态更替的模式等。马克思超越了之前把社会历史的发展动力归结于人的思想意识和情欲冲动的哲学家,如黑格尔、费尔巴哈等。他通过解剖典型形态的资本主义,发现了资本主义社会生产的基本特征,并创造性地推演出人类社会发展的基本规律,揭示了社会形态更替的一般规律,终结了社会历史领域的唯心主义哲学使命,为人们找到通往未来幸福社会的"金钥匙"。

《德意志意识形态》标志着马克思人类解放思想开始从抽象的哲学层面落实到现实的社会历史理论层面。马克思在《德意志意识形态》中,

提出了历史研究应当用"现实的人"取代那种对"抽象的人"的崇拜，并发现了生产劳动具有双重关系——人与自然的关系和人与人的关系，前者表现为一定的生产力，后者表现为一定的交往形式（生产关系）。只有当生产力获得巨大增长和高度发展时，人们之间的世界性交往才能建立起来，狭隘的地域性的个人才会真正成为具有普遍关系的个人。他从物质生产出发来展现生产过程与社会发展过程，以市民社会同国家的纠结关系作为分析社会、考察解放之路的逻辑起点。

> "解放"是一种历史活动，不是思想活动，"解放"是由历史的关系，是由工业状况、商业状况、农业状况、交往状况促成的……只有在现实的世界中并使用现实的手段才能实现真正的解放；没有蒸汽机和珍妮走锭精纺机就不能消灭奴隶制；没有改良的农业就不能消灭农奴制；当人们还不能使自己的吃喝住穿在质和量方面得到充分保证的时候，人们就根本不能获得解放。①

马克思把人类解放置于历史发展之中进行考察，把人类解放作为一种历史活动，其思想奠基于唯物史观科学之上。

《德意志意识形态》之后，马克思进一步深化了唯物史观理论，深度提出了社会历史发展思想。如果将马克思的社会历史发展思想概括为对人类社会的横向说明和纵向阐释的话，那么，其中的社会结构理论就是对人类社会的横向说明，而社会形态理论就是对人类社会的纵向阐释。

就"横向说明"而言，马克思认为社会结构由四个基本方面组成：生产力、生产关系（经济基础）、上层建筑和社会意识形态，并在此基础上厘清了四者之间的关系。针对蒲鲁东（Proudhon，1809—1865）的《经济矛盾的体系，或贫困的哲学》，马克思在1847年撰写并发表了《哲学的贫困》，这本书全面而深刻地批判了蒲鲁东经济学方法的肤浅性、改良主义的空想性、无政府主义的荒谬性，以及在概念、范畴、历史观等问题上的唯心主义性质；明确提出了生产力是人类全部历史的基础，"手推磨

---

① 《马克思恩格斯文集》第1卷，人民出版社2009年版，第527页。

产生的是封建主的社会,蒸汽磨产生的是工业资本家的社会"①。生产力、生产关系等基本概念,在此书中已经被清楚和准确地表述出来了。而后,马克思在1853年《〈政治经济学批判〉序言》中,对社会的整体结构及其各构成要素进行了精辟阐述:

> 人们在自己生活的社会生产中发生一定的、必然的、不以他们的意志为转移的关系,即同他们的物质生产力的一定发展阶段相适合的生产关系。这些生产关系的总和构成社会的经济结构,即有法律的和政治的上层建筑竖立其上并有一定的社会意识形式与之相适应的现实基础。②

人与自然之间关系的总和构成生产力结构,在生产过程中结成的人与人之间关系的总和构成经济结构。马克思运用社会存在和社会意识、生产力和生产关系、经济基础和上层建筑等范畴完整地勾勒出社会结构的基本框架,并对这些基础性范畴的关系进行了规定:"物质生活的生产方式制约着整个社会生活、政治生活和精神生活的过程。不是人们的意识决定人们的存在,相反,是人们的社会存在决定人们的意识。"③对于马克思对社会结构的整体思考,列宁曾经评价:"第一次使人们有可能以严格的科学态度对待历史问题和社会问题。"④

就"纵向阐释"而言,马克思进一步剖析了各要素之间的辩证运动过程,即从动态上把握了各个要素如何构成社会形态的发展。马克思从社会各要素之间的相互关系出发,将社会结构理解为矛盾关系体,认为社会形态的变更来自于社会结构性矛盾的相互作用与运动。如果"社会的物质生产力发展到一定阶段,便同它们一直在其中运动的现存生产关系或财产关系(这只是生产关系的法律用语)发生矛盾。于是这些关系便由生

---

① 《马克思恩格斯文集》第1卷,人民出版社2009年版,第602页。
② 《马克思恩格斯文集》第2卷,人民出版社2009年版,第591页。
③ 《马克思恩格斯文集》第2卷,人民出版社2009年版,第591页。
④ 《列宁专题文集——论辩证唯物主义和历史唯物主义》,人民出版社2009年版,第160页。

产力的发展形式变成生产力的桎梏。那时社会革命的时代就到来了。随着经济基础的变更，全部庞大的上层建筑也或慢或快地发生变革"①。社会结构诸要素的辩证运动关系表明，物质生活的生产方式最为根本，政治生活、精神生活及整个社会历史的发展过程都受其制约甚至受其决定。在《1857—1858 年经济学手稿》中，马克思从人的角度对社会形态进行了三阶段的划分：

> 人的依赖关系（起初完全是自然发生的），是最初的社会形式，在这种形式下，人的生产能力只是在狭小的范围内和孤立的地点上发展着。以物的依赖性为基础的人的独立性，是第二大形式，在这种形式下，才形成普遍的社会物质变换、全面的关系、多方面的需要以及全面的能力的体系。建立在个人全面发展和他们共同的、社会的生产能力成为从属于他们的社会财富这一基础上的自由个性，是第三个阶段。第二个阶段为第三个阶段创造条件。②

基于人的自由与发展状况即人的解放程度的不同，马克思将人类社会划分为三大形态，即人的依赖性社会、物的依赖性社会及个人全面发展的社会。社会形态理论从时间的角度揭示了人类解放的阶段性特征及其形式外观，构成了马克思人类解放思想的一个不可或缺的有机组成部分。③

马克思从思想关系和政治关系中觉察到了经济关系的决定作用，从经济关系和上层建筑中发现了生产力的推动作用，其对社会历史发展的理解比之前任何一种哲学都要深刻得多。"以往的历史理论至多只是考察了人们历史活动的思想动机，而没有研究产生这些动机的原因，没有探索社会关系体系发展的客观规律性，没有把物质生产的发展程度看做这些关系的根源。"④ 但是，当代有些西方学者如鲍德里亚、吉登斯、福柯等，将马

---

① 《马克思恩格斯文集》第 2 卷，人民出版社 2009 年版，第 591 页。
② 《马克思恩格斯文集》第 8 卷，人民出版社 2009 年版，第 52 页。
③ 参见刘同舫：《人类解放的进程与社会形态的嬗变》，《中国社会科学》2008 年第 3 期。
④ 《列宁专题文集——论马克思主义》，人民出版社 2009 年版，第 14 页。

克思在1845—1859年这一阶段形成和表述的经典唯物史观的思想概括为"经济主义",认为它是人学的空场,是宏大叙事,"无视社会生活复杂性"。这固然有马克思此时唯物史观不太成熟的原因,但其归纳也只是片面截取了马克思中期阶段的思想,忽略了马克思中期思想与早期思想的关联,把马克思中期社会历史的分析视为人学空场,误读、曲解或未能体会马克思站在整个人类社会历史的思想高度来解答其早期阶段关于人的问题的真正本意,忽视了积淀在其中期阶段思想底部的关于人类解放、人之存在的哲学反思。纵观马克思在中期阶段的探索之路可以发现,他立足于现实社会矛盾进行分析,以揭示社会历史规律的唯物史观为基本内涵,在广阔的社会环境背景中,着重从社会结构和社会形态等方面探讨了人类的解放与幸福之道。

三、晚期阶段:演绎具体实践结论的表层结构

19世纪60年代及其之后,马克思将主要精力用于"实践",侧重于实施和检验自己的理论。人类解放的深层哲学理念逐步趋向为一种隐晦的精神,显现出来的则是具体化的结论。翻阅马克思晚年的一系列文献,从对无产阶级革命条件、时机和策略的论述到对原始社会、东方社会结构的分析,再到对资本主义经济运行机制的揭示等,我们发现马克思比较少用专业性的哲学术语,但我们不能把马克思晚年的论著看作与哲学无关的拓展。他的目的是根据不同的历史条件,将其早期阶段对人之生存哲学的反思和中期阶段对社会历史理论的建构具体化为可操作的实践性结论,这些具体性结论构成了其晚期阶段的表层结构。马克思人类解放思想不满足于理论层面的逻辑论证,而是不断深入到人的现实生活世界中。马克思对无产阶级革命、政治经济学、人类学等具体事件及专业学科的研究都是其哲学批判的继续和深化,是"改变世界"的哲学的内在环节和要素。此时,马克思人类解放思想进入在实践中多方面展开、在研究中日益深化和完善的互动阶段。马克思具体实践结论的表层结构具有丰富性。

第一,关于无产阶级革命的具体结论。马克思的无产阶级革命观是其唯物史观和革命实践的具体延伸,按照马克思的认识和思路,要使人类解

放的问题得以真正解决，就必须把抽象的唯物史观落实到现实的无产阶级革命斗争的具体层面上，运用于活生生的革命事例中，从而以鲜活的经验教训总结出无产阶级革命的理论和策略。因此，晚年马克思越来越重视把自己的科学理论同具体的工人运动密切结合起来，认真总结革命成败的经验教训，进行自觉的理论反思。马克思在唯物史观和具体实践的指导下形成了一系列关于无产阶级革命和无产阶级专政的理论成果：《告共产主义者同盟书》《1848年至1850年的法兰西阶级斗争》《法兰西内战》和《路易·波拿巴的雾月十八日》等。为了指导工人阶级的民主主义革命，马克思专门起草《告共产主义者同盟书》，但无产阶级的民主革命在反动势力的联合镇压下还是以失败告终。马克思并不气馁，在《1848年至1850年的法兰西阶级斗争》中，又提出了"不断革命"的口号——"这种社会主义就是宣布不断革命"①，实现社会主义和人类解放的根本方法就是要"不断革命"，只有通过不间断的革命，才能推动革命向更高阶段过渡，才能实现无产阶级专政，从而消灭一切阶级差别，才能创造新的属人的社会关系。② 此外，1871年巴黎公社革命是马克思一生中较为关注、投入精力较多的一次革命，他认为这次革命是劳动者谋求政治上和经济上彻底解放的革命，是具有世界意义的无产阶级解放事业的具体实践。通过巴黎公社革命这一具体事件，马克思在《法兰西内战》中总结了第一次"无产阶级专政"的诸多具体经验，表述为：必须消灭生产资料私有制，消灭劳动者受奴役的经济条件；必须由人民选举并可能随时罢免公职人员，实行真正的民主制和普选制；必须实行"议行合一"和坚持民主集中制的组织原则等一系列具体层面的规定。马克思在晚期阶段参加的具体实践，得出的具体结论既是马克思唯物史观的延续，也是马克思人类解放思想在现实层面的具体应用。

第二，关于人类学等具体事件和专业学科的研究。中期阶段的唯物史

---

① 《马克思恩格斯文集》第2卷，人民出版社2009年版，第166页。
② 对马克思"革命取得胜利"的观点不能离开时代背景而孤立理解。在中国，"文化大革命"时期"以阶级斗争为纲"的提出与"不断革命"的口号有一定关联，在理论和实践上则忽略了马克思论断的出发点和论证过程，这种在没有充分把握马克思论断的基础上，用马克思的理论指导实践曾经给中国发展带来了惨痛教训和严重创伤。

观是马克思对社会历史逻辑抽象概括的产物，它相对脱离了具体的历史条件，局限于资产阶级这一典型形态，这种分析方法可能导致对社会发展的某种机械性理解。马克思自身也意识到其局限性，为了弄清人类社会结构的由来，克服这一局限性以及回应质疑的声音，在巴黎公社失败后，马克思阅读了大量较为专业与具体的人类学、历史学方面的著作，不仅考察了以欧洲大陆为主体的西方资本主义社会，还认真地研究了希腊、罗马、俄国以及日耳曼等具体国家和民族从原始状态向文明过渡的历史情形，探讨了它们之间的差异和发展规律，先后写下了《人类学笔记》《历史学笔记》以及《俄国和东方社会道路笔记》等。当西欧国际工人运动转向低潮时，马克思从俄国看到了人类解放事业的新希望，为了解答这一新的具体问题，他再一次俯身书案，潜心研究俄国的历史和现状，并且进而对东方和西方的历史文化发展做了人类学研究。马克思在晚年涉及的人类学研究的内容、地域、年代等具有复杂性和具体性，他重点考察了人类的史前史，各个不同民族、不同文化类型在不同历史阶段演变的具体状况。马克思之所以进行从抽象到具体的转向，根本原因在于，他认为西方发展史只是人类史的一部分或一个局部，西欧资本主义也只表示着人类历史发展中的一种形式、一个阶段，只有通过对哲学人类学的批判性研究和对文化人类学所提供的有关史前社会材料的实证分析，把人的解放、人的自由本质的实现和人类社会关系的一系列变革以及社会形态依次更替运动结合起来进行考察，才能科学解释人类社会古往今来的历史及其规律，才能找到实现整个人类解放的科学道路。晚年马克思转向人类学研究的目的，是欲以他对史前社会生产方式的研究来论证他通过对资本主义研究所得出的唯物史观基本原理的普遍性、实践性和科学性，并以史前社会来分析、论证资本主义社会的历史过渡性与暂时性。在专业学科的研究中，马克思实现了哲学观念的批判与对具体事实的批判的统一。

有学者在论述马克思晚年笔记在马克思整个学说中的地位时曾指出：

> 一种思想的形成、论证与对其进行完整的表述之间有一个相当复杂的过程；与这些表述相配套，思想家往往在此之前或之后留下大量的笔记、书摘、评注等等。这些材料有的与其思想主题

关系直接，有的则存在一段距离，但却都是这种表述工作的准备或继续。而对研究者来说，这些材料往往具有更为重要的史学价值，因为从中可以寻觅到思想家通向真理之径和达到巅峰后继续前进的历程，揭示出思想产生背后的广阔背景与复杂的心理嬗变。对马克思晚年思想也应作如是观。①

我们不能忽略马克思晚年对人类学等具体事件的历史演绎与研究，应该把马克思晚年笔记置于其人类解放思想的整体中加以认识。

马克思人类解放思想的形成是一个辩证的发展过程，具有渐进性，相应地其思想也呈现出阶段性，其中每个阶段都是整个过程的有机环节，它们相互联系又有各自的特色。我们要不断挖掘马克思人类解放思想早期阶段的深刻内涵和本质精神，要充分理解其中期阶段对社会关系体系发展的客观规律的探索而取得的成就，也要以辩证的、发展的眼光看待马克思思想晚期阶段的具体结论。特别值得强调的是，马克思并不是从表层的现象开始"罗列"的，而是从本质出发，运用从抽象上升到具体的方法分析人类解放的宏大问题，随着历史逻辑的演进、研究范畴的变化，马克思对人的思考逐渐拓展到具体的、真实的现实层面。有学者认为马克思早期阶段人类解放思想具有不成熟性，姑且不去争论其早期、中期、晚期思想成熟与不成熟的问题，即便早期思想具有不成熟性，我们也要尊重以及加强对这种"不成熟"思想的研究。单纯强调所谓成熟阶段（即中期、晚期阶段）的马克思思想，很容易将其学说片面化、僵硬化与边界化。"一切思想家的意义和价值，首先在于他提出的是什么问题。"② 马克思早期阶段提出了人类社会如何发展、人类解放何以可能的根本性问题，这为哲学发展史乃至整个人类思想史开拓了崭新的方向和天地。无论人们是否赞同他早期阶段对问题回答所构成的学说，都无法否认他所提出的问题与命题的深刻性、正确性。

---

① 聂锦芳：《〈历史学笔记〉：一部未引起足够重视的马克思晚年的重要著述》，《哲学动态》1995年第6期。

② 杨适：《人的解放——重读马克思》，人民出版社1996年版，第62页。

第四节 人类解放的整体性论证[*]

马克思一生涉猎广博，留下的文本卷帙浩繁，但是"人类解放"始终是其理论的核心，实践的落脚点。宏大而精深的马克思人类解放思想是一个整体，我们要从根本上、总体上、整体上把握马克思人类解放的科学内涵和精神实质，对马克思人类解放思想形成准确、完整的理解。要准确地把握马克思思想的整体性，应该从马克思人类解放思想内容的有机统一上进行认识。马克思人类解放涵涉历史唯物主义、多向度的解放形式和共产主义运动三大部分，历史唯物主义是这一理论蕴含的世界观和方法论，政治解放、经济解放和文化解放等多向度的解放形式，是实践这一理论的根本途径，共产主义则是这一理论的根本目的。这三者作为一个整体共同构成了马克思人类解放思想，而以这三者为核心的相关命题则构成了该理论的结构元素，它们之间相互渗透、相互补充，在理论上和逻辑上具有严密性、完整性与一贯性。

一、历史唯物主义：社会现实性的澄明与革命性改造

列宁曾深刻地指出，马克思"特别坚持的是**历史**唯物主义，而不是历史**唯物主义**"[①]，这表明了历史唯物主义作为马克思人类解放思想之一的关键之处在于：历史唯物主义不只是一种唯物主义的历史观，也不只是一种历史哲学，而是一种揭示出人的历史实践性存在的唯物主义哲学，一种根本的世界观和方法论。从根本上说，历史唯物主义中的"历史"，强调的是"历史"作为唯物主义的理论根基和解释原则，而不是研究领域或解释对象。马克思将"历史"作为最高的范畴植入西方唯物主义哲学

---

[*] 本节主要观点参见刘同舫：《马克思人类解放理论的叙事结构及实现方式》，《中国社会科学》2012 年第 8 期。

[①] 《列宁专题文集——论辩证唯物主义和历史唯物主义》，人民出版社 2009 年版，第 115 – 116 页。

传统中，摒弃了将人类社会归结为精神因素主导其发展的历史唯心主义的观念。人类社会不再被理解为某种抽象实体，而是被把握为由历史实践规定的存在关系和存在方式。时空中的一切感性存在物绝不是始终如一的抽象实体的显现，而是历史实践的产物。从历史唯物主义的角度看，自然也是历史性的，是"人化的自然"、"历史的自然"，如马克思所指出的："在人类历史中即在人类社会的形成过程中生成的自然界，是人的现实的自然界；因此，通过工业——尽管以异化的形式——形成的自然界，是真正的、人本学的自然界。"① 历史是以"对象性的实践活动"来规定的，世界不过是人对象化的本质力量的展示，"对象性的实践活动"具有与理论相对的现实原初性，所以，历史成为马克思人类解放思想的原点或自明性前提，历史唯物主义就是这一理论的根本方法论，是对现实世界的澄明显示。

历史唯物主义对现实世界的澄明显示，不仅解释了世界的存在内容、存在关系和存在方式，而且作为无产阶级的科学理论和意识形态，彰显了认识世界发展的向导性以及如何改变世界的实践革命性。

首先，历史唯物主义是"关于现实的人及其历史发展的科学"②，是一种探索历史发展真理的方法。摒弃主观的道德诉求和价值理念，通过对作为对象化实践结构的"生产方式"范畴的阐述，透彻地把握复杂的社会现实，客观地描述人类的历史运动，是在人类解放思想体系的视野下展开对各种历史事件和历史现象的科学叙事的基本路径，换言之，历史唯物主义是以"自然科学的精确性去研究群众生活的社会条件以及这些条件的变更"③，从而把"经济的社会形态的发展理解为一种自然史的过程"④。

其次，历史唯物主义"把伟大的认识工具给了人类，特别是给了工人阶级"⑤，是无产阶级积极改造世界的理论武器。人类通过社会实践活

---

① 《马克思恩格斯文集》第1卷，人民出版社2009年版，第193页。
② 《马克思恩格斯文集》第4卷，人民出版社2009年版，第295页。
③ 《列宁专题文集——论辩证唯物主义和历史唯物主义》，人民出版社2009年版，第336页。
④ 《马克思恩格斯文集》第5卷，人民出版社2009年版，第10页。
⑤ 《列宁专题文集——论辩证唯物主义和历史唯物主义》，人民出版社2009年版，第335页。

动改变历史、创造历史,在整体的历史中获得自身的解放。马克思曾指出:"理论一经掌握群众,也会变成物质力量。理论只要说服人[ad hominem],就能掌握群众;而理论只要彻底,就能说服人[ad hominem]。"①历史唯物主义就是最彻底的理论,也只有它才能够说服无产阶级,成为无产阶级的意识形态,确立无产阶级在历史发展过程中的主体性地位,从而阐明历史进程中主客体之间的辩证关系,揭示作为历史主体性力量的无产阶级与作为历史客体性力量的生产方式之间的相互作用。正如卢卡奇所言:"对马克思主义来说,归根结底……只有一门唯一的、统一的——历史的和辩证的——关于社会(作为总体)发展的科学。"②

然而,科学理论与意识形态的双重属性使得历史唯物主义备受误解:或过分地强调主体自身的理性力量,最终陷入历史唯心主义;或被理解成机械唯物主义、庸俗唯物主义。作为支撑人类解放思想根本方法的历史唯物主义,在对社会现实的澄明和革命改造中所凸显出来的科学理论与意识形态的双重性质,是其内在逻辑和张力的充分表现。通过历史唯物主义,马克思将科学的真理性与哲学的价值性统一起来,既从描述社会历史发展客观进程的角度说明无产阶级的历史地位,又从论述无产阶级历史使命的角度达到对整体社会发展的科学阐明。一方面,马克思用历史唯物主义的"科学的真理性"批驳了忽视历史发展的客观性、只强调社会现实的伦理特性的历史唯心主义,论证了人类社会发展的自然历史特性;另一方面,马克思运用"哲学的价值性"拒斥将历史的发展完全描述为经济运行规律或宿命论的机械唯物主义,保留了价值性是对认识与改造社会现实的规约性这一伦理原则。可见,历史唯物主义作为方法论不是一种纯粹的社会认识工具,它还强调无产阶级对社会现实的革命改造负有价值理性责任。"科学的真理性"是历史唯物主义对世界的实然描述,而"哲学的价值性"是其对世界的应然论断。所以,无产阶级在认识与改造世界的过程中,不仅要通过对社会现实的澄明显示来审慎地预测可能的结果、谋划实现目的的手段,而且必须彻底地贯彻其追求人类解放的意志。历史唯物主

---

① 《马克思恩格斯文集》第1卷,人民出版社2009年版,第11页。
② [匈]卢卡奇:《历史与阶级意识》,杜章智等译,商务印书馆1999年版,第78页。

义既是关于社会现实的知识或思想体系，同时在对人类解放进程的叙事中确立了无产阶级的绝对价值性，从而使对世界的实然描述与应然论断在整体的历史运动中达至统一，论证了人类解放的真理性与价值性的辩证统一，显示了人类解放思想的科学理性与人文品质。

二、多向度的解放：人类解放的路径阐述与历史转换

历史唯物主义奠定了人类解放思想的方法论根基，使马克思能够据此解剖和分析社会历史的内在结构及发展进程，并在市民社会的阶级矛盾与阶级冲突中寻找人类解放的根本路径。在马克思看来，受社会历史条件的制约，人类解放并不是能够一蹴而就的历史活动，它需要经历不同层次与阶段的历史发展，因此人类解放将具体地内化为政治解放、经济解放和文化解放等向度的解放形式。这些解放形式作为人类解放思想的元素，受到马克思的充分重视。在马克思对社会现实的唯物史观考察中，他既没有脱离政治解放、社会解放和劳动解放的时代要求，也没有囿于政治解放、社会解放和劳动解放的叙事框架，而是着眼于从多向度的解放到人类解放的路径阐述，辩证地审视多向度的解放与人类解放之间的内在张力与历史转换，从而把推进社会现实向前发展的出发点和基本思路合理地纳入到人类解放的价值目标中，并通过政治解放、经济解放和文化解放的具体实践路径来为人类解放的实现创造条件，最终达到人类解放。

对马克思来说，着眼于从多向度的解放到人类解放的路径阐述，必须对政治解放、经济解放和文化解放的内涵与局限做出严谨客观的阐明。

在1843年的《论犹太人问题》一文中，马克思在批判鲍威尔的基础上，系统地阐述了政治解放的本质与局限。政治解放是资产阶级的政治革命即市民社会革命的结果，是"同人民相异化的国家制度即统治者的权力所依据的旧社会的解体"[①]。旧的市民社会是封建主义性质的社会形态，直接具有政治性质，它的生活要素以各种形式上升为国家的生活要素，并以这种形式规定了单一的个体对国家整体的关系。但是，政治革命消灭了

---

① 《马克思恩格斯文集》第1卷，人民出版社2009年版，第44页。

旧的市民社会这一政治性质，政治解放促使了封建专制制度的灭亡，使市民社会与政治国家相分离，重新确立了个体与国家的关系。马克思肯定了这一解放形式的历史意义："政治解放当然是一大进步；尽管它不是普通人的解放的最后形式，但在迄今为止的世界制度内，它是人的解放的最后形式。不言而喻，我们这里指的是现实的、实际的解放。"① 同时，马克思也尖锐地指出政治解放的历史局限：尽管政治国家与市民社会相分离却无法压制自己的前提——市民社会及其要素，政治国家的建立仍然需要重新承认、恢复和服从市民社会的统治。政治国家"只有同自己的生活条件发生暴力矛盾，只有宣布革命是不间断的，才能做到这一点，因此，正像战争以和平告终一样，政治剧必然要以宗教、私有财产和市民社会一切要素的恢复而告终"②。对政治解放路径局限性的揭示必将转向对市民社会的批判，这就客观要求实现更彻底的解放。

无产阶级在政治上受奴役被压迫的根源是经济上处于被支配地位，"工人阶级的经济解放是一切政治运动都应该作为手段服从于它的伟大目标"③。社会阶级的产生和存在，少数人对多数人进行统治或物对人的统治，归根结底都是由于社会生产力不发达的结果。政治解放是为了实现经济解放，经济解放乃是以社会生产力为中心，采用多种有效方式和措施，实现社会生产力的持续发展和全面进步，逐步消除由社会生产发展不足而造成的人与人之间事实的不平等，特别是人受物统治的状况，达到最终消除因之而引发的人对人统治的根源。人类要消灭阶级统治和私有制度，实现真正的平等原则，最根本和最重要的是要创造高度发展的物质基础和高度发达的社会文明。马克思在《德意志意识形态》中就批判了巴贝夫的粗陋"共产主义"，指出共产主义的实现"是以生产力的巨大增长和高度发展为前提的"④。马克思在谈到人类解放的物质生产力和社会发展水平的标准和目标时说："自由王国只是在必要性和外在目的规定要做的劳动终止的地方才开始；因而按照事物的本性来说，它存在于真正物质生产领

---

① 《马克思恩格斯文集》第1卷，人民出版社2009年版，第32页。
② 《马克思恩格斯文集》第1卷，人民出版社2009年版，第33页。
③ 《马克思恩格斯全集》第21卷，人民出版社2003年版，第16页。
④ 《马克思恩格斯文集》第1卷，人民出版社2009年版，第538页。

域的彼岸。"① 消灭物对人的统治,不光依赖物质的发展,而且要有以人为中心的社会全面进步,只有真正地实现了这些物质条件和社会发展条件,人才能最后真正摆脱物对人的统治。人类最终能创造出最大限度缩短工作时间的一切社会条件,逐步接近或达到消除物对人的统治状态。经济解放必然导致人自身的解放,使人类真正实现从必然王国到自由王国的飞跃。

马克思认为,我们还需要从现实的经济关系入手克服文化活动的异化,在经济解放中实现精神文化领域的解放。马克思对现实的资本主义社会的批判并不局限于政治上、经济上的批判,也并非仅着眼于揭露资本主义生产关系的弊端,而是深入资本主义文化的层面,通过对文化的批判为建构无产阶级的精神世界奠定基础。资本主义市民社会的诞生、发展,使得人类生存领域的分野和相对独立性日益明显,也使得权力和资本逻辑对人类生存的影响逐渐增强。人类文化受到资本的蔑视而成为商业操作的对象,并为资本所奴役。货币拜物教阻碍了人的精神世界的进步,成为建构新的社会意识的障碍,从而成为人类文化进步的桎梏。文化解放就是要抵制文化的平庸化和克服人之异化的加剧,从而建构无产阶级的阶级意识。正如英国学者伯尔基所言:

> 在马克思思想中,人类解放的第三个维度是精神解放。这一点也许最难理解,或者最容易被低估,但对马克思而言,它却是整个解放过程的关键,是另外两个维度(人与自然的关系的解放和人类社会范围的解放——引者注)及其宏伟巅峰的知识基础和前提。它的本质是对人这一物种的道德自由和自足的全面理解——而且是有意识的经验——即懂得理性的人类在自然及社会关系中如此这般的自由、自创、自决,同时认识到整个宇宙没有一个外来的超越者。②

---

① 《马克思恩格斯文集》第 7 卷,人民出版社 2009 年版,第 928 页。
② [英]伯尔基:《马克思主义的起源》,伍庆等译,华东师范大学出版社 2007 年版,第 8 页。

文化解放也许未能彻底改变权力和资本的逻辑，却可以抨击统治者的文化压制和精神束缚，动摇这种逻辑的基础。由于文化解放增强了文化反思人类生存经验前提和条件的能力，突破了市民社会金钱至上观念和利己主义原则对精神文化的支配，给予人类探索新的生存可能性思路，人类也能够通过文化解放不断地实现自我批判和自我提升，这无疑在权力和资本之外设定了相对独立的监督、制约力量，并激发改造资本主义社会的革命热情，建构新的社会意识，它表征的是一个新的可能世界，一个能给予我们希望的世界。

总之，马克思的人类解放理想始终指向一个鲜明的主题——将人类从现实的束缚中解放出来，建立共产主义社会，实现人类的彻底解放。这个过程包括政治解放、经济解放和文化解放等维度。在政治解放的前提下，人类彻底解放还需要社会生产力高度发展和社会精神文明的高度进步。政治解放在与经济解放、文化解放的互动中实现人类解放。辩证地审视多向度的解放形式与人类解放之间的关系，我们必须明确：在唯物史观的视域中，社会历史的发展具有客观性、规律性和阶段性，经济的社会形态以及与之相应的社会政治形态的发展，都包含了不可取消的、合乎规律的、不可超越的各个历史阶段。政治解放、经济解放和文化解放作为实现人类解放的具体化路径，是人类从"物的依赖性"到"自由个性"的历史转换，是一种经由社会现实的变迁凸显出来的人类自然史道路，它们作为马克思人类解放思想的元素，反映了人类解放的层次性，并与历史唯物主义一起构成整体，将历史的科学叙事指向共产主义。

三、共产主义运动：自由个性的物质保障与理论构想

共产主义作为马克思人类解放思想的指向，是由历史唯物主义的双重属性（科学理论和意识形态）与多重维度的解放形式共同支撑的，这三者相互渗透、相互贯穿地架构起马克思的人类解放思想体系。作为马克思人类解放思想的根本指向和根本目的，共产主义是一场总体性的历史转变运动，不仅在生产方式和制度组织等物质形态层面将发生颠覆性的改变，而且在价值理念和心性结构等人的精神气质层面也将焕发出全新的面貌。

马克思对共产主义这一社会和心灵全方位秩序转变运动的阐发集中凝聚在对"自由个性"的物质保障分析和理论构想之上。马克思认为,共产主义运动所要实现的"自由个性"是人类社会发展的第三大形态的表征,是人类最大的历史转变,即从纯粹自发的发展阶段转变到自觉的完善阶段,从物对人的统治阶段转变到人对物的自由支配阶段,从"必然王国"转变到"自由王国"。"马克思把共产主义看作否定社会生活所有异化和对抗形式的一个历史过程,根本没有把它同某种绝对的、更加完备的社会发展体制联系在一起。而过去和现在的很多空想家们的缺点恰恰就反映在这一点上。"① 马克思人类解放思想所指向的终极目的——共产主义不是某种僵化的、死板的制度组织,而是不断变化革新的历史过程。在这个历史过程中,共产主义作为科学性的社会理想,是一种合目的性和合规律性的社会结构安排;共产主义作为伦理性的道德理想,是一种合乎人性的"自由个性"模式。其中,社会结构安排是"自由个性"模式实现的物质保障,"自由个性"模式是社会结构安排的理论构想。这个转变过程既具有科学真理性,又富含价值理想性;既需要客观的物质生产的飞跃,也需要主观的心性气质的革新。

在马克思看来,"自由个性"作为共产主义运动的目标,只能以高度发达的社会生产力为基础,并且这种生产力的发达不是地区和民族的现象,而是具有世界历史性的现象,否则"就只会有贫穷、极端贫困的普遍化;而在极端贫困的情况下,必须重新开始争取必需品的斗争,全部陈腐污浊的东西又要死灰复燃"②。资本主义是处于"必然王国"阶段的社会形态,在其社会关系中,机遇和竞争占绝对的统治地位,大多数人与生产方式的关系是异化的关系,从事的劳动是外在目的规定性的劳动,"现实的个人"的自由联合还未能进入人类的实践视野。随着社会生产力的世界历史性发展、对资本主义私有制的彻底否定以及共产主义所有制的确立,生产力作为人类的社会力量,将不再是个人压迫、剥削和奴役他人的手段,而是成为社会的人的自身力量。"这种无情的社会劳动生产力才能

---

① [俄] 鲍·斯拉文:《被无知侮辱的思想——马克思社会理想的当代解读》,孙凌齐译,中央编译出版社2006年版,第50页。
② 《马克思恩格斯文集》第1卷,人民出版社2009年版,第538页。

构成自由人类社会的物质基础"①，从而奠定人类社会向"自由王国"飞跃的可能性。

透过马克思对"自由个性"物质基础的分析可以发现，其根本的指向是劳动者的解放。"自由个性"物质基础的积累过程也是社会结构的转变过程与人的精神气质等内在结构的历史性生成过程。马克思认为，"必然王国"的社会形态中，个人是原子式的分散个体，个人的劳动是自发的、被迫的，个体之间的自发交往与联系所产生的社会力量对人来说是一种异己的力量并与人自身相对立。而社会生产力发展到极高程度，物质资料充分涌流时，"自由时间"就会出现，在这种客观条件下，从前被异化的个体将得到解放，自主的活动将成为人类生命的自由自觉的本质，人们将在全新的社会形态中转变为完整的和全面发展的人。从"必然王国"向"自由王国"的转变过程，不仅是生产方式、制度组织的转化，更是人自身的焕然一新，是人的精神气质等内在结构的革新。在"必然王国"的国度里，由于资源的有限性、资源分配的多元性与复杂性，利己主义成为"偶然的个人"即原子式的异化的人无法克服的缺陷。他们为了自身生存和发展的利益需要，竞争成为其核心价值理念；在"自由王国"的国度里，个人得到全面发展从而成为有"自由个性的个人"，他们是社会化的人，是以人为核心价值理念联合起来的劳动者，"自由人的联合体"这一理论构想成为真正的社会现实，"偶然的个人"向着有"自由个性的个人"转化的历史过程，是一个历史事实。因此，共产主义不仅是一种全新的社会结构的生成，更是一种全新的人的历史性生成。

综上所述，历史唯物主义、多向度的解放形式和共产主义是马克思人类解放思想的核心元素，三者作为一个整体，环环相扣，紧密关联。离开历史唯物主义的指导，就无法明确多向度解放的阶段性和层次性，对共产主义的认识也会蜕变为乌托邦式的幻想；如果不承认多向度的解放形式是人类社会的政治革命和社会革命中不可逾越的阶段，就会坠入历史唯心主义的泥潭，产生躁动冒进的平均共产主义运动；无视共产主义这一社会实践的根本目的指引，关于历史唯物主义和多向度的解放形式的探索与践行

---

① 《马克思恩格斯文集》第8卷，人民出版社2009年版，第469页。

就会失去科学的目标与方向,"遗失"其崇高的意义和价值。将马克思人类解放思想中的任何一个元素割裂和分离,都会使它丧失自身原有的性质,导致对马克思人类解放思想体系的曲解,也必定不可避免地对马克思人类解放思想的实现方式带来消极影响。

第五章 拓展：马克思人类解放思想的理论延伸

马克思人类解放思想自诞生以来，既受到各种理论的追问，也不断接受社会实践的检验。随着社会的发展，面对新的社会问题与现象，研究者始终秉持着批判的品质，在深入研究现实社会特征的基础上，试图解释和解决新时代的社会问题，以寻求人类解放思想的继续发展和创新性的实现方式。具体来讲，对20世纪初革命社会的批判，以列宁的社会主义革命和建设理论以及卢卡奇反对物化的总体性辩证法思想为代表；对古典资本主义工业社会的生产劳动异化批判，以马尔库塞的单向度社会批判理论和哈贝马斯的公共生活领域理论为代表；对现代资本主义社会的消费文化异化批判，则以列斐伏尔的日常生活批判理论以及鲍德里亚的符号政治经济学理论为代表。总体来说，研究者对马克思人类解放思想有部分肯定、部分否定、全盘否定等不同观点。他们对马克思人类解放思想的研究与探讨，无论是肯定或是否定，支持或是诋毁，都抱有并保持着一种试图改变社会生活、实现人类解放的"实践旨趣"。因此，我们必须对这些学术探索和社会实践予以足够的重视，在对话碰撞中进一步拓展马克思人类解放思想的问题域，厘清马克思人类解放思想的实质精髓。

第一节 革命时代的解放求索：列宁与卢卡奇

一、列宁对马克思解放思想的理论推进与革命践行

列宁虽生活和战斗在不同于马克思恩格斯的历史时代，但他能够正确把握马克思恩格斯思想的精髓，始终运用其理论，批判资产阶级和修正主义哲学，并在总结帝国主义和无产阶级革命实践、民族解放斗争的新经验的基础上，阐述了在落后国家建立社会主义的可能性，创造性地丰富和发展了马克思人类解放思想。列宁不仅在理论上造诣高深，在现实中也躬身践行了马克思人类解放思想。他是布尔什维克党的创立者、苏联的缔造者，被全世界共产主义者广泛认同为"全世界无产阶级和劳动人民的伟大革命导师和领袖"。其民族解放运动理论、无产阶级革命理论凝聚着对人类解放道路艰辛探索的心血和汗水，是一笔宝贵的思想财富，在当今仍然焕发出万丈光芒。

（一）对马克思解放思想的理论自信与自觉推进

列宁对马克思人类解放思想充满了坚定的理论自信，在理论自信的前提下，他又不断地自觉推进和丰富了马克思人类解放思想。

第一，列宁始终以理论自信的态度，坚决捍卫马克思人类解放思想，理论自信构成了列宁自觉推进马克思人类解放思想的前提。马克思人类解放思想以"每个人的自由全面发展"为己任，是共产主义世界观，也是建立在唯物史观和剩余价值学说两大理论基础之上的科学。对于任何曲解、背叛马克思主义的行为，列宁总是以理论自信的态度予以毫不留情的批判，"我们将不惜任何牺牲向诽谤马克思主义或歪曲工人政党政策的各种尝试进行斗争"[①]。19世纪90年代，随着国际工人运动的发展和俄国革命历史进程的推进，俄国自由主义民粹派思想泛滥，不断制造"马克思

[①] 《列宁全集》第46卷，人民出版社1990年版，第215页。

主义破灭"的谶语谰言：散布十月革命是短命的"早产论"，主张思维经济原则的"马赫主义"，主张自发性的"经济主义"，宣传马克思主义无用论的"伯恩施坦主义"，瓦解工人运动的"取消主义"，在领导权上反对无产阶级领导的"孟什维克主义"，为帝国主义战争辩护的"沙文主义"，倡导超阶级的"考茨基主义"等。在如此复杂严峻的情况下，列宁同它们进行了长期的、反复的较量。他在理论上坚信，人类思想史上，"只有马克思的哲学唯物主义，才给无产阶级指明了如何摆脱一切被压迫阶级至今深受其害的精神奴役的出路"①，"只有马克思的经济理论，才阐明了无产阶级在整个资本主义制度中的真正地位"②。而"现代历史的全部经验，特别是《共产党宣言》发表后半个多世纪以来世界各国无产阶级的革命斗争，都无可争辩地证明，只有马克思主义的世界观才正确地反映了革命无产阶级的利益、观点和文化"③。列宁一直都以理论自信的态度捍卫马克思主义世界观，特别是其人类解放思想。他认为，沿着马克思人类解放思想的道路前进，"我们将愈来愈接近客观真理（但决不会穷尽它）；而沿着任何其他的道路前进，除了混乱和谬误之外，我们什么也得不到"④。他在同各种社会思潮论战中，始终坚信马克思理论特别是人类解放思想的科学性，始终坚持同论战对手作激烈斗争。这种对马克思人类解放思想的理论自信，构成了列宁对马克思人类解放思想自觉推进与理论贡献的前提。

第二，列宁在理论自信的前提条件下，进一步完善和发展了马克思关于落后国家人民解放的思想。马克思曾提出关于落后国家人民解放的著名理论——跨越"卡夫丁峡谷"思想。跨越"卡夫丁峡谷"思想的核心内容是：落后的俄国社会如何避免资本主义发展道路而在生产方式上实现跨越，即俄国要依靠欧洲社会主义革命胜利之后进行社会革命，并按照社会主义生产方式来实现生产力的发展。但是，随着欧洲社会主义革命的逐渐

---

① 《列宁专题文集——论马克思主义》，人民出版社2009年版，第71页。
② 《列宁专题文集——论马克思主义》，人民出版社2009年版，第71页。
③ 《列宁专题文集——论社会主义》，人民出版社2009年版，第167页。
④ 《列宁专题文集——论辩证唯物主义和历史唯物主义》，人民出版社2009年版，第50页。

退潮，马克思关于俄国人民解放的战略思想没有实现。列宁意识到由于欧洲国家工人经济地位的提高，工人阶级的革命意识开始淡化，在欧洲资本主义国家实现社会主义革命是不可行的。那么，落后国家人民争取解放的革命就要搁浅吗？对此，列宁在对马克思关于落后国家人民解放思想自信的基础上，敏锐地意识到，革命可以而且只能在资本主义的薄弱环节爆发，即在被剥削的落后国家实现。而沙皇俄国是帝国主义国家体系的组成部分，是一切矛盾的"焦点"，资本家剥削和地主压迫相结合，使俄国人民遭受着比其他国家更为残酷的压榨，使之对解放的渴求比同时代任何国家的人民更强烈。正是在这种实际背景下，列宁突破了自己原先的认识，逐步扬弃了马克思跨越论中与变化了的实际不相符合的欧洲社会主义革命主导论的观念，在理论上创造性地提出"一国胜利"论，在哲学高度上论证了落后国家率先进入社会主义的可能性，推进了马克思关于落后国家人民解放的思想。

第三，列宁以自身独到的见解发展了马克思关于实现人类解放具体方式的思想。仔细研究马克思文本，我们发现马克思本人很少对反抗形式进行具体的说明。马克思将人类解放方式的问题都聚焦在如何利用危机孕育"革命时机"上，即当资本主义发生危机时，要通过群众实践达到自我转变和自我解放，而马克思对人类解放主观力量问题谈及较少。对于这样一种理论"沉默"，列宁以自己独到的见解阐述了从反抗到革命的问题，他强调通过先锋政党、理论甚至国家政权来赋予反抗的具体形式。这种认识与列宁对当时苏维埃在革命形势中的角色分析有直接关系。苏维埃临时政府在1917年面临双重可能性：要么成为全国劳动人民的政权机关，要么成为资产阶级统治制度下的机构，即必须在"一切权力归苏维埃"和"革命退缩"两者之间做出选择。"苏维埃只有在取得全部国家政权之后，才能真正发育起来，才能发挥自己全部的潜力和才能，否则就会无所作为，或者仍不过是个胚胎（而过久地作为胚胎存在是不可能的），或者成为一种玩物。"① 列宁认为，问题的核心不再是促使反抗转变成革命，而

---

① 《列宁全集》第32卷，人民出版社1985年版，第298页。

是要完成阶级斗争的自发层面到先锋政党和国家政权层面的"质的跨越"①，通过先锋政党和国家政权等革命力量将群众的反抗情感作为斗争的起点，赋予其情感一种意识和方向指导，推动斗争向前发展，进而取得革命胜利。

（二）在革命与建设中践行马克思解放思想

列宁不仅理论上造诣高深，在现实中也躬身践行马克思人类解放思想：1903年创建了新型的、战斗型的俄国马克思主义政党；1917年领导的布尔什维克武装力量推翻了资产阶级临时政府，建立了苏维埃政权；领导俄国人民进行了前无古人的社会主义建设探索；等等。列宁在革命实践上同样秉持马克思主义的实践本质，并在此基础上进行了拓展。

第一，发动武装起义，取得十月社会主义革命胜利，在世界性范围内缔造了第一个由广大劳动人民当家做主的无产阶级政权，把马克思对社会主义社会的理论构想变为现实，率先带领俄国人民迈开解放之路。基于对第一次世界大战前后世界社会发展特征的认识，他提出要依靠工人阶级的力量，广泛发动工人阶级来彻底反抗和推翻整个资本主义社会制度。列宁指出，在20世纪初的俄国，自然经济的旧制度让位给商品生产，资本主义生产方式愈来愈占统治地位，人民分化为资产阶级和无产阶级，无产阶级被压迫、被奴役、被剥削的生存状况不断加深。社会生产力大力发展的同时，发展所带来的利益却为极少数人所垄断，使得社会不平等现象加剧，阶级之间的鸿沟进一步扩大和加深。社会的不平等状况、资产阶级和无产阶级矛盾的存在，严重阻碍着生产力的发展。人类解放问题的关键是社会制度问题，俄国人民悲惨生活的根源就在于资本主义制度。只有通过无产阶级革命，建立社会主义制度，工人阶级及整个人类才能获得解放。"工人阶级要获得真正的解放，必须进行资本主义全部发展所准备起来的社会革命，即消灭生产资料私有制，把它们变为公有财产，组织由整个社会承担的社会主义的产品生产代替资本主义商品生产，以保证社会全体成员的充分福利和自由的全面发展。"②列宁坚信，只有社会主义制度才能

---

① ［意］伊莱纳·韦帕莱利：《马克思与列宁论危机、反抗与革命时机》，张春颖编译，《马克思主义与现实》2011年第3期。

② 《列宁专题文集——论社会主义》，人民出版社2009年版，第381页。

从根本上实现人类解放。因为从生产力的角度看，"社会主义能创造新的高得多的劳动生产率"①，从生产关系的角度看，社会主义"制度是正确的，劳动和粮食的分配是公平的"②。十月革命以震撼人心的轰鸣响彻整个俄国，真正代表大多数被剥削者利益的社会主义制度由此诞生，它既是高效率的，又是公平正义的，是实现人类解放目标的根本保证。

第二，十月革命后，列宁遵循马克思人类解放思想，开始领导俄国人民进行社会主义建设。列宁认真研究了无产阶级政权在被资本主义国家包围下建设社会主义的方式。他认为，在唯一的无产阶级专政已经胜利的国家内建设社会主义具有可能性。把可能变为现实的具体方案为：首先，发挥人民群众的主观能动性，调动他们投身社会主义建设的热情。劳动人民也因为摆脱了资本和资本家的束缚与控制得到解放，成为自己的主人，而劳动热情高涨。"每个赶走了资本家或者至少是用真正的工人监督制服了资本家的工厂，每个赶跑了地主剥削者并且剥夺了他们土地的农村，现在而且只有现在才成了劳动者可以大显身手的场所。"③ 其次，在革命过后，列宁带领布尔什维克政党及时把改革提到日程上来。为了把俄国劳动人民从贫困、屈辱的悲惨现实中解放出来，列宁在俄共（布）第十次代表大会上，特别要求所有党的机关和苏维埃机关立即采取相应措施，竭力改善工人的生活状况，减轻他们的困难。在第十次代表大会上，通过了《关于改善工人和贫苦农民的生活状况的决议草案》，此决议草案成为改善工人阶级生活状况的纲领性文件。

在领导俄国人民进行社会主义建设的实践中，列宁对人类解放的认识不断从理想贴近现实，尤其是晚年的政治脉搏已经与历史车轮同步。在和平时期，曾经出现继续执行"战时共产主义"的错误倾向，列宁及时进行了调整，改变了他之前对社会主义和市场经济关系的错误看法，并提出实行"新经济政策"。在实施新经济政策、建设社会主义构想的基础上，列宁从许多方面开始接触和摸索逐步实现人类解放的规律，主要包括：意识到实现社会主义是一个长期而又艰难的过程；重新认识如何建设社会主

---

① 《列宁专题文集——论社会主义》，人民出版社2009年版，第151页。
② 《列宁全集》第36卷，人民出版社1985年版，第356页。
③ 《列宁专题文集——论社会主义》，人民出版社2009年版，第54页。

义的问题；社会主义的首要任务是发展生产力和提高劳动生产率；鼓励和允许多种经济成分同时存在。① 列宁找到了通过国家资本主义向社会主义间接过渡的有效途径，架起了人类解放理想与现实之间的桥梁。作为革命的无产阶级政党的领袖，列宁为将工人阶级从被剥削状态下解放出来的事业铺平了道路，并依据马克思的人类解放思想，切切实实地在工人阶级面前提出社会主义建设的任务。

第三，列宁为其他国家人民的解放实践做出了不懈努力。他强调，人类解放不仅要消灭国家内部的阶级剥削，还要推翻国家间的民族压迫。全世界劳动人民的根本利益是一致的，要通过革命的道路推翻帝国主义在全世界的统治，建立没有阶级、没有压迫的联合社会，实现全人类的解放。1915年他在《和平问题》一文中指出："我们主张进行反对帝国主义即资本主义的革命斗争。"② 帝国主义的第一次世界大战产生了严重的后果和影响，它使资本主义所固有的一切矛盾空前尖锐，尤其是民族解放斗争达到"沸点"。在列宁的领导下，第三国际即共产国际于1919年3月正式成立。列宁发出了联合全世界无产者、团结一致地进行国际解放斗争的口号，同时"要求把本国的帝国主义者赶出这些殖民地，教育本国工人真心实意地以兄弟般的态度来对待殖民地和被压迫民族的劳动人民，不断地鼓动本国军队反对对殖民地人民的任何压迫"③。列宁不但从思想上武装了殖民地半殖民地被压迫人民，而且在俄国十月革命之后极端困难的条件下，坚决支持并援助了许多国家的解放革命。列宁尖锐地揭露了第二国际修正主义者只是口头上谴责帝国主义而行动上却不支持被压迫民族的劳动人民解放斗争的叛徒行为，指出他们是假仁假义的"资产阶级在工人运动中的真正代理人"④。列宁满腔热情地研究殖民地问题，并深度关注被压迫民族解放运动的发展。列宁确信，受尽压迫和剥削、受尽摧残和侮辱的殖民地半殖民地的被压迫民族、被压迫人民，一定会奋起反抗帝国主义强盗，争得自己的解放。列宁为社会主义革命的胜利和全人类的解放的贡

---

① 参见赵曜：《列宁晚年社会主义思想的三重涵义》，《马克思主义研究》2000年第2期。
② 《列宁全集》第26卷，人民出版社1988年版，第316页。
③ 《列宁专题文集——论无产阶级政党》，人民出版社2009年版，第272页。
④ 《列宁专题文集——论资本主义》，人民出版社2009年版，第105页。

献不可磨灭，他宣传革命、发动革命、领导革命和推动革命，光荣地战斗了一生。

（三）开创性的理论与未充分展开的实践

列宁以理论自信的态度，认真对待马克思的解放思想，在理论上开辟和推进了马克思的解放思想，在实践上运用了马克思的解放思想，但这种运用在现实中尚未充分得以展开和完成。笔者认为，黄楠森教授对列宁思想的评价是比较中肯的：列宁开辟了马克思主义的新阶段；但列宁是人而不是神，没有全面完成新阶段的历史使命。列宁思想是实践中的马克思主义，是20世纪上半叶的马克思主义，是有俄国特色的马克思主义。①

第一，列宁在理论上开辟了解放思想的新道路。首先，列宁从历史规律的高度阐明、发展了马克思关于落后国家的跨越问题。列宁以马克思有关俄国问题的说明为出发点，却不局限于马克思所提出的问题，而是结合当时的世界历史变化，从一个更广阔的视角，即从帝国主义时代的东方社会发展规律及其与西欧的政治、经济和无产阶级革命运动的关系上解答问题，从而把马克思有关落后国家实现解放问题的思考上升为对世界历史规律的思考，进一步发展了马克思解放思想。其次，新经济政策基础上的社会主义建设构想，体现了列宁生动的理论创造，把马克思主义者带入一个理论思维上的全新境界。列宁的社会主义建设理论具有逻辑上的二重性：一方面，继承了马克思恩格斯的科学社会主义理论，在科学社会主义的理论模式上直接建构社会主义；另一方面，突破了马克思恩格斯关于社会主义社会的具体论述，立足于俄国的具体国情，提出了不同于马克思理论的"新经济政策"，凸显了市场经济的地位，这既是一个极其重要的理论转折点，也为科学社会主义理论提供了一个新的逻辑起点，给我们留下了宝贵的精神财富。列宁向殖民地国家指出了解放的道路，斯大林评价指出，列宁主义是"无产阶级革命的理论和策略"②，它已经成为亿万劳动人民的旗帜。

第二，列宁在实践上践行了马克思的解放思想，但未能在现实中使马

---

① 参见黄楠森：《黄楠森自选集》，重庆出版社1999年版，第81—96页。
② 斯大林：《列宁主义问题》，人民出版社1973年版，第2页。

克思的解放思想以及自身的理论贡献得以充分展开和完成。社会主义建设道路的思路转换并没有使列宁完全抛弃原来的理论思维，他只是把新经济政策作为一个向社会主义过渡的战略政策，并不是作为社会主义的一种经济发展模式而提出，这决定了他在具体实施中不可能把新经济政策贯彻到底，特别是其中所体现的商品经济原则没有上升到社会主义经济建设基本原则的高度。列宁认为，经济必须具有计划性，而且是一种"总布局"、"总战略"。新经济政策只不过是列宁经济计划性策略的组成部分。他仍然把新经济政策中的商品、市场范畴看作资本主义特有因素，在《劳动国防委员会给各地苏维埃机关的指令》中指出："商品交换和贸易自由意味着资本家和资本主义关系必然出现。"① 新经济政策仍然强调政府的计划性，这关系到两种对立制度的某种联合和斗争的问题，是社会主义和资本主义"谁战胜谁"的问题。"我们党的任务就是要使大家都认识到，存在于我们中间的敌人就是无政府状态的资本主义和无政府状态的商品交换。必须清楚地了解斗争的这个实质。"② 可见，列宁的大体思路基本上还是在社会主义计划经济框架之内。

马克思主义创始人生活在资本主义社会初期，他们对"旧世界"的批判也只能在其身处的特定环境下进行，他们预测未来社会虽然来源于对所处现实矛盾的分析，具有现实性，但毕竟是未经实践检验的预测，需要人民群众在实践基础上艰难拓展。列宁自身也充分认识到人类解放思想在践行和实现过程中的艰巨性：人类解放伟大事业面临着许多前所未有的新情况、新问题、新挑战，需要一个长期的探索过程。而列宁正是一个严格的现实主义者，他对巨大社会变革的必然性把握得透彻清楚，给全世界人民指明了一条从资本主义制度解放出来的道路，尽管这一道路在列宁时代未能充分展开。他是共产党的组织者与领袖，其为争取全人类的解放而斗争的坚决品质、百折不挠毫不妥协的精神留在了千万劳动人民的心中。正如高尔基所言，"列宁一生的基本目标就是全人类的幸福"，就是为"从根本上消灭人们之间的社会不平等现象"，他"像一具大犁，不倦地在翻

---

① 《列宁全集》第41卷，人民出版社1986年版，第269页。
② 《列宁专题文集——论社会主义》，人民出版社2009年版，第256页。

耕满目疮痍的贫瘠的土地"①。列宁的事业是马克思主义的事业,是全世界无产阶级和劳动人民的神圣事业。俄国著名作家奥斯特洛夫斯基在《钢铁是怎样炼成的》一书中有一句名言:"人的一生应当这样度过:当他回首往事的时候,他不至于因为虚度年华而痛悔,也不至于因为过去的碌碌无为而羞愧;在临死的时候他能够说:我的整个生命和全部精力,都已经献给世界上最壮丽的事业——为人类的解放而斗争。"奥斯特洛夫斯基的这句名言如果用来描绘列宁的一生也是恰当的。

二、物化与总体性:卢卡奇延伸马克思解放思想的关键语*

匈牙利著名的哲学家和文学批评家格奥尔格·卢卡奇(Georg Lukács, 1885 – 1971)生活在阶级斗争风起云涌的年代,他以马克思开辟的人类解放思想为指南,怀揣"浪漫主义的反资本主义"革命激情,努力探索通往人类幸福彼岸的现实道路。卢卡奇一生的思想探索路径可谓纷繁复杂、曲折多变。由于历史变局、社会现实变化、政治压力和意识形态批评等因素,卢卡奇曾多次"检讨"自己的理论,甚至有学者将其"检讨"视为理论的断裂。笔者认为,这种"多变"和"断裂"的背后,有着深层次思想的不变性、一致性,即对人类命运的深度关切和矢志不渝的坚守。卢卡奇是一位以人类解放为毕生追求的伟大思想家,他继承了早期马克思主义的革命精神,开启了西方马克思主义思潮,被誉为西方马克思主义的创始人和奠基人,他的哲学思想是20世纪马克思主义演进史中无论如何都绕不过去的一座理论高峰。时至今日,它对我们继续探索人类解放之路仍具有重大意义。

(一) 物化:社会批判的核心范畴

卢卡奇认为,物化(reification)是资本主义社会中最基本、最普遍的现象,每个个体都面临着同样的商品原则和物化的命运。物化作为一种控制人、支配人的外在力量,不仅存在于人的生存结构和活动方式中,而

---

① 高敬增等:《列宁》,红旗出版社1997年版,第801页。
* 本部分内容参见笔者的博士生黄漫与笔者合作完成的论文《物化与总体性:卢卡奇延伸马克思解放思想的关键语》,《福建论坛》2014年第10期。

且越来越深入地、决定性地侵入到人的意识领域。人们自觉地认同社会物化结构和现象,并将社会物化结构作为外在"规律"来加以遵守,以致人们丧失了批判的品格和人格精神,失去了批判和超越物化结构的主体性意识。

无产阶级革命是卢卡奇所处时代思想家们所关注的焦点问题。马克思曾认为无产阶级革命会首先在发达的资本主义社会取得胜利,但现实情况并非如此,无产阶级革命发生在相对落后的俄国,并且取得了革命的成功。在此之后的1918—1923年间,西欧国家曾按照俄国无产阶级革命的模式进行革命却无一例外地遭遇失败。卢卡奇认为,革命失败的原因在于西欧的无产阶级革命是一种自发的运动,并没有自觉地形成阶级意识,主观意识没有发挥真正的作用。"当展开资本主义最后的经济危机时,革命的命运(还有人类的命运)将取决于无产阶级的意识形态上的成熟性,取决于它的无产阶级意识。"① 因此,取得社会革命胜利的关键点不再是传统意义上的政治体制和经济体制,而应该转向为意识形态方面。"对无产阶级来说,'意识形态'既不是随从于斗争的旗帜,也不是对它自己目的的一个掩饰物,它本身就是无产阶级的目的和武器。"② 卢卡奇认为,推动整个资本主义现实状况的改变,取得无产阶级革命胜利的当务之急就是确立无产阶级意识。

无产阶级未能自觉形成阶级意识最大的障碍在于资本主义社会的物化现实。在《资本论》中,马克思对商品拜物教进行了深度剖析。他认为,在资本主义社会,商品的使用价值成为交换价值的载体,与之对应,具体劳动也成为抽象劳动,抽象劳动成为遍及生活的全部表现形式,最终形成了以商品、货币、资本为核心的拜物教理念。卢卡奇通过对拜物教的分析指出:"物化"是资本主义社会这一整体中,最基本、最普遍的现象,是

---

① Georg Lukács. *History and Class Consciousness: Studies in Marxist Dialectics*, Trans, Rodney Livingstone, London: Merlin Press, 1971, pp. 60-70.
② [匈] 卢卡奇:《历史与阶级意识》,杜章智译,商务印书馆1992年版,第238页。

每一个人必然面对的直接现实。① "无产阶级作为资本主义的产物,必然隶属于它的创造者的生存模式。这一生存模式就是非人性和物化"②,资本主义社会决定了物化现象的普遍性和必然性。资本主义普遍的商品经济揭示了商品的奥秘在于:人们劳动的社会性质通过商品表现为劳动产品自身的物性,这意味着人与人之间的关系也被物化。这种被物化的社会关系越来越深入地、致命地侵入人的意识领域,"幽灵般对象性"的商品在人的整个意识中留下了印记。物化的现实造成了物化的意识,具体表现在三个方面:第一,随着劳动分工和商品交换的发展,人们的职业愈加专门化,人们的生活愈加受到局限,狭小的生活圈子使人们的思想停留在局部思维上,丧失了对整个社会的理解力和洞察力。正如卢卡奇所说:"技能的专门化导致了对整体的每一个想象的破坏。"③ 第二,人们拘泥于对资本、货币和商品的追求,目光越来越短浅,不再把眼前发生的现实当成历史运动的过程,忽视了对前途和未来的思考。第三,人的思维随着客体化、对象化的劳动而丧失了主动性、创造性。在劳动过程中,劳动者成了转动着的机械系统的组成部分,"当世界变得机械化的时候,它的主体,人也必然地被机械化了"④。总之,资本主义社会是异己的物质世界,这一世界既与自己相对峙而压抑着自己,又决定性地深入人的灵魂,使其心理特性同整个人格相分离,人的主体性彻底丧失。

卢卡奇进一步指出,披着合理性外衣的资产阶级意识形态是造成人们意识物化的又一重要精神因素。资本主义社会的合理性把日常生活的方方面面都纳入到可以被计量和规约的貌似"合理"的客观必然性之中,合理性原则在物质生产方面取得了巨大成就,它不仅满足了人们的生存、发展等物质需求,而且为人们提供了安全感、幸福感等精神保障。但是它对人们的现实生活和思想观念产生的负面影响不容忽视,它使人们在总体上

---

① 卢卡奇在《什么是正统的马克思主义?》一文中首次提出"物化"这一概念,并在《阶级意识》的论文中对其进行了深入论述。卢卡奇在没有看到马克思的著作《1844 年经济学哲学手稿》的情况下,通过对《资本论》的分析,得出的某些结论与马克思关于异化劳动的规定有着惊人的相似,可见他能够敏锐而又深刻地把握资本主义社会的现状和马克思思想。
② [匈]卢卡奇:《历史与阶级意识》,杜章智译,商务印书馆1992年版,第76页。
③ [匈]卢卡奇:《历史与阶级意识》,杜章智译,商务印书馆1992年版,第103页。
④ [匈]卢卡奇:《历史与阶级意识》,杜章智译,商务印书馆1992年版,第40页。

认同了物化具有经济合理性。此外，合理性原则的典型代表——科学技术，产生之初具有客观中立性，而在与资本结合的过程中，逐渐发展为践行资本主义合理性原则的方式和手段，丧失其客观中立的本质属性而成为资本主义意识形态。资本主义凭借合理性原则特别是科学技术，在意识形态层面夺得了领导权，实现了对社会的精神支配，既扼杀了人们的反叛意志，压抑了人们的心灵，还以正当的形式掩盖了现实社会的客观状况。资产阶级阶级意识所表现出的资本主义意识形态直接导致了人们意识的物化。

在资本主义物化现实和资产阶级意识形态的双重夹击下，人们的主体精神和革命意识被彻底瓦解。物化意识的笼罩使人们完全沦为一种商品，丧失了批判和超越物化结构的主体性维度，自觉本能地认同了这种物化现象和物化结构。物化意识钝化了整个无产阶级对资本主义社会现实的批判性和洞察力，消解了无产阶级的革命性。"物化意识必定会无希望地陷入到粗糙的经验主义（crude empiricism）和抽象的乌托邦主义（abstract utopianism）这两个极端中。"① 卢卡奇渴望人们在思想认识上拥有新的思维方式来突破资产阶级物化意识及其所决定的单纯直观的认识思维，这种新的思维方式就是辩证法，而辩证法的核心概念，在卢卡奇看来是"总体性"原则。

（二）总体性原则：克服物化意识的途径

卢卡奇是一位以关注人的现实生存为基础的革命批判家，他无情批判了资本主义社会，深刻洞察了人类的生存危机——人物化为仅仅具有经济人格的片面人，其根本目的是为了寻求变革现实社会的可能性和生长点，终极关怀是现实生活中人的自由和解放。为此，卢卡奇对总体性原则给予

---

① ［匈］卢卡奇：《历史与阶级意识》，杜章智译，商务印书馆1992年版，第77页。此段话中，卢卡奇所论及的"粗糙的经验主义"，是指意识成了它自己必须顺从而不能加以控制的客观法则的消极观察者。经验主义无限夸大了物、事实、法则的理论，人或主体变得可有可无。所谓"抽象的乌托邦"则滑向另一个极端：一方面，它不主张社会革命，而是寄希望于个人伦理水平的提高来实现社会主义，其目光完全停留在个人和社会的局部现象上；另一方面，它无限夸大主体的力量，相信奇迹会改变一切。乍看上去，它似乎极端蔑视客观法则的力量，实际上，这正是在客观法则的重压下，主体意识茫然失措地表现自己的一种体现。（参见俞吾金等：《国外马克思主义哲学流派新编》上册，复旦大学出版社2002年版，第18－19页）

了极大期望,希冀通过"总体性"的阶级意识和文化艺术来克服"片面性"的物化意识,重拾无产阶级革命斗志,恢复人的真实关系。

"总体性"的阶级意识与"片面性"的物化意识相对抗,是人类解放期望的精神力量。要实现人类解放必须重新确立无产阶级总体意识,无产阶级的总体意识与其自身的命运休戚相关。在卢卡奇看来,马克思的辩证方法就是以"主体—客体"的辩证运动为核心的总体性方法,如果不了解这一点,就不能把现有的资本主义社会视为一个具体的总体,也就无法从无产阶级的主体性视角来面对资本主义的世界。要确立无产阶级意识,就必须用总体性的方法来透视现实。社会存在的各个要素都处于总体结构的关联之中,但各要素并不是简单地在总体结构中直接联系在一起的,在整体与部分、部分与部分之间存在着复杂的中介关系,作为总体性辩证法内在规定的中介使得对既存在区别又存在联系的复杂历史现实性本身的认识与描绘成为可能。

> 一切社会现象的对象性形式在它们不断的辩证的相互作用的过程中始终在变。客体的可知性随着我们对客体在其所属总体中的作用的掌握而逐渐增加。这就是为什么只有辩证的总体观能够使我们把现实理解为社会过程的原因。因为只有这种总体观能够揭破资本主义生产方式所必然产生的拜物教形式,使我们能够看到它们不过是一些假象,这些假象虽然看来是必然的,但终究是假的。①

无产阶级意识是对人类生存状况的整体认识,它超越了直接经验的片面性,揭示了对象性的形式背后人与人的真实关系,具有总体能动性、历史首创性和社会变革性。无产阶级的最大优势和唯一武器就是:具备把整个社会看作具体的、历史的、总体的能力;具备将物化形式展现为人与人关系过程的能力;具备对发展内在意义的深刻认识并将其付诸实践的能力。在总体性认识方法的指导下,无产阶级可以确立无产阶级意识,对资

---

① [匈]卢卡奇:《历史与阶级意识》,杜章智译,商务印书馆1992年版,第62页。

本主义社会生活的种种遮蔽进行解蔽，揭示出被遮蔽的人与人、人与物的社会关系，这正是人类解放的关键所在。

从总体性的观念出发，卢卡奇认为不可能通过解决资本主义社会的某些问题（尤其是马克思所强调的经济问题）来解决资本主义社会的所有问题。要改变无产阶级的历史地位、扬弃物化的资本主义社会，就必须实现总体性的革命。只有在总体性的视角下，无产阶级才能意识到自身是一种商品存在，才能透视物化意识的真实规定性，资本主义社会中主体和客体的关系才会根本性地发生颠倒，即原来处于客体位置的无产阶级倒转为新的主体——人与人之间关系的主体，人成为一切社会得以存在的尺度。人的生成过程，在思想层面，要有把社会看作总体流动过程的辩证意识；在现实层面，需要在实践中将辩证的总体意识加以实现，而这个过程，既是历史的真实发生过程，也是真正的总体性能够产生的条件。总体意识的获得与人的生成、人类解放是同一个历史过程。"历史正是在于，任何固定化都会沦为幻想：历史恰恰就是人的具体生存形式不断彻底变化的历史。"① 历史的过程也是把历史看作人的活动产物而消除物化意识的过程。在卢卡奇的理论语境中，历史不仅是人的活动的结果，也是人生成的境域，辩证法就是历史过程本身的本质与思想表达，总体不仅体现为社会结构的存在特征，也体现为人生成的目标。人类解放与总体性辩证法具有内在的逻辑一致性。

文化与艺术代表着总体性，也是确立无产阶级意识实现人类解放的重要媒介。纵观卢卡奇一生可知，他倾注了大量的心血来研究美学，尤其是文化和艺术，以此作为人类解放的一种途径。

卢卡奇认为，文化的根本是一种超越性的存在，它不愿意受到直接经验的束缚。在成为马克思主义者之前的青年时代，卢卡奇就在内心深处向往希腊的幸福家园，确立了摆脱异化生活、重建完整文化的心理定势，这一心理定势一直延续到卢卡奇晚期。如卢卡奇早期《海德堡手稿》与晚期《美学特征》两部著作，尽管两者在写作时间上相隔了近半个世纪，使用了完全不同的概念手段——"完整的人"（the whole man）与"人作

---

① ［匈］卢卡奇：《历史与阶级意识》，杜章智译，商务印书馆1992年版，第275页。

为一个整体"(man as whole)——但是它们都致力于解决同一个理论问题：试图在人类活动框架内确立文化的功能与地位，并力图阐释文化与现实的人、文化与日常生活之间的关联。卢卡奇认为，文化具有两极性：异化的人所遭遇的"分裂的文化"，自由的人所代表的"完整的文化"。资本主义社会的文化是前者，是"一些凝固的、异化的事物，是无法再从人内在的精神生活中唤起任何共鸣的意义表达的一种合成(sinngebilde)。它是衰落的精神生活的蒙难所"[1]。真正的文化力量是提升生活和丰富生活的力量，它不仅能为人类的日常生活贡献价值意义，而且能为人类的理想提供目标与方向。

卢卡奇认为，艺术具有"反拜物化"的功能。在《审美特性》中，他试图从马克思主义反映论的立场出发来建立新的审美观和艺术观。卢卡奇曾写道："这里就提出了审美的反拜物化使命。"[2] 在资本主义社会，随着科学技术和分工的发展，异化和物化普遍地渗透到人们日常生活和日常思维中，物的主体化和人的物化成为日益严重的现象。艺术和审美也受到了"拜物化"倾向的影响，既失去了从总体上批判资本主义社会的能力，也日益陷入媚俗化、颓废化的窘境。[3] 在卢卡奇看来，真正的艺术和审美不仅是对日常生活核心的揭示，而且是对它的"拜物化"倾向的批判。他在《审美特性》第十章第一节"人是核还是壳"中引述歌德的诗句——"难道这自然之核，不是就在人的心中？"并写道："人们可以对歌德诗句的意义如此加以概括，人作为核的存在与对世界的反拜物化眼光是同时确立起来的，而人作为壳的存在是与自身屈从于拜物化偏见同时确立起来的。"[4] 卢卡奇借用歌德的诗句告诉人们，真正的艺术和审美要确保自己自由的地位，就必须与把人视为"外壳"的倾向展开不懈的斗争，

---

[1] Georg Lukács. *Die Theorie Des Romans*：*Ein Geschichtsphilosophischer Versuch über Die Formen Der Grossen Epik*, Neuwied：Luchterhand, 1971, p. 53.

[2] [匈]卢卡奇：《审美特性》第2卷，徐恒醇译，中国社会科学出版社1991年版，第212页。

[3] 参见俞吾金等：《国外马克思主义哲学流派新编》上册，复旦大学出版社2002年版，第58页。

[4] [匈]卢卡奇：《审美特性》第2卷，徐恒醇译，中国社会科学出版社1991年版，第262页。

这才是真正的艺术和审美的批判作用之所在。

卢卡奇将实现人类解放的美好理想诉诸为总体性的无产阶级意识和文化艺术。在卢卡奇的思想中，"总体性"代表了一种充满诗意的人类生活，是与经验、事实相对立的价值与意义，是与物化相对立的人化。他认为，马克思思想革命性的关键点就在于：马克思在实现历史主体与客体的统一中，运用总体性方法彻底消解了物化意识。"总体性"代表着超越，而文化与艺术是超越功能的具体体现，每件艺术作品都赋予生活以意义并使之上升为自觉的过程，是超越混沌生活状态、对生活"审判"的过程，是征服现存事物的证明。从卢卡奇开始，西方研究者们以文化立场来理解生活、判断和改变生活，并将马克思的哲学批判聚焦在总体性范畴和历史辩证法上来进行理解，初步形成了"西方马克思主义"的理论走向。

（三）承前启后：马克思解放思想的延伸

在马克思人类解放思想的演变以及现当代西方哲学思想史中，卢卡奇的解放观具有局限性。正如国内学者所言，"理性的诚实又使我们不能不指出，卢卡奇还有另一面相"①。"另一面相"指的就是卢卡奇理论的缺陷和局限。实际上，卢卡奇也意识到本身理论存在的缺陷，他曾常常自我反思、自我批判。② 卢卡奇在对人类解放具有重要意义的无产阶级总体意识的论证中，过多地吸收了黑格尔的思辨因素，对此我们需要特别明晰。

在论证人类解放最为关键的因素——无产阶级总体意识时，卢卡奇过多地借助了黑格尔思辨的总体性辩证法。卢卡奇认为，第二国际理论家像费尔巴哈一样，没有真正理解实践批判和革命的意义，把实践批判和革命看成一个消极等待的过程，否认上层建筑、意识形态的功能，将马克思的思想错误歪曲为"庸俗经济决定论"，第二国际理论家的思想给欧洲无产阶级革命带来了严重危害。卢卡奇迫切需要恢复马克思主义哲学中的能动

---

① 王南湜：《我们心中的纠结：走近还是超离卢卡奇》，《哲学动态》2012年第12期。
② 卢卡奇的自我反思意识在他的著作中并不少见。例如，卢卡奇在《历史与阶级意识》中将劳动的对象化与外化完全等同于异化；物化与人性是不可分离的。按照这样的理解，异化不可能被消除，人类解放也永远不可能实现。但是，在1967年新版序言中卢卡奇坦言："之所以造成这种情况，是由于经常把两个对立的根本范畴错误地等同起来的缘故。"并且，卢卡奇在晚年讨论社会存在本体论时从《资本论》的劳动理论出发，将与物化相对抗的阶级意识提升到历史主体的地位，并深入历史本质之中，重新理解了马克思人类解放思想。

性方面，以捍卫正统的马克思主义。然而，这种捍卫却付出了代价——以黑格尔思辨哲学方式理解马克思，把马克思的理论拉进了唯心主义的泥潭。黑格尔是德国古典哲学甚至整个西方传统形而上学的集大成者，他通过精神辩证的自我运动，达到了主体与客体的统一。正是在这个意义上，为了确立无产阶级革命的主体能动性，卢卡奇试图改造哲学中的黑格尔因素，提出从黑格尔的绝对精神回到现实的人类实践。但这种改造并未获得成功，在《历史与阶级意识》中，他指出自己这种改造的败笔之处——"未能对黑格尔遗产进行彻底唯物主义改造"①；对问题的讨论方式，是用纯粹黑格尔的精神来进行的，其哲学基础是在历史过程中自我实现的主客体的同一，而"将无产阶级看作真正人类历史的同一的主体-客体并不是一种克服唯心主义体系的唯物主义实现，而是一种相比黑格尔更加黑格尔的尝试，是大胆地凌驾于一切现实之上"②，其结果导致将理论哲学与实践哲学相等同，甚至以理论哲学取代实践哲学。卢卡奇以黑格尔哲学视域统摄马克思哲学研究的方式，决定了他不能真正地处理好理论与实践分裂的难题，最终陷入一种过分强调阶级意识的主观主义当中，在近代历史舞台上上演了一幕由理性自负造成的悲剧。马克思从历史发展的维度来探讨人类解放，诉诸的是生产的逻辑，而卢卡奇则强调无产阶级意识的觉醒，诉诸的是观念的逻辑。卢卡奇并未像马克思那样，真正超越黑格尔哲学，他只是以一种偏颇的方式恢复马克思主义哲学的"能动方面"，仍然明显地带有黑格尔思辨哲学的理论情结和价值取向；受黑格尔哲学"前视域"的影响和束缚，其物化批判理论缺失了马克思感性实践批判的科学视域，降低了马克思哲学的原则高度。因此，卢卡奇无法找到克服资本主义物化困境，实现人类解放的现实道路。

当然，我们评价卢卡奇的思想应该持辩证的态度。总体而言，卢卡奇的理论贡献明显大于其理论局限。其在对人类解放思想的探索上既继承了马克思的解放思想，也在一定程度上发展了马克思的解放思想，承上启下

---

① [匈]卢卡奇：《历史与阶级意识》，杜章智译，商务印书馆1992年版，新版序言第15页。

② [匈]卢卡奇：《历史与阶级意识》，杜章智译，商务印书馆1992年版，新版序言第17-18页。

地构成了发展马克思解放思想的纽带。

卢卡奇从批判和建构的双重维度探索了人类解放：以物化为核心范畴的社会反思是对人类解放道路的批判性探索；克服物化意识途径的总体性原则是对人类解放道路的建构性探索。在理论批判的维度上，他认为必须深刻思考资本主义社会的物化结构、物化现象及物化根源；在理论建构的维度上，他认为必须坚持总体性原则，完成主体与客体的历史的统一。卢卡奇批判和建构的双重维度的探索拓展了马克思人类解放思想的问题域，有利于无产阶级阶级意识的觉醒，对后来西方马克思主义的现代性批判与文化批判起到了承前启后的延伸作用。

作为20世纪最早阐述马克思异化问题的思想家，卢卡奇总体性辩证法激活了马克思哲学中当时被忽略的能动因素，具有"承上"的意义。卢卡奇通过对资本主义商品经济时代人们现实生存境遇的深沉反思，明确物化是"我们时代的关键问题"，它导致了无产阶级意识的缺失，而这种缺失正是无产阶级未能承担人类解放使命的重要原因。因此，在总体性视野下使无产阶级冲破狭隘、冲破片面的物化意识束缚，唤起无产阶级创造历史的主动性和巨大的热情成为革命的首要任务。卢卡奇将马克思的总体性提到新的高度，他认为："总体性的范畴，整体对部分的无所不在的优先性，是马克思从黑格尔那里接受过来，而又卓越地把它转变为一个全新的科学的基础的方法论的实质。"[①] 必须以马克思的总体性范畴来恢复整体对于部分的优先地位，重建哲学的超越性和批判性维度，唯有如此，才能祛除物化的魔咒，使解放获得可能。无产阶级既是主体又是客体，对于历史主体的解答，唯有依靠无产阶级的自我意识。卢卡奇强调了体现马克思总体性的无产阶级意识形态在革命斗争和人类解放中的重要意义，他基于总体辩证法来阐释人类克服物化的无产阶级意识与马克思的异化理论具有同一性，能够帮助我们加深对马克思相关思想的理解。

卢卡奇通过其物化理论，将人的异化从外在的经济、政治、制度等领域深入到人的意识领域，扩展到人的整个感性存在本身，为马克思主义生存论解释道路的开启奠定了基础，具有"启下"的意义。在卢卡奇看来，

[①] [匈]卢卡奇：《历史与阶级意识》，杜章智译，商务印书馆1992年版，第27页。

第二国际、第三国际甚至包括马克思主义创始人之一的恩格斯都未能真正领会马克思哲学的革命本意,他们从物质本体论出发,将马克思哲学拉回到近代哲学的窠臼中,阻碍了无产阶级革命和人类解放事业的向前发展。卢卡奇通过正本清源,既继承了马克思异化劳动理论的基本精神,自觉回到人本身来考察人和社会,又扬弃和超越了物质本体论解释路向,为生存论的解释方式开辟了道路,为后来的西方马克思主义者所形成的现代性批判理论、社会文化批判理论,诸如法兰克福学派工业文明批判理论、海德格尔的存在理论等提供了灵感。卢卡奇也因此奠定了其作为西方马克思主义创始人的历史地位。

第二节　工业时代的解放思考:哈贝马斯与马尔库塞

一、交往理性重置:哈贝马斯解放思想的逻辑主线[*]

德国哲学家、法兰克福学派的主要代表之一——尤尔根·哈贝马斯(Jürgen Habermas,1929 -)著述宏富,广泛涉及哲学、社会学、政治学、语言学和精神分析学等众多学科,其论述思想深刻、影响深远。纵观哈贝马斯的诸多论述可发现,其理论锋芒始终指向现代资本主义社会及其制度文化理念,并以对现代资本主义社会的全面分析和深入反思为理论前提,建构了以社会批判理论为逻辑起点的理论体系。而在这一理论体系中,哈贝马斯认为必须颠倒"工具理性"和"交往理性"的关系,限制工具理性的无限扩张,重建人类的生活世界,让价值和规范重回人类的生活世界,由此他将"交往理性"重置并且提炼为其整个理论体系的逻辑主线。在对逻辑起点和逻辑主线的贯彻中,哈贝马斯认为人类的解放不仅是政治经济意义上的解放,更深层次的是交往关系的合理化,交往关系合理化的最终目的就是建构"世界公民社会",这无疑就是其理论体系的逻

---

[*] 本部分内容参见刘同舫等:《重置交往理性:哈贝马斯人类解放思想的逻辑主线》,《浙江社会科学》2011 年第 8 期。

辑终点。探索和研究哈贝马斯的这一以"交往理性"为逻辑支撑的社会解放观,并将之与马克思的人类解放思想相勾连,既有助于我们深入理解西方马克思主义的思想内质,也有助于我们扩展马克思人类解放思想的理解视域。

(一)现实困境:多重隐忧的凸显

哈贝马斯以"解放"为旨趣的理论体系产生的根源在于其对现实困境、社会危机的洞察以及对其他学者的探索进行的分析。

第二次世界大战后,晚期资本主义社会即当代资本主义社会出现了种种危机,显现出多重隐忧,这已被晚期资本主义时代的许多哲学家所认识。例如,德国的政治经济学家和社会学家马克斯·韦伯(Max Weber, 1864 – 1920)认为资本主义现代化过程中存在价值理性的沉落即思想丧失和自由丧失;德国社会哲学家马克斯·霍克海默(Max Horkheimer, 1895 – 1973)和希奥多·阿多尔诺(Theoder Wiesengrund Adorno, 1903 – 1969)认为现代社会是一个完全非理性的总体管制社会;法国哲学家米歇尔·福柯(Michel Foucault, 1926 – 1984)从"历史"的层面揭示了权力形式控制的强大力量与不合理性;等等。然而,在哈贝马斯看来,这些哲学家大多只从某一层面或者某一角度对社会危机进行了剖析,缺乏全面性与深刻性。鉴于此,哈贝马斯则从经济危机、政治危机、文化危机以及人性危机四方面展开了全面分析。

第一,晚期资本主义社会与自由资本主义社会一样,也存在经济危机。在论及晚期资本主义社会是否还存在经济危机时,哈贝马斯认为,尽管晚期资本主义国家干预得到扩大和加强,但国家干预并没有改变资本主义经济自身的运行规律和自发的、盲目的运行方式,没有改变资本的基本运行规律,没有改变资本主义生产关系的私有制本质,没有削弱资本主义社会中价值规律的作用。晚期资本主义社会与自由资本主义社会一样,仍然存在经济危机,经济危机始终不肯销声匿迹。[①] 晚期资本主义社会经济危机的影响和后果是明显的,造成了持续的通货膨胀、不断的生产停滞和

[①] 参见陈学明:《哈贝马斯的"晚期资本主义"论述评》,重庆出版社1993年版,第48页。

严重的财政赤字。

第二,晚期资本主义社会的经济危机派生出政治危机。晚期资本主义社会为了缓和经济危机,解决经济危机的难题,采取了多种政治手段与行政手段,这确实起到了一定的作用,但这种"缓解"也把危机的范围从经济系统带入政治系统。哈贝马斯用"合理性危机"和"合法性危机"两个范畴来描述从经济领域转移到政治领域的政治危机。在他看来,合理性危机是指,国家及其行政系统不能合理地制定与贯彻行之有效的决策,无法协调和履行经济系统的指令,国家机器失控、缺乏合理性。合法性危机,是指普通民众丧失了对政府的信任和认同,对资本主义国家的公允面目和善行产生怀疑,致使政府不能顺利地保存必要的群众忠诚。①

第三,经济危机与政治危机发生的动因在于文化危机。哈贝马斯把文化危机归结为经济危机与政治危机的动因,并称之为"动因危机"。经济危机与政治危机的根源,都可追溯到社会文化系统。经济危机与政治危机发生的根本动力机制在于文化危机,因为社会整合依赖于社会文化系统的产出——直接依赖于社会文化系统给政治系统提供合法化动机;间接依赖于社会文化系统向教育和就业系统输送劳动动机。如果社会文化系统发生彻底变化,以至于其输出无法满足政治系统、教育系统以及就业系统所需要的动机与功能要求,无法为经济系统和政治系统正常运行提供普遍意识形态资源与价值体系支撑,经济危机与政治危机就可能产生。所以在哈贝马斯看来,"一旦规范结构发生变化,我们就不得不考虑到文化危机倾向"②。

第四,科学技术意识形态化与人性危机。晚期资本主义社会,科学技术的飞速发展使其具有了意识形态性,成为稳定和巩固资本主义制度的决定性"手段"。虽然18世纪的启蒙理性与人类解放相关联,但解放在文

---

① 参见陈学明:《哈贝马斯的"晚期资本主义"论述评》,重庆出版社1993年版,第72-73、94-95页。

② [德]尤尔根·哈贝马斯:《合法化危机》,刘北成等译,上海人民出版社2009年版,第55页。

明科学化的过程中被扭曲,科学技术具有了意识形态功能。① 科学技术能快速推动经济增长,迎合了晚期资本主义社会将经济增长作为社会进步的唯一目标的发展模式,顺理成章地成为证明现存政治秩序和政治统治合法性的意识形态,充当了为社会政治合法性辩护的角色。科学技术在国家层面充当意识形态性之外,也渗透到社会生产和生活的各个领域,使人们不自觉地沦为科学技术的"奴隶"和"附庸",导致人性走向物化和异化。一方面,科学技术使人们的物质生活日臻完善的同时,也使人们对物质的追求接近疯狂,人性陷入"物质"的泥潭,走向物化;另一方面,科学技术的发展限制了人们的思维方式,人们只是按照科学技术的逻辑而非人本身的需要去思考问题,科学成为社会的偶像,消磨了人们对道德、实践问题的兴趣与对社会发展和人类解放的关注。为进步而最大限度地获取利润,成为"合法化"的、无须反思的事情,人性由此走向了扭曲和异化,产生了人性危机。

哈贝马斯认为,许多哲学家对晚期资本主义社会的多重隐忧分析不全面,也没有提出行之有效的救世"良方":面对思想和自由的丧失,韦伯畏惧不前,六神无主,对现代文明的前途感到无奈与迷茫,甚至悲观失望;霍克海默和阿多尔诺的社会批判理论其实只是一种带有明显的悲观主义色彩的文化批判,他们对现代西方社会的现代性问题解读方式已经走进了死胡同;福柯虽然对现代制度进行了批判,但其缺乏借以批判现代制度的立足点,不能为伦理和政治提供基础,因而这种批判也就"失去了效力";弗里德里希·威廉·尼采(Friedrich Wilhelm Nietzsche, 1844 - 1900)秉持酒神弥赛亚主义,主张依靠酒神和神话——非理性的力量来摆脱现代困境,具有明显的幻想性质。

哈贝马斯对经济危机、政治危机、文化危机以及人性危机的全面分析及其对相关学者主张的解剖构成了其社会批判理论的基本内容,从而成为他整个理论体系的逻辑起点。

(二)逻辑主线:交往理性的重置

哈贝马斯认为,晚期资本主义社会的四重危机出现在资本主义社会自

---

① [德]尤尔根·哈贝马斯:《作为"意识形态"的技术与科学》,李黎等译,学林出版社2002年版,第58页。

身的三大系统领域即经济系统领域、政治系统领域和文化系统领域（人性危机是三大系统领域的危机对人的心灵的综合映射与反映）之中。为此，哈贝马斯引入了"体系—生活"世界双层架构的范畴。他的"体系"范畴（即政治系统与经济系统）以工具理性为支撑，"生活世界"范畴（即文化系统）相应地以交往理性为支撑。理论上，工具理性与交往理性应"各司其职"，且交往理性占主导地位；但在现代资本社会，工具理性侵犯了交往理性的发展空间，从而占据了主导地位。因此，必须关注交往理性，重置交往理性，颠倒工具理性和交往理性的关系。对交往理性的强调始终是哈贝马斯理论体系的主导思想和逻辑主线。

哈贝马斯在对"体系—生活"世界双层架构的分析中强调，"体系"以权力和货币为媒介，承担着协调生产关系、管理公共事务、发展生产力、满足人基本生存需要的功能，根植于科层制的官僚机构和经济组织中，以工具理性为指导思想；"生活世界"以语言为媒介，主要解决人的意义和价值问题，扎根于人们日常的以理解和沟通为目的的交往活动中，以交往理性为指导思想。体系和生活世界的不同特性决定了两者在整个社会发展中所起的作用也是不同的。体系的作用在于维持经济系统与政治系统的有序运行，生活世界则注重个人的行为取向与价值取向的合理化。因此，哈贝马斯认为，一个正常的合理的社会应该是体系和生活世界各自朝着自己合理化的方向发展的。生活世界应独立于体系之外自由发展，即便两者之间存在某种关系，也只是体系内部事务上的运作方式以生活世界为依归。然而，现实并非如此。哈贝马斯发现，现代社会以金钱和权力为媒介的体系，以其强大的渗透力直指生活世界的行为领域，使生活世界只能病态地挣扎在经济体系、政治体系的边缘，造成生活世界的非理性化和物化。经济系统中的货币媒介和政治系统中的权力媒介逐渐成为现代社会普遍流行的交换媒介，而原本盛行的以语言为媒介的生活世界的沟通方式失去了其存在的可能，致使结构化的生活世界被商品化、资本化和官僚体制化，最终导致生活世界日趋萎缩，体系日趋膨胀。哈贝马斯把这种情形称为"生活世界的殖民化"。

正是体系对"生活世界的殖民化"，导致了生活世界的结构遭到破坏，体系的结构出现扭曲与膨胀，社会整体结构失衡，从而使社会各个构成部分即经济系统、政治系统与文化系统皆出现危机。因而，要解除社会全面危机，就必须祛除"生活世界的殖民化"，实现生活世界的自我复兴，走向生活世界的合理化。

从表现上看，"生活世界的殖民化"是由于体系对生活世界的侵入，打破了生活世界本身的结构。但就实质而言，体系之所以会侵入生活世界，占据生活世界的"领地"，与体系和生活世界各自的指导思想（工具理性和交往理性两者之间主导地位的失衡）密切相关。飞速发展的科学技术的思维基础——工具理性逐渐渗入人们的头脑，支配人们的行为，导致工具理性成为评判行为合理性与否的唯一价值尺度，工具理性占据了强势地位，排挤与限制了交往理性的发展。

哈贝马斯认识到理性的两种形式——工具理性和交往理性主导地位失衡的危害性之后，试图对现实失衡的状况进行倒置，推翻工具理性的主导地位，以交往理性取而代之；通过释放交往理性的潜能，来抗衡工具理性，阻止体系的势力借助货币和权力操控的媒体对生活世界的入侵。他设想如此，失去的价值和规范就可以重回生活世界，生活世界就可以冲破"殖民"的牢笼而获得重生。

在这一问题上，西方相关哲学家也意识到工具理性对社会的危害，尤其是以科技为代表的工具理性的无限膨胀以及由此带来的现代性问题。但他们都将理性的全部内涵单一化为工具理性，将理性等同于工具理性，认为理性只具有工具理性而不具有交往理性这一形式，主张消融工具理性。这与哈贝马斯的思想大相径庭。

哈贝马斯之所以重置交往理性，关注交往理性，秉持交往理性的"解放"功能，是因为交往理性比其他理性更为根本，同时交往理性对生活世界的"三要素"——文化、社会与个性的合理化具有重塑作用。

关于交往理性比其他理性更为根本的问题。在《交往行为理论》一书中，哈贝马斯把社会行为分为四类，即目的论（策略）行为、规范调节行为、戏剧行为和交往行为。[1] 这四种行为有着不同的取向，关联于不

---

[1] 参见［德］尤尔根·哈贝马斯：《交往行动理论》第1卷，洪佩郁等译，重庆出版社1994年版，第119–121页。

同领域的世界，具有不同的有效性要求。前三种行为分别关联于客观世界、社会世界与主观世界，依次要求真实性、公正性与真诚性。而交往行为同时统摄客观世界、社会世界和主观世界，要求真实性、公正性与真诚性的统一。哈贝马斯认为，最具统摄性的交往行为更为合理与根本，因而扎根于交往行为之中的交往理性较之其他理性则更为根本。

关于交往理性对生活世界的"三要素"——文化、社会与个性的合理化具有重塑作用的问题。第一，交往理性对文化合理化的重建作用。哈贝马斯将生活世界的三大结构要素中的文化"称之为知识储存，当交往参与者相互关于一个世界上的某种事物获得理解时，他们就按照知识储存来加以解释"①。因而生活世界的合理化就必须要对已有的文化形成合理的"解释体系"，使其不断满足新的理解要求。这种合理的"解释体系"最终是在交往理性的理想情境中形成的。只有坚持交往理性内含的公共性，文明才能共存，他者才能被包容，生活世界才能作为"合理的生活指导的意识结构"，批判的、反思的文化领域才可能重建，文化才可能合理化。第二，交往理性对社会合理化的建构作用。哈贝马斯将"社会称之为合法的秩序，交往参与者通过这些合法的秩序，把他们的成员调解为社会集团，并从而巩固联合"②。换言之，社会本应是一个规范性的世界，应起整合作用，使人们之间建立"合法"的、有"秩序"的人际关系，增强人类的归属感，实现社会和谐。而在现代社会，随着"生活世界的殖民化"，权力媒介和货币媒介日益猖狂，社会失去了行为规范和道德准则，要重新建构"合法"的、有"秩序"的人际关系有赖于交往行为及交往理性的良性运行。为建立良好的社会秩序，只有通过"无强制"的相互交往、自由协商与平等对话等交往行为，形成大家所共同承认和遵守的规则，即普遍化的道德规范；为恢复公众的独立性、自主性与批判能力，调节不同意见或社会行为，摆脱资本与权力的控制，使社会层面趋于合理化，只有通过提高公众自由辩论、意志参与的水平和进一步重建公共

---

① ［德］尤尔根·哈贝马斯：《交往行动理论》第 2 卷，洪佩郁等译，重庆出版社 1994 年版，第 189 页。
② ［德］尤尔根·哈贝马斯：《交往行动理论》第 2 卷，洪佩郁等译，重庆出版社 1994 年版，第 189 页。

领域等方面的交往理性思想。第三，交往理性对个性合理化的塑造作用。哈贝马斯将"个性理解为使一个主体在语言能力和行动能力方面具有的权限，就是说，使一个主体能够参与理解过程，并从而能论断自己的同一性"①。个性是在与他人的沟通及对自我的不断肯定中逐渐形成的。包含个性在内的内在条件如何，直接影响生活世界的内部环境与外部环境。交往理性和交往行为在对个性的塑造中为个性的合理化提供了理想的境遇与背景，正是在社会化的交往行为与交往理性中，才能建构理想人格和个性。

对交往理性的关注与重置，是哈贝马斯整个理论体系的逻辑主线，这条逻辑主线最终达至以"解放"为旨趣的"世界公民社会"的终极追求。"世界公民社会"是对"交往合理化"的未来社会状况的描述，它以人人拥有自由平等权利、所有人自觉联合起来为基础，以各地区、各民族健全的法律体系为保障。"世界公民社会"构成了哈贝马斯思想体系的逻辑终点。

（三）合理的交往关系与人类解放的方向

从对未来社会发展设想的意义上说，哈贝马斯针对时代困境所提出的交往理性观是一种社会解放观。正如国内有学者认同的观点："人类解放的方向应该是交往关系的合理化。"② 这种解放观不是建立在政治经济意义上的解放，而是建立在交往理性基础上的解放。在交往共同体实现解放的过程中，消除暴力、高扬自由正义旗帜，个人拥有高度的自主权，人们通过合理性的相互理解，达到基于合理动机的一致性协议，以致由局部解放到达"世界公民社会"，最终实现马克思所理解的全人类解放。哈贝马斯的交往理性观是对人类解放实现途径的一种探索，这种探索对我们今天具有启迪作用。

站在人类解放的高度与人类解放的立场上，哈贝马斯的交往理性及交往理性观是对马克思人类解放思想的延伸和发展。他描述与追求的建立在

---

① ［德］尤尔根·哈贝马斯：《交往行动理论》第 2 卷，洪佩郁等译，重庆出版社 1994 年版，第 189 页。

② 汪行福：《通向话语民主之路：与哈贝马斯对话》，四川人民出版社 2002 年版，第 146 页。

人人拥有自由平等权利、所有人自觉联合起来的基础上的"世界公民社会"的主张既追随了马克思人类解放的发展脉络,凸显了马克思共产主义解放思想在晚期资本主义社会所具有的魅力,也丰富了马克思人类解放思想的深刻内涵。"世界公民社会"是哈贝马斯为身处生活世界殖民化境域中、遭受工具理性奴役的人们设计的救世方针,其落脚点在于使人类过上自由解放的"民主、公正、和谐"的生活。这正是哈贝马斯对人类解放终极关怀的体现。"世界公民社会"强调自由、公平、正义基础上的交往理性,注重精神层面在"世界公民社会"实现过程中的作用,这对于全球化发展的今天,如何超越狭隘的国家视域、克服民族主义和自我中心主义,如何以开放的姿态和宽容的精神和平共处、协商对话等都具有启迪作用。

哈贝马斯建立的"体系—生活"世界双层架构的理论,是以生活世界和体系的双重合理化来对未来美好社会进行前景预设的。这种预设模式赡和了宏观和微观的双重视野,为我们指明了人类解放道路的多重辩证的思维模式:既要考虑实现社会结构各个方面宏观的综合发展,为人与人类的自由全面发展提供可能,又要强调个人的微观的生活世界,使个体与个体实现有效对话。也只有宏观的体系与微观的生活世界都实现合理化,理想的"交往共同体"才可能实现。

较之马克思"共产主义"的人类解放观,哈贝马斯的交往理性与"世界公民社会"的解放观带有明显的局限性。其一,交往理性与"世界公民社会"的提出实质上还是为资产阶级利益服务的。马克思的人类解放观是通过无产阶级革命的途径彻底推翻资本主义制度,建立理想的共产主义社会。而哈贝马斯的"世界公民社会"的实现依靠交往理性,并以其支配生活世界的人际交往以及社会的生活,消除生活世界殖民化的不合理状况,重建生活世界与系统的平衡,从而改良资本主义制度。这种途径和方式无意对资本主义社会制度做根本性的变革,且与"世界公民社会"标榜的超阶级性、超国家性自相矛盾。其二,"世界公民社会"的民主是形式上的民主,是建立在程序正义基础上的形式民主,是一种意志的自由。这种民主其实质是话语民主,是在遵循话语程序的基础上自由表达意愿和意志,在"妥协"和"均衡"的基础上达成某种"共识"和"集体认同"的民主，根本未触及民主的实质内容，与马克思的人类解放的民主观有本质上的区别。其三，交往理性弱化了政治、经济、文化和劳动在人类社会发展与人类解放中的作用。马克思以对政治解放与人类解放之间张力的辩证审视为核心，将政治解放拓展为经济解放、劳动解放与文化解放，实现了人类解放的多维度性。而哈贝马斯单方面强调只有交往理性与交往行为才能促进人类社会的发展，才能推动"世界公民社会"的实现，这种观念具有片面性。

哈贝马斯对人类解放理想及实现途径的探索受到了许多学者特别是后现代主义者的质疑。他们站在彻底否定理性的立场上认为，一切用理性（包括交往理性）来挽救时代困境的思维范式及行动都是徒劳的。他们全面否定启蒙运动中兴起的理性主义，自然也就否认对启蒙理性抱有希望来拯救现代性的哈贝马斯的观点。例如，福柯认为哈贝马斯所描述的未来美好社会是"交往的乌托邦"；布尔迪厄将之称为"乌托邦现实主义"，认为其理论只有在极其有限的条件下才能实现；勃伦克·霍尔斯特视之为"一个善良的愿望"。

面对这些质疑，哈贝马斯本人也做出了回应：乌托邦"蕴含着希望，体现了对一个与现实完全不同的未来的向往，为开辟未来提供了精神动力"①。这种回应是中肯的。的确，哈贝马斯为我们提供了思想源泉和精神动力。哈贝马斯对未来理想社会的设想唤醒了人们对不合理现实的批判与自由的向往，增强了人们对人类解放道路的探索与追求的信心。这种理论情怀和解放魅力我们必须加以肯定，不应贬低或否定它的价值和意义。

二、人的本质解放：马尔库塞艺术与审美的解放美学*

当代美国法兰克福学派著名的左翼代表人物之一赫伯特·马尔库塞（Hebert Marcuse，1898 – 1979），因极具批判精神和历史责任感，曾被西方学界誉为"新左派哲学家"以及"青年造反者的明星和精神之父"。他

---

① 章国锋：《哈贝马斯访谈录》，《外国文学评论》2000年第1期。
* 本部分内容参见刘同舫等：《人的本质解放：马尔库塞的艺术与审美之解放美学》，《华南师范大学学报》2011年第1期。

毕生都对西方社会和文化保持着不妥协的批判态度，并在这种批判中积极寻求人的解放与幸福之道。纵观马尔库塞的大部分著作，特别是后期编撰的《单向度的人》《爱欲与文明》《论解放》《反革命与造反》与《审美之维》等专著，可见其在新的历史境遇与时代背景下，对现代人生存境况深感焦虑，并由此引发了对社会弊病的揭示以及对解放之路的沉思，形成了独具特色的解放美学观。今天，马尔库塞的解放美学思想对我们继续为实现哲学之最高主题的人的解放所进行的理论与实践的双重探索仍然具有重要意义。

(一) 扩张量和提高质的爱欲解放

现代发达资本主义社会所带来的科学技术的进步以及物质的繁荣并没有遮蔽马尔库塞深邃的洞察力，他以激进的态度和犀利的笔锋对人所处的现实环境——科技异化、艺术文化的异化等进行了批判。

科技主导生产的资本主义社会，从根本上说是一个"病态的社会"。在这个"病态的社会"里，科技并没有成为造福人民的帮手，而是成为统治阶级的统治工具，直接或间接地控制着人们的物质和精神生活。人变成机器的奴隶，受机器的支配，机器成为支配人的一种异己力量。更令人担忧的是，异己的力量未能被异己的人认识：技术理性已取得"全面的胜利"，人们对生活的态度也逐渐转变为消极的逃避。个人内心的否定性思维严重丧失，社会成为"批判的停顿：没有反对派的社会"[①]。

科技异化的同时，艺术文化领域也被工业社会的物质性特征所浸染，在一定程度上产生了异化，使得艺术文化沾染了物质现实的因素，逐渐和物质现实融为一体，并被物质现实社会利用。问题还在于，在发达资本主义国家，艺术文化失去了本身所固有的价值功能，成为宣传国家意识形态、展现国家制度优越性的工具。国家机器消解了本真艺术文化所特有的远离社会、指控社会的特征，以更能实现对人们的愚化。

对于一个具有艺术情怀及丰富美学思想的哲学家马尔库塞而言，艺术文化的这种异化对其莫不是一种巨大的触动。它鞭策着这位极具历史责任

---

① [美]赫伯特·马尔库塞：《单向度的人》，刘继译，上海译文出版社2008年版，第1页。

感的学者深思:"病态的社会"造就的"单向度的人"如何摆脱痛苦?异化的文化如何消除异化,还以本真意义?马克思哲学的最高主题——人的解放在现代发达资本主义社会又如何能扫清障碍继续前行?

为此,马尔库塞借鉴了哲学巨匠马克思的相关思想。马克思认为,人在现实社会受到的各种压抑其实是人的深层本质遭受扭曲的表现,人的解放归根到底就是其本质的解放。这一点,马尔库塞起初深表赞同。但是随着资本主义社会的发展,经济危机并未立即摧毁资本主义制度,科技发展给资本主义生产带来升级,社会处在日益增长的丰裕之中。因此,在社会的物质维度方面发动革命,以及在此基础上培养这种革命的意识,都是脱离现实的。由于西方社会在产业结构、社会结构、阶级结构、权力中心、管理体制、意识形态及哲学形式方面的变化,马尔库塞对马克思的革命学说产生怀疑,并认为局限在社会物质维度方面的暴力革命已不可能。

此时,奥地利精神分析学家弗洛伊德(Sigmund Freud,1856-1939)进入马尔库塞的视线,受其精神学及心理结构理论的影响,马尔库塞的思想也经历了由马克思到弗洛伊德的转变,即由社会物质生产方面的变革转向心理观念方面的变革。他将人的本质视为人的"爱欲",把人的解放视为爱欲的解放。但在人的本质究竟是什么的理解上,马尔库塞却与马克思有着大相径庭的观点。他认为人的本质并非"各种社会关系的总和",而是人的"爱欲",因而,人的解放实质上就是人的爱欲解放。马尔库塞之所以如此,是因为他深受弗洛伊德的影响,把人的心理结构分为"意识"与"无意识"两种。其中,"意识"包括自我和超我的人格精神,而受快乐原则支配的"无意识"大部分则是本我范畴的人格精神。"无意识"心理结构比"意识"心理结构更能体现人的本质,原因在于:首先,"本我是最古老、最根本、最广泛的层次,这是无意识的领域、主要本能的领域。本我不受任何构成有意识的社会个体的形式和原则的束缚。它既不受时间的影响,也不为矛盾所困扰"①,遵循快乐原则行事。而人的自我和超我则受人的意识的支配,无法脱离现实原则的摆布,往往不是人真实意

---

① [美]赫伯特·马尔库塞:《爱欲与文明》,黄勇等译,上海译文出版社2008年版,第15页。

思的显现。其次，本我是一股极大的暗流，自我和超我同本我相比，是极小的部分。最后，自我只是在外部环境影响下一部分器官逐渐发展形成的，"自我的过程仍然是次要过程"①。弗洛伊德在论证了"无意识"体现人的本质之后，进一步将"无意识"的本能划分为生命本能和死亡本能。这里，他更加强调表征人的本质的生命本能，因为人首先必须是生命存在，才能使得人成为有意义、体现人的本质的存在，"其中生命本能（爱欲）压倒了死亡本能。生命本能不断地反抗和推迟向'死亡的堕落'"②。这种体现"生命存在"的生命本能就是人的爱欲。

马尔库塞接受了弗洛伊德的精神学及心理结构理论关于"生命本能就是爱欲"的主张，也认为在现代资本主义社会，人之所以受到压抑就在于生命本能——爱欲受到束缚和抑制。但马尔库塞对弗洛伊德的某些观点也提出了质疑。例如，弗洛伊德没有明确区分爱欲与性欲，马尔库塞则指出两者是有重大区别的：爱欲"是性欲的量的扩张和质的提高"③，是在性欲基础意义上的扩大。就"量的扩张"而言，爱欲的范围从生殖器官扩展到人体的每个部位与整个生命体，进入了非生殖性的活动领域；爱欲的对象从异性延伸到所有能引起人快乐的外物；爱欲的活动也从单纯的两性行为扩展到人的所有活动，扩大到对人的一切情爱的关系领域。就"质的提高"而言，马尔库塞将仅限于生殖器上的性欲转化为人格上的爱欲，由肉体转向精神，自性感转入美感。爱欲从追求生殖器官的局部快乐扩展到了消除人的痛苦，达到人的全面自由。

爱欲是人的本质，文明社会对人的压抑就是对爱欲的压抑，这种压抑不仅是对人某种功能的束缚，更主要是用现实原则代替了快乐原则，导致意识活动占据和控制了无意识活动，从而改变了人的本质，并最终让人陷于无限的痛苦之中。马尔库塞因此主张，人要真正享受到人的本质得以实

---

① ［美］赫伯特·马尔库塞：《爱欲与文明》，黄勇等译，上海译文出版社2008年版，第16页。
② ［美］赫伯特·马尔库塞：《爱欲与文明》，黄勇等译，上海译文出版社2008年版，第13页。
③ ［美］赫伯特·马尔库塞：《爱欲与文明》，黄勇等译，上海译文出版社2008年版，第134页。

现的痛快，在人的爱欲满足中成为一种高级存在物，具有较高的存在价值，就必须恢复人的本质，使不断遭到歪曲的本性颠倒过来，解放爱欲，把人最终从痛苦的深渊中解救出来。

（二）人的解放的艺术与审美之途

马尔库塞敏锐地发现了伴随着资本主义与物质发展而日益突出的人的精神危机与需求—感官功能异化，看到一个在物质—科技—机器等一系列单调重复活动的"单维人"的命运。同时，他还察觉到资本主义社会中现代艺术、文学以审美的方式对这种异化的"单维人"命运的揭示和批判。他把希望寄托在以艺术、文学为中心的"审美之维"的革命上，认为只有通过这种作为"基础之基础"的人的内在审美—感觉—欲求—本能层面的改造，才能在根本上创造一个新社会的前提——崭新的人及其心理—观念结构。以往的革命正是在这一点上着力不够，导致社会变革即使成功，人也不会有真正质的解放。因此，在人的解放的途径上，马尔库塞试图构建一种与马克思的无产阶级革命解放观不同的更具心理学向度的解放之路。他认为，艺术和审美才是实现人的解放的有效途径。他从艺术、审美对个体主体力量与社会力量双重维度的影响上展开。

关于艺术、审美对个体力量维度的影响。马尔库塞认为，马克思的革命主体——无产阶级已经丧失了主体地位，必须采用其他途径来培养全社会个体（包括无产阶级）的革命主体意识。这种培养途径依靠的就是艺术与审美。由于受现代工业文明与大众文化的控制与摧残，过去生活在社会底层的无产阶级，已渐渐失去了作为现实生活否定作用的力量。他们依附于所服务的企业，身处异化之中却并未感到痛苦，工人阶级的革命立场日益减弱，由此导致无产阶级革命主体严重缺位。面对这种情况，马尔库塞尖锐而又不失冷静地提出，革命需求产生的原动力植根于个体的冲动、理智和目标，有赖于个体主体性的发挥。[①] 而马克思论及的无产阶级革命主体力量明显不适合当前形势，他们没有革命的需求，没有革命的动力与基础，不可能有无产阶级革命实践，更不可能爆发无产阶级革命。革命最

---

① 参见［美］赫伯特·马尔库塞：《审美之维》，李小兵译，生活·读书·新知三联书店1989年版，第208页。

需要解决的是主体力量的培养问题。新革命主体的造就关键在于对个体的行为心理基础和本能结构进行改造，以拯救其爱欲、想象、灵性与直觉等感性之维度。"个体的感官的解放也许是普遍解放的起点，甚至是基础。自由的社会必须植根于崭新的本能需求之中。"① 马尔库塞用"新感性"概念对"爱欲、想象、灵性与直觉等感性之维度"进行了总体概括。所谓新感性，是相对于被理性压抑的旧感性而言的，是一种自由的和"活"的感性。它能突破技术理性对人性的压抑，使人的原始本能得以解放，自由感重获回归。具备这种"新感性"的人们能将具有攻击性和侵略性的能量纳入生命本能，经由社会解放达至人与人、人与物、人与自然之间的和谐统一。因为"新感性，表现着生命本能对攻击性和罪恶的超升，它将在社会的范围内，孕育出充满生命的需求，以消除不公正和苦难；它将构织'生活标准'向更高水平的进化"②，而新感性形成的最好方式莫过于艺术和审美。第一，艺术通过想象这一基本思维方式为新感性的建立奠定基础和动力。艺术，作为充满了各种想象力、可能性的"幻想"的世界，表达着人性中尚未被控制的潜能，表达着人性的崭新的层面。想象是一种积极的心理机制，它不拘泥于现实，同现实对抗和决裂，反对现实原则和操作性原则，崇尚快乐原则与自由原则。它能够超越既存现实，创造性地构建一个完全不同于现实的更加美好和幸福的世界。在这一构建美好未来的想象过程中，旧感性被排斥和驱赶，新感性得以形成与凸显。这是因为想象是与现实隔离的，它能表现出不自由世界的自由。也就是说，艺术通过想象对现实的加工与变形，激发了人体内原始本能对美的追求，并在这种追求中逐渐确立和增强新感性。"艺术作品从其内在的逻辑结论中，产生出另一种理性、另一种感性，这些理性和感性公开对抗那些滋生在统治的社会制度中的理性和感性。"③ 艺术，蕴含着新的社会改造的生

---

① ［美］赫伯特·马尔库塞：《审美之维》，李小兵译，生活·读书·新知三联书店1989年版，第143页。
② ［美］赫伯特·马尔库塞：《审美之维》，李小兵译，生活·读书·新知三联书店1989年版，第106页。
③ ［美］赫伯特·马尔库塞：《审美之维》，李小兵译，生活·读书·新知三联书店1989年版，第210–211页。

机。第二，美的存在是感性的，它依赖于感官而带来快感，是尚未升华的对象。刺激快感的力量属于美的基本性质，构成了美的本质。审美能带给人直观的感性幸福，同时还可以强化感性，调和专制理性，把感性从理性的束缚和抑制中解放出来。审美活动不同于技术理性，技术理性全面统治并压抑人的自由存在，而审美活动能使人的自由存在复归。这样，审美就造就了人的新感性或新感性的人。

马尔库塞所认为的新感性并不仅仅是存在于个体之中的一种心理现象，而且是变革社会满足个人需求的中介，能够参与变革世界的政治实践，成为追求个人解放之路的调节者。① 新感性养育不受历史条件与现实的限度所限制的独立个体，而只有这些独立个体联合起来组成具有更广泛的革命主体力量的历史主体，才能真正领导历史运动，促进人的解放，推动革命进程，产生新的社会。艺术和审美造就新感性的目的也在于通过新感性培养新的革命主体来重建新世界，获取人的解放的胜利，并最终使人的本质即爱欲得以解放。

关于艺术、审美对社会力量维度的影响。在人的解放的途径上，马尔库塞的眼界没有局限在塑造新感性这一个体力量维度上，他还从社会力量的整体维度上加以全面把握，深刻探讨了艺术、审美对现实社会状态的否定。他认为艺术的本质与特性是"审美形式"与"艺术自律"，并以此为基点展开论述，分析了艺术与审美对制约现实社会因素的克服，从而彰显艺术和审美对社会力量维度的加强效应与功能。

所谓"审美形式"，是马尔库塞对艺术本质的独特定义。在马尔库塞看来，"撇开那些审美趣味上的变化不论，总存在着一个恒常不变的标准"②，这就是"形式"。"有了审美形式，艺术作品就摆脱了现实的无尽的过程，获得了它本己的意味和真理。"③ 马尔库塞视野中的"审美形式"

---

① 参见［美］赫伯特·马尔库塞：《审美之维》，李小兵译，生活·读书·新知三联书店1989年版，第130页。
② ［美］赫伯特·马尔库塞：《审美之维》，李小兵译，生活·读书·新知三联书店1989年版，第204页。
③ ［美］赫伯特·马尔库塞：《审美之维》，李小兵译，生活·读书·新知三联书店1989年版，第211页。

不同于以往从内容出发的"形式—内容"二分法,它超越了界定形式的传统理论模式,实现了内容和形式的有机结合:内容转化为形式,形式整合为内容。也正因内容被形式所改造,人们便可不计内容和目的,一方面将艺术作品从所给予的现实中转移、分离和抽象出来,使纯形式表现出的对象即"美"得到展现,另一方面依照"审美形式"内含的否定性去把握无序、狂乱与苦难。因而,只有借助"审美形式",艺术才能超越现存的现实,成为在现存现实中与现存现实作对的作品。

所谓"艺术自律",是指艺术独立自在的性质。"艺术通过其审美的形式,在现存的社会关系中,主要是自律的。在艺术自律的王国中,艺术既抗拒着这些现存的关系,同时又超越它们。"① 艺术不受特定阶级集团的利益所左右,具有自身的内在规律性和不受外在性制约的相对独立性,是一个与现成生产力、生产关系相区别而存在的"空间"。艺术想象的超越性、行动的自由性、审美的理想性在艺术自律的领域里得到确证,呈现出一个摆脱外在干预,自由自在的真、善、美统一的世界。

马尔库塞对"审美形式"和"艺术自律"本质的释义,既揭示了两者之间的关系,也揭示了两者的功能。从关系上看,"审美形式"是艺术的本体,是"艺术自律"的承担者,它遵循美的形式法则将现实"去现实化",创造出一个艺术的外在存在;"审美形式"构成了"艺术自律",维护了艺术不受现实渲染的独立自在性,保证了审美的理想性、想象的超越性与行动的自由性。从功能上看,艺术与审美对现实社会具有否定功能。艺术与审美所遵从的法则,不是听从现存现实原则的法则,而是否定现存现实原则的法则。它们力图突破被遮蔽、被伪装、被硬化的社会现实,希冀打开人的解放的革命前景,与现实世界是一种否定性关系。

艺术、审美对社会现实的否定,实际上也是对社会力量维度的一种解放和加强。充满想象力与创造性的艺术、审美世界,能够激发隐含于人性中的原始本能,蕴藏着人性解放的生机。"艺术也是解放的承诺,这种承诺也是审美形式的一个性质,或更确切地说,是审美形式的一个美的性

---

① [美]赫伯特·马尔库塞:《审美之维》,李小兵译,生活·读书·新知三联书店1989年版,第203—204页。

质。这种承诺是从与现存社会的搏斗中冲杀出来的;它展示出一幅权力消亡、自由显现的图景。"① 社会力量的加强功能是由艺术、审美对社会现实的否定而派生出来的:艺术与审美并不是直接"介入"社会革命力量的,它是通过否定、远离与超越现实来实现其革命潜能的,使社会群体力量更具批判精神和集体凝聚力。

由艺术和审美带来的艺术革命将在一定程度上带来爱欲的解放,人们有可能生活在一个心驰神往的审美王国。"人将会自由地'运用'(游戏)他的能力和潜能,运用自然的潜能,而且,也只有'运用'(游戏)它们,人才是自由的。他的世界因而就显示出来了,而这个世界的秩序就是美的秩序。"② 人们按照美的规律生存,爱欲占统治地位,人的本能欲望、精神自主力和创造力才能得以释放。异化和压抑完全消除,艺术与审美真正成为人的基本需要。这说明艺术与审美的意义不是对给定东西的美化,而是建构出全然不同和对立的世界。

(三) 逗留在意识领域的解放之路

马尔库塞对人的解放道路的设想遵循的理论逻辑是:人的解放在于爱欲解放,而在操作原则与现实原则占主导地位的现代资本主义社会,爱欲解放只能在艺术与审美中实现。因为只有艺术和审美才真正存有反叛现实的一片"净土",能够承担拯救的任务,具有变革社会现实,增强个体主体维度和社会整体维度的力量。马尔库塞的这一解放美学思想主要是针对当代西方人内心世界已经被社会所控制和支配,丧失了自主性,体现为政治意识淡化、革命意识弱化的现实提出来的。他强调只有通过心理革命才能唤醒人们内心深处的感性冲动,使人们的内心世界从资本主义社会的总体控制下脱离出来,恢复人们的批判否定精神和对自由向往的追求,推动政治革命和经济革命最终取得成功。③ 值得我们借鉴的是:

---

① [美]赫伯特·马尔库塞:《审美之维》,李小兵译,生活·读书·新知三联书店1989年版,第238页。
② [美]赫伯特·马尔库塞:《审美之维》,李小兵译,生活·读书·新知三联书店1989年版,第58页。
③ 参见王雨辰:《一种非压抑性文明何以可能——论马尔库塞对当代资本主义社会的伦理价值批判》,《江汉论坛》2009年第10期。

第一，马尔库塞的解放美学突出了艺术与审美的革命功能，凸显了艺术与审美在批判现代社会和争取人的解放胜利方面的作用。马尔库塞对美学的研究不是仅仅投向于传统美学理论所关注的美的本质等问题，而是将美学与社会批判、人的解放结合起来，突出了艺术与审美的革命功能。在马尔库塞看来，操作原则与现实原则占主导地位的现代资本主义社会，实现人的本质即爱欲的解放的根本途径唯有艺术和审美。叛逆、反抗与否定现实的本性的艺术与审美，具有加强个体主体力量与社会整体力量的双重作用。马尔库塞强调艺术与审美的解放功能，要求艺术与审美在培养人的"新感性"、争取自由社会的胜利等方面发挥革命性作用，这在一定程度上是对回避艺术、审美研究方法的形式主义与结构主义的一种有力反驳。

第二，马尔库塞将艺术、审美与人的未来联结在一起，把艺术、审美看作人全面发展的有机组成部分，具有理论上的深刻性。艺术与审美作为文化领域中不可或缺的要素，对人的全面发展具有不可忽视的作用。同时，马尔库塞居于人本主义立场，从人的幸福着眼，立足于对个体深层心理本能结构的考察，积极探求人摆脱异化，实现解放之道。马尔库塞的这种奋力思索现代人生存处境的热情与关怀是常人难以企及的。其实，不管这种探求与思索是否会达到预想的目标，其对既有社会异化的批判和对人的本质解放的希冀，本身就是一种改造社会的行为。

但是，马尔库塞的解放美学从根本上背离了马克思关于人本质的界定和人的解放要通过社会革命实现的思想，其理论自身也存在着难以克服的局限和缺陷。

第一，马尔库塞解放美学的理论基础是抽象的人性论，与马克思的人性论相背离。虽然马尔库塞认同马克思的人的解放实质在于人的本质解放之主张，但他将人的本质归结为人的爱欲，仅仅从生物学意义上定义人的本质，并将其作为解放美学的理论基础，忽视了更为重要的人的社会性，这是对马克思人的本质思想的片面解读与割裂。关于人的本质的定义，马克思在强调自然属性的同时，更为关注人的社会性，认为人之为人、人与动物的根本区别是人的社会性，而并非马尔库塞所秉持的爱欲。爱欲作为一种生物本能，其本身也是随着社会的发展而不断丰富其社会性的，它的发展离不开社会环境的熏陶。

第二，马尔库塞过分推崇"新感性"的革命潜能，过度信奉"新感性"的力量，这显然是不恰当的。感性只是精神领域的产物，它的作用主要局限在意识范围，不能代替社会实践的作用。事实上，人的感官也是由于劳动才逐步发展和完善的。由于劳动，人的各种感觉才得以形成，例如语言的发展必然是和听觉与感觉器官的相应完善化同时进行的，感性和感官都离不开社会与现实实践。

第三，马尔库塞盲目夸大艺术与审美的功能，片面强调艺术、审美的感性特征和快乐原则，认为两者彻底摆脱了现实原则和技术理性的统治，具有解放人的感性力量的魅力，能使人从既存现实中解放出来，并改造和重建世界。然而，语言、诗歌、绘画等艺术形式是一定共同体的产物，其本身来自它所依存的社会，受社会的制约。其实，全面否定艺术、审美与现实的联系，完全排斥理性的介入，推崇艺术和审美作为解放之唯一道路的重要性，也是对艺术和审美特性的一种主观假想，并不符合现实中艺术与审美的本真状态。

第四，马尔库塞的解放美学丝毫未触及资本主义制度的根源。马尔库塞的艺术与审美的解放论和通过"新感性"创造新主体的政治实践观，其实是一种艺术与审美的乌托邦式的空想。因为这种构想只限于意识形态领域及个体的"本能"结构领域的革命，未从根本上触动资本主义的经济基础和政治统治。因而，马尔库塞的解放美学不可能改变资本主义的现实关系，消除资本主义社会的异化，真正实现人的解放。

总之，艺术与审美的革命终归是精神革命，最终只能逗留在意识领域。个体在工业社会中的分裂只能在现实的土壤中重新获得统一，而不是在幻想的领域中寻求救赎。马尔库塞的艺术与审美救世主义丝毫未触及资本主义制度的根源，走的是一条缺少现实生活真实性的"席勒式"的解放之路，是在审美幻觉中完成对现存社会的想象性批判，这种批判不会是人们的希望之所在。马尔库塞为人类铺筑的艺术与审美解放之路只是既不会开花也不会结果的乌托邦①之树，是诗意的浪漫和空想。

---

① 马尔库塞并不反对自己的爱欲解放观被评价为乌托邦理论，但对乌托邦有着不同的理解：不认为乌托邦只是一种抽象的逻辑概念和无法实现的理想，而是一种可能实现的历史概念。

第三节 消费时代的解放反思：列斐伏尔与鲍德里亚

一、文化革命：列斐伏尔日常生活的解放方案*

法国著名哲学思想大师昂利·列斐伏尔（Henri Lefebvre，1901 – 1991）一生致力于马克思主义理论的研究，尤其热衷于对经典马克思主义思想的改造和超越。他在马克思早期人本主义异化劳动思想的基础上，创造性地开辟了人类解放研究的一个崭新领域——日常生活解放。他认为，较之以往，20世纪的西方资本主义社会已经发生了巨大变迁和调整，日常生活已经取代经济生活占据优势地位。故此，当代学者也必须将关注的目光从经济领域转换至日常生活领域，从日常生活角度出发批判资本主义对人的本质的压抑，提高被奴役人们的意识和觉悟。显然，与马克思致力于全人类解放的宏观整体运思不同，列斐伏尔侧重于从日常生活的微观文化心理视角探求个人的解救之途。列斐伏尔的这一日常生活解放方案独具特色，是马克思人类解放思想微观维度研究的有益补充。

（一）"意义零度化"的日常生活

长期以来，日常生活因其无限循环性和烦琐无奇性而被视为非真理性存在，甚至被排斥于具有纯粹思想高度和理性特征的哲学视野之外。而列斐伏尔则力证日常生活在哲学领域的合法性与必要性，阐明哲学与日常生活的密切关系，认为"哲学不能被当作栅栏，也不能为了提升世界和为了区别浅薄与严肃时，将存在、深度和本质孤立在一边，而将事情、外表和显现孤立于另一边"①。在列斐伏尔看来，没有哲学的日常生活是无真理的现实，同样，没有日常生活的哲学也是无现实的真理，只有将两者结合起来才能消除各自的局限。因此，人类解放的哲学应当对现代世界的日

---

* 本部分内容参见笔者的博士生黄漫与笔者合作完成的论文《文化革命：列斐伏尔日常生活的解放方案》，《社会科学研究》2015年第1期。

① Henri Lefebvre. *Everyday Life in the Modern World*, Trans, Sacha Rabinovitch, London: The Penguin Press, 1971, p. 14.

常生活予以关注、检审和批判。列斐伏尔试图将人们身处的社会日常生活化,即从日常生活的内部矛盾与生命力的角度来反思和批判现代社会,寻求最终解放全人类的切实希望。

日常生活是人们各种社会关系和生活的存在之根,正如列斐伏尔所言,"日常生活是一切活动的汇聚处,是它们的纽带,它们的共同的根基。也只有在日常生活中,造成人类的和每一个人的存在的社会关系总和,才能以完整的形态与方式体现出来"①。可见,在列斐伏尔的视野中,日常生活是人类本性欲望的入口,是人类认识活动和实践活动展开、深化的基础,有助于直接认识和深刻理解我们生活于其中的社会现实状况和内在发展矛盾。

通过对人们日常生活的全面考察与深刻分析,列斐伏尔尖锐地指出:当代资本主义社会,"异化不仅仅局限于劳动领域,而且存在于消费与人的各种需要领域,即日常生活领域;异化主要不是马克思所关注的贫困问题,而是现代社会技术文明进步所导致的全方位社会问题"②。当前人们所面临的异化已不再单纯是马克思所强调的劳动异化,异化已散布、渗透至日常生活的各个角落与每个层面,并导致更加严重的社会后果。经济基础中的异化不能直接导致政治制度、意识形态等上层建筑的异化,也不能直接导致人们身处的日常生活异化,尽管它们在"系统"关系网中相互联系、相互作用。而日常生活异化却可以将政治异化和经济异化包罗、掩盖起来,甚至日常生活决定了经济生活和政治生活。日常生活处处笼罩着异化的乌云,最严重的异化就在于我们身处的日常生活中,这可以说是现代社会人类创造的一切文明遭遇危机最突出的表征和最直接的领域。人类解放的真正方向就在于消除直接现实的、广泛微观的日常生活异化,因此,要想实现彻底的人类解放就必须将无产阶级革命深入至日常生活中去。

日常生活的种种异化集中体现在消费领域中。列斐伏尔对 20 世纪 50 年代西方资本主义社会迅速发展的状况进行了深度考察,认为较之旧资本

---

① Henri Lefebvre. *Critique of Everyday Life*, volume I, Trans, John Moore, London: The Penguin Press, 1991, p. 97.

② 刘怀玉:《现代性的平庸与神奇:列斐伏尔日常生活批判哲学的文本学解读》,中央编译出版社 2006 年版,第 138 页。

主义社会，新资本主义社会的统治重点与主导向度发生了巨大变化，即由生产转向了消费。物质生产已经不再成为主要问题，人们开始置身于追求时尚休闲的需求之中。

> 休闲是一个具有自发性特征的社会组织所引起的新的社会需求的典型特征。我们这个社会通过各种各样技术制造出种种休闲的机器，诸如收音机与电视机等。它用新的设备取代旧的方式，有时同其他社会活动相矛盾，有时填平了与其他活动的矛盾。人们的具体的千差万别的个性需求按照年龄、性别与群体来加以标准化的抽象化的满足。①

现代工业文明既创造了普遍的群体休闲需求又满足了具体的个体休闲需求，但实质上，休闲被严格管辖与高度商业化，成为受控制的被动消费环节，是一种被操纵的消极行动。休闲被扭曲为一种异化的实践，它已经日益明显地从属于市场体制与社会技术，人们并没有从劳动与市场必然王国中获得自由解放，而是陷入另一种异化的困境。

列斐伏尔认为，消费品在本质上是符号（signs），人们正是生活在由符号堆砌而成的"假装的世界"中。当代社会借助广告、媒体等手段，将物质的内容通过宣传的符号来表达。功能的、技术的对象取代了传统的、现实的对象，对象与符号之间的界限已被打破，对象在日常生活逐渐被符号所取代。现代社会成为符号意指顶替真实存在的虚拟世界，"凡能够被消费的都变成了消费的符号，消费者靠符号，靠灵巧和财富的符号、幸福和爱的符号为生；符号取代了现实"②。列斐伏尔指出，处于消费社会中的人们生活在一个欲望无限膨胀的虚幻世界中，完全不关心经济上的"贫困"和政治上的"专制"，也完全不了解自己真正的需要和真实的生活处境，他们只是担心自身与时代潮流、周围时尚的距离。"消费的目的

---

① Henri Lefebvre. *Critique of Everyday Life*, volume I, Trans, John Moore, London: The Penguin Press, 1991, p. 33.

② Henri Lefebvre. *Critique of Everyday Life*, volume I, Trans, John Moore, London: The Penguin Press, 1991, p. 108.

不是为了传统意义上实际生存需要（needs）的满足，而是为了被现代文化刺激起来的欲望（wants）的满足。换言之，人们消费的不是商品和服务的使用价值，而是它们在一种文化中的符号象征价值。"① 以符号为中介的现代资本主义社会消费市场体制已经完全控制了人们的日常生活，令人眼花缭乱的"物品—符号"使日常生活成为一个巨大的、疯狂转动的万花筒，人们不断追求个性，追赶时尚，却被同质性的符号规约、塑造而趋于千篇一律、单调无奇。这个严重质变的现实社会被列斐伏尔提炼概括为"意义零度化"的日常生活。

资产阶级消费意识形态在"意义零度化"的日常生活过程中扮演着重要角色，它们通过各种媒体广泛宣传，在精神领域"理性"地规定了现代化的生活方式，削弱人们的创造性和革命性。人们的生活方式在意识形态替代物的裹挟中，以新的异化内容代替了旧的异化内容，"异化假定了新的和更深刻的意义，它使日常生活失去了力量，忽视了它的生产和创造性潜能，彻底否定了其价值，并在意识形态的虚假魔力中将之窒息。一种特殊的异化将物质贫困转变为精神贫困"②。富饶的物品因为给予人们一种幸福感、存在感而具有像教堂一样安抚灵魂的意义，人们成为资产阶级意识形态的俘虏而无法自拔，甚至丝毫觉察不到各种异化的存在。消费意识形态潜伏在各种新产生的异化工具之中，使消费者个体被大量的符号与纷繁的资讯所遮蔽，并将符号与资讯内化为消费者的自觉意识，使其成为现实生活的傀儡，基本丧失了自我意识和个体存在感。

"意义零度化"的消费社会是自由幻觉聚集的社会，日常生活中"未被认出的强迫"全面地渗透至生产与消费的总体环节，吞噬被同化生活在其中的每一个成员。现代社会的日常生活形态虽然与传统社会生活的贫穷状态有本质差异，但其受消费所控制，以致社会成员在享受消费社会所给予的丰富物品愉悦的同时，也沦落为失去自由选择和精神极度贫困的奴隶。

---

① 陈昕：《救赎与消费——当代中国日常生活中的消费主义》，江苏人民出版社2003年版，第7页。

② Henri Lefebvre. *Everyday Life in the Modern World*, Trans, Sacha Rabinovitch, London: The Penguin Press, 1971, p.33.

（二）文化革命的解放方案

作为一位对社会变革和思想发展始终保持高度敏锐和开放触觉的哲学家，列斐伏尔洞察到人们当今身处的日常生活是被现代性压迫得最为严重、最为支离破碎的领域，单纯政治领域或经济领域的变革、重建策略对消除人们日常生活的异化意义不大，要实现日常生活的彻底解放必须由被消费社会"意义零度化"的日常生活自身来完成。他认为，将"美好社会"的目标锁定在过去的"黄金时代"，或者放置于遥远的、被无限推迟的未来，都是对真正追求解放冲动的严重压抑与愚弄，必须在"此时此处"的日常生活中找寻实现共产主义理想的解放方案。

日常生活是总体解决现代问题和全面实现人类解放的策源地。列斐伏尔早年对日常生活的态度是比较乐观、积极的，他认为日常生活虽然充斥着由于商业控制而导致的压迫，但也蕴含与隐藏着救赎与释放的无限潜能。资本主义通过媒体宣传在精神层面标榜现代化的生活方式，日常生活的意义趋向零度化，但是这种异化沉沦的否定状态并非完全没有改善、挽救的余地，相反，那些有价值、有生命力的肯定内容被掩盖在平庸外表的深处，日常生活仍然是充满巨大创造潜能和解放希望的异质性世界。日常生活具有"压抑—反抗"两重性，我们需要充分挖掘其中抵制异化的生命力和创造力，通过美化与变革日常生活，将日常生活中的积极因素从异化状态拯救出来以实现革命的任务。

节日是人类创造精神的觉醒和对异化状态的跨越，要终结日常生活的日常性[①]，必须排除日常生活与节日之间的矛盾。晚期资本主义社会的制度化分层已经达到了很高的程度，而节日允许游戏式的、创造性的自由，是一种理想化的日常生活，它的功能就是解放，将人从现代性的陈词滥调中解放出来，从习以为常的世界观中解放出来，再现原本流光溢彩的生活场景。在狂欢的节日中，人们身上的能量、直觉没有一处会被闲置一旁，他们全身心的热情、想象都得到空前的释放与宣泄。自然宇宙万物的秩

---

① 参见 Henri Lefebvre. *Everyday Life in the Modern World*, Trans, Sacha Rabinovitch, London: The Penguin Press, 1971, pp. 36–37. 列斐伏尔所论及的"日常性"与"日常生活"是两个完全不同的概念。"日常性"是一个反映资本主义条件下的陈腐的、琐碎的和单调重复的生活品质概念；"日常生活"指的是那些不易分类、习惯性、常规性的本性，并非特指每天生活中的异化特征。

序、人们的生活秩序与情感高度交融在一起,使得人们不会感到相互疏远。新型的、纯粹的人际关系是真正属人的现实,其现实性可以通过感性接触而体验到。节日狂欢打破了美好理想与乏味现实的界限,将两者融为一体,是对日常生活的一种解放和救赎。

晚期阶段的列斐伏尔对日常生活的阐释相对集中在微观层面,态度并不乐观。他认为现代性革命不能仅仅只是节日化的瞬间,还必须通过"总体革命"来消除集中体现在消费领域中的日常生活的异化,将人从"意义零度化"的消费社会拯救出来,使单向度的人变成总体的人。

列斐伏尔把社会总体革命划分为三个维度:政治维度、经济维度与文化维度,如果革命仅仅立足于经济维度或政治维度,革命必定是不成功、不彻底的。在一个大众消费文化的各种符号全面改造、控制人的社会中,列斐伏尔特别强调突出了文化革命对社会"倒转"的重要意义。列斐伏尔认为,当前社会不可能只通过政治维度的革命方案与经济维度的构建设计就使未来社会在结构与功能上得以优化和整合,而必须进行文化维度的革命。他尤其强调文化革命的必要性及彻底性,认为只有文化革命才能超越本质主义和理性主义视野,逃避政治经济制度的强制力,终结社会的异化,拯救人的命运,恢复人的主体性。然而,列斐伏尔的文化革命区别于经典马克思主义者所理解的意识形态、风俗习惯的变革。他认为,文化革命"不是建立于文化基础上的革命,也不是文化自身的目标或它的动机;我们的文化革命的目标与方向是,创造一种不是制度的而是生活风格的文化;它的基本特征是哲学精神的实现"①。文化革命对日常生活的变革,就是要使文化走向经验。因此,列斐伏尔喊出一句响亮的口号:"让日常生活成为艺术品!"② 浪漫主义的美学成为列斐伏尔后期异化的解毒剂和人类解放的最后希望。

"总体革命"造就"总体人"(total man),列斐伏尔的总体性革命将期待的目光聚焦至一场持久而广泛的文化革命,认为文化革命通过瞬间的

---

① Henri Lefebvre. *Everyday Life in the Modern World*, Trans, Sacha Rabinovitch, London: The Penguin Press, 1971, p. 203.

② Henri Lefebvre. *Everyday Life in the Modern World*, Trans, Sacha Rabinovitch, London: The Penguin Press, 1971, p. 204.

拯救可以将单向度的人塑造成为日常生活中的总体人,"总体人"是"生成活动的主体和客体"①,是克服日常生活各种矛盾的理想形式。列斐伏尔的"总体人"与尼采式的反对虚假的乐观主义、彻底的悲观主义的"酒神精神"及马克思的"自由人联合体"思想相一致,是一种指向解放的艺术方式,标志着人们可以像艺术一样在差别无穷的各种可能性中充分发展自己的个性,包含着一种趋向和一种走向个性及总体性相结合的努力。但是,列斐伏尔的"总体人"思想本质上是一种在日常生活艺术化过程中实现人类自我解放的"艺术乌托邦"。

(三)历史生存的阐释学与文化决定论

列斐伏尔站在马克思哲学立场上,把对日常生活的批判理解为现代哲学的根本性问题。他第一次大胆地把早期马克思建立在人本主义哲学基地上的人类社会发展构想具体化为日常生活实践的发展方案,即将马克思关于人们扬弃异化劳动而实现解放的思想扩展到对日常生活的各个领域进行反省与批判。列斐伏尔认为,马克思人类解放思想的问题就在于它将无产阶级神秘化,并仅仅从抽象的阶级高度与生产关系高度来分析社会现实和人们的存在境况,不可能真正解决具体社会成员日常生活中的各种微观问题。因而,他将马克思早期以抽象的阶级方法与思辨的哲学人本学为前提的人类解放方案,从宏观历史哲学思考维度转换为微观的以日常生活为线索的现代性批判视野,建立了人类解放的全新之路——日常生活解决方式。可以说,列斐伏尔的重大贡献之一就是将马克思早期隐含的历史预测性的抽象阶级方法以及思辨的哲学人本学推向了历史生存论的阐释学、现象学视野。

列斐伏尔有意躲开了后现代主义者对马克思本质主义问题的讨论,强调要从生活自身与内部出发,从微观琐碎的日常生活批判性反思入手来关注生存理想,使马克思人类解放思想成为在生存论上具有历史性和现代性趋同的现实普遍性。人类历史画面最突出的部分是,伴随经济必然王国的不断崛起而反衬出来的日常生活文化内涵的蜕化、萎缩的演变趋势,列斐

---

① [英]戴维·麦克莱伦:《马克思以后的马克思主义》,余其铨等译,中国社会科学出版社1986年版,第162页。

伏尔正是在这种背景下运用马克思异化理论对当代资本主义社会和社会主义社会的日常生活领域进行诊断。一方面，列斐伏尔揭露了新资本主义社会的经济政治制度特征和基本社会矛盾——技术官僚与消费市场双重体制对日常生活的全面瓦解，澄清了所谓"后工业社会""消费社会""休闲社会"等种种"幸福理想"的神话，指出其深度隐性的异化统治和精神层面匮乏的现实，主张站在社会历史的前提下看待资本主义社会及其日常生活领域。另一方面，列斐伏尔认为，苏联社会主义模式与发展道路只进行了宏观改造，即实现了政治上的国家政权更替和经济上的所有制转变，但人们微观的日常生活没有发生变化，人们的意识、心理状况没有发生改变，其解放方案是不完全、不彻底的。因此，列斐伏尔强调在社会变革中要把宏观改造和微观改造关联起来，尤其要重视具体细节的日常生活改造，只有改变了日常生活的现状，社会主义解放才能真正弥合个体与集体之间的裂痕，实现个体解放与社会解放的有机统一。列斐伏尔正是在平凡琐碎却广泛细致且影响深远的日常生活中觉察到人类解放的巨大潜能，将日常生活视为社会变革和人类解放的基础性层次，这种历史生存的阐释学极大丰富了马克思人类解放思想的内涵。

列斐伏尔基于历史生存的阐释学框架和视野的人类解放观，对被马克思解放思想所忽略的日常生活平凡形态的深入研究具有重要意义，但其解放观又在一定程度上陷入了文化决定论的泥潭。

第一，列斐伏尔凸显了日常生活批判的存在论地位，认为日常生活不只是纯粹的异化，而且蕴含克服异化的无限潜能，是一个不断产生异化又蕴含无穷能量、不断克服异化的存在论世界，这一点是深刻且精辟的。但是他习惯于把日常生活界定为消费社会，把人类解放的理想寄托在反消费主义的艺术美学实践上，这在一定意义上导致日常生活的存在论意义被单一化。列斐伏尔在其日常生活批判中采用的现代性理论框架与后现代性来临的社会相矛盾，这造就了一种矛盾的根基，即列斐伏尔处于现代性与后现代性并存的时代，以福特主义为前提的现代性理论与以大众传媒为基础的后现代性理论相互交融，而列斐伏尔的主要理论还只是站在资本主义制度的基地上，使得他的批判难以从历史的制高点来俯视日常生活。

第二，列斐伏尔设想的文化革命解放方案并没有超出卢卡奇所开创的总体性辩证法框架，其对社会的批判仍是西方马克思主义根深蒂固的新人本主义传统；当他强硬地抛开经典马克思对资本主义社会经济、政治制度的批判模式，试图让文化处于主导层面（实际上文化层面仍然是次生的边缘领域）来寻找医治现代性"痼疾"以实现人类解放的"良方"时，实则是舍本逐末的做法，是一种大胆而坚定的反现代化的现代主义和乌托邦的文化决定论方式。① 马克思对资本主义现实社会的批判分析深入到其内在的基本矛盾和历史发展的必然趋势中，而列斐伏尔故意绕开这一点，选择以一种艺术或美学的方式来完善自己的理论观点，将马克思关于历史解放的宏观愿景转换为微观艺术化的都市生活想象，而且这种艺术化的批判话语远远达不到晚期资本主义真正意义上的建设话语水准。与庞大的、具有持久变革潜能的工业生产方式和理性化的国家机器相比，"文化革命"只能是一个小得可怜的马达，它不可能带动起落后国家乃至整个人类解放的伟大运动。列斐伏尔把社会革命诠释为艺术或美学式的节日狂欢时，其解放方案所具有的浓厚乌托邦空想色彩也醒目地显现出来。为了追寻一种可能性的救赎，他强调乌托邦的重要性，自称是一个乌托邦主义者并为之骄傲。这种乌托邦使得列斐伏尔的哲学具有了文化批判的冲击力，但在列斐伏尔乌托邦情结中，他所追求的仍然没有超越总体性的个人，这使其追求具有了一种悲壮的情怀。

---

① 列斐伏尔始终保持对马克思的信仰并直接面向现实问题，用现实空间化的革命实践方式来解决日常生活的理想问题，而他没有对自己青年时代所接受的早期马克思人本主义历史观的局限性进行检讨与重建，没有真正理解马克思成熟的政治经济学批判对于理解现代世界日常生活问题的认识论意义。列斐伏尔是一个始终没有创造性建构自己哲学理论基础的思想家。我们固然不能仅仅在哲学领域内讨论日常生活的批判与改造问题，必须深入日常生活内部微观地进行研究，这种认识正是列斐伏尔所强调的，但我们更不能缺少宏观的社会历史认识论前提与逻辑反思。列斐伏尔虽然也自觉不自觉地参照现代社会的宏观逻辑，指出了资本主义社会日常生活所受的经济社会结构的制约，不过，他仅限于文学式的日常美学直观与微观考察，没有提出具体切实可行的方案；这在他的学生鲍德里亚那里得到了更为彻底的改善，鲍德里亚不仅彻底批判了传统政治经济学批判逻辑，而且创造性地建构了自己的理论策略。

二、象征交换：鲍德里亚超越符号消费社会的解放策略

当代备受关注的法国哲学家让·鲍德里亚（Jean Baudrillard, 1929 - 2007）在国内外理论界、传媒界极具影响力和煽动性。他以马克思主义和法兰克福学派的理论为基础，在一定意义上超越了法兰克福学派从启蒙批判走向对整个西方理性主义文化批判的演进理路，拓展为对以物质生产和社会劳动为核心的历史观的批判，揭示出资本本性在消费领域运行、发展的内在机制。在当代，社会的生活风尚和个人的消费行为发生了极大改变，这种改变已被人们所觉察并被视为一种普遍现象，而鲍德里亚正是从普遍的现象中生发出不同寻常的理论思考，揭露消费社会如何控制人与操纵人的状态。鲍德里亚以其独到的视野、鞭辟入里的分析及富于魅力的表述，阐明了具有世界历史意义的人类生存经验，其文本中的诸多重要概念和原创思想成为我们重新检审马克思人类解放思想的宝贵理论资源。

（一）符号消费社会及其非人化的困境

鲍德里亚认为，当代社会是一个"消费社会"，消费取代了以往工业社会的生产，不可遏制地成为当代生活的主流，是支撑整个国民经济运行的起点和终点。通过研究宛如雨后春笋般涌现出来的消费"症候"，他不仅觉察到现代产品或服务已经实现了对人性的控制和支配，而且指出产品或服务消费背后蕴藏着深层次的"符号"消费：人们消费的本质与事实真相不在于形式上享用物本身，而在于享用物所显示的意义，实现全方位占有与多角度建构的作用。鲍德里亚创新性地揭示了符号消费主宰当代社会一切基本风貌及其发展走向，切入了当下人生活的现实境况。

在工业社会及其之前生产力水平较低的社会里，生产作为社会再生产的轴心发挥着主导作用，人们消费的是商品的使用价值。在马克思主义政治经济学看来，生产是决定性因素，它决定着消费、分配和交换等其他环节，因为物品是否充足是直接制约人们消费活动以及消费心理的关键变量。在物质资料相对匮乏的工业社会，人们的消费完全是出于维持生命和繁衍后代的真实需要，物对人的意义在于物的使用价值，这也是历史长河中人与物关系的最初内涵和首要方面。然而，自1929年资本主义历史上

最大的一次经济危机①爆发之后,"消费本位主义时代"改变了这一切。

在现代消费社会中,消费取代生产成为社会再生产过程的中心,消费的功能也相应发生了变异。人们固然需要从事生产活动,但日常生活直接成为"消费地点",它帮助人们打消了任何不利于消费的顾虑或犹豫,实现了"享乐经济"与"道德经济"的统一。鲍德里亚指出:"当代人越来越少地将自己的生命用于劳动中的生产,而好似越来越多地用于对自身需求及福利进行生产和持续的革新。"② 消费社会把人们集中在消费魔杖所划定的圆圈中,而消费行为的泛滥溢出了人本真需要的意义范围。消费并非是满足人们实际需要的享受过程,而是不断地刺激且实际制造人们需要的手段,是行使社会控制和社会驯化功能的"新生产力"。生活在消费社会中的人无法游离于自己的时代,需要接受社会生活的主流风尚,选择流俗通行的生活模式,皈依大众化的价值观念,这是消费社会的时代精神和生存指令,是每个人应自觉履行的义务。消费社会实际制造了非人化的生存,消费的人在必须生存下去的指令中坠入了身不由己的深渊。然而,只有少数知识分子从理想主义深处真正意识到当代的消费异化,社会大众却麻木不仁,趋之若鹜,以至于"消费者基本的、无意识的、自动的选择就是接受了一个特殊社会的生活风尚"③。

鲍德里亚进一步分析指出,符号操控消费或消费领域是"符号编码交换的领域",它构成了人们被消费社会宰制的深层逻辑④,人们在消费社会中的异化与消费物品背后的符号意指息息相关。消费社会的特点,就

---

① 1929年美国爆发的经济危机是一个分水岭,经济危机之前,资本家关心的只是如何使人们进行生产的问题,经济危机使资本家意识到:问题不再只是如何生产而且包括如何消费,消费成为经济生活的重要部分;必须使人们成为消费者,使人们的"需要"成为劳动力的重要部分。正是通过这一点,经济得以存活并大大扩展。

② [法]让·鲍德里亚:《消费社会》,刘成富等译,南京大学出版社2001年版,第72页.

③ [法]让·鲍德里亚:《消费社会》,刘成富等译,南京大学出版社2001年版,第59页.

④ 鲍德里亚受其老师列斐伏尔的影响将消费品同符号关联起来,他们都对符号统治的现代社会现状感到失望,对现代性基础的理性与交换价值的统治表示否定与拒绝,都用象征交换来反抗符号交换与商品交换,用死亡、性、艺术等非劳动非生产的乌托邦来对抗消费社会的价值原则与物的统治秩序。但是列斐伏尔回归到尼采式的古希腊狂欢节;鲍德里亚试图通过莫斯与巴塔耶回归到更为古老的想象中的原始社会消极状态或挥霍无度的场面。

是"在空洞地、大量地了解符号的基础上,否定真相"①。鲍德里亚这一简明扼要的阐释具有根本性意义,他把消费时代人们非人化的生存境遇归因于符号编码法则对整个社会生活的渗透和组织,它与符号编码的特点、存在方式以及由之而来的实际作用相联系。符号体系使得物的使用价值被消解殆尽,消费对象不再是具体的、单纯的物,而是"符号—物",是以物表现出来的社会身份和文化差异;消费行为不是出于有理性的人们自身迫切的、本真的需要,而是缘起于某种持续发送的符号及其编码区分的需要,即变成了一种地位和名望的展示。全面且缜密的符号编码系统具有强大的同化力量,是消费社会日常运转的枢轴,它不断消解那些拒绝或对抗同化的因素,全方位地对生活世界进行"永久总动员"。各种大众媒介以一种隐蔽的方式从多重角度永无休止地进行符号编码,推动着时尚潮流向前运行,刺激着人们的欲望,它操纵人、塑造人、驾驭人,最终使人深陷符号的泥潭而不能自拔,人的一切行为乃至人本身都按照符号的意愿发生蜕变和异化,人在安逸的环境和丰盛的物质享受中毫无察觉地丧失自我。人们的需要为了符号并通过符号得以实现,而同时又被符号掩盖了生存的事实,标识了消费社会改造人的行为和规约人的灵魂的基本途径。

符号之所以能够代替具体物品而引导人们消费,原因在于:第一,符号本身的无定性以及对具体参照物的超越性。当人的需求被鼓动和幻化为无休止的欲望时,欲望的对象就不再是确定的东西,而仅仅是欲望的支撑或表征,究竟是何物则微不足道。这里的关键是"物品—符号"或"物品—象征"的链接所催生的消费心态,是等同于物品消费又必定超越具体参照物的满足感与愉悦感,是实际无须存在却又无时不在的寓意符号。鲍德里亚指出:"这些信号不可解读,没有可能的阐释,如同在'生物'体深处隐藏多年的程序模型——这样的黑匣子中酝酿着所有的指令和所有的回应。"② 消费之归顺于符号乃是不可逆转的必然性,消费性质变更的影响也以同等程度的必然性嵌入于现实生活世界之根基处。第二,符号的流动性可以转移并瓦解具体物品不足时必然引发的怨恨,符号在形式上透

---

① [法] 让·鲍德里亚:《消费社会》,刘成富等译,南京大学出版社 2001 年版,第 13 页。
② [法] 让·鲍德里亚:《象征交换与死亡》,车槿山译,译林出版社 2006 年版,第 81 页。

明的优点又能够度量社会公正与平等，重建张力以凸显活力的新型的社会团结和社会秩序。"在符号层面上，没有绝对的富裕或贫困，也不存在富裕符号和贫困符号之间的对立。"① 人们只要开始消费，就进入了由符号编码主宰的互换关系与分类系统中，所有的人都不由自主地互动而遵循符号编码规则，从而谋划生存、巩固生存。

正是凭借符号编码的巨大作用，消费代替了一切意识形态，承担了"社会驯化"的作用和功能，成为实施社会控制的有力手段。鲍德里亚在《生产之镜》② 一书中强调，在当代资本主义社会中，对符号的操作，已经成为取代对生产的控制，成为意识形态的新基础，"这种利用象形文字的符号意识形态结构，与利用生产能力的旧意识形态相比，更加难以辨认"③，消费时代所导致的非人化生存状况与特征更具有根本性、普及性。当代社会成为一个被符号统治的社会，在"符号"王国所统治下的个体异化，便已不是马克思所理解的被"商品逻辑支配着的工业和社会生活的普遍化的模式"④，而是鲍德里亚所谓的消费社会时代的"个体不再反思自己，而是沉浸到对不断增多的物品—符号的凝视中去"⑤，符号的意义已经远远超越了以交换价值与使用价值为主要范畴而搭建政治经济学理论所拥有的界限。在这种情况下，如果我们仍然固守商品拜物教的意识形态批判逻辑，就会像刻舟求剑者一样，缺乏变通，不仅在理论上是落伍的，而且在政治上也是有害的。这一点从美国文化分析专家道格拉斯·凯尔纳的解释中可以得到更清晰的认识："对鲍德里亚来说，符号价值支配了使用价值和交换价值；服务于它们的需求的物质性和商品的使用价值消

---

① [法]让·鲍德里亚：《消费社会》，刘成富等译，南京大学出版社2001年版，第85页。
② 鲍德里亚的《生产之镜》（1973年）与哈贝马斯的《走向一种合理性的社会》（1971年）是他们各自的代表性著作。他们几乎同时试图解构马克思经典叙事的"根深蒂固的核心"——生产主义或生产方式理论，鲍德里亚代之以"消费主义"或者说"符号的政治经济学批判"，哈贝马斯代之以著名的"交往理性"，他们分别代表着后马克思主义的"客体化"与"主体化"两种走向。
③ [法]让·鲍德里亚：《生产之镜》，仰海峰译，中央编译出版社2005年版，第108页。
④ [法]让·鲍德里亚：《消费社会》，刘成富等译，南京大学出版社2001年版，第224页。
⑤ [法]让·鲍德里亚：《消费社会》，刘成富等译，南京大学出版社2001年版，第226页。

失在鲍德里亚的符号学想象之中,在这里,符号取代了现实并重构人类的生活"①,古典政治经济学与马克思主义政治经济学的基本范畴成为过去时。

(二) 超越符号价值的象征交换策略

鲍德里亚认为,在现代资本主义消费社会,实现人类解放不能通过传统革命的方式来进行,而必须通过象征交换的方式进行解码。资本逻辑的发展与运动经历了从"经济短缺"阶段到"经济相对过剩"阶段的演进,随着生产的终结,我们走进了一个符号编码操控一切的消费社会。符号编码构成了现代社会的奥秘,这是比真实世界还要真实的世界,一切都按照符号编码的模式来再生产自己。他进一步指出,马克思一直沉浸在"生产浪漫主义"②的理论情结中,将生产、生产方式等概念意识形态化,赋予其以高贵的革命、解放头衔。"如果说有一件事马克思没有想到的话,那就是耗费、浪费、牺牲、挥霍、游戏和象征主义。马克思思考的是生产(这不是一件坏事),他是根据价值来思考的。"③ 马克思"将生产力的解放混同于人的解放"④,他所持有的以生产和价值的法则出场的人类解放期望难逃与资本主义同谋的结构性法网,其社会主义构想也不过是另一种放大的或更加放纵的工业资本主义发展进程,是落伍了的"欧几里得几何学"。要实现对当代消费社会全面的、彻底的批判,从深层上将人们从被控制的消费社会中解救出来,就必须反对把经济当成自主性领域的唯物主义批判方式,转而走向整体性的批判,揭示符号在消费社会中的经济学意义,即对文化、意识、理想原则的真实批判。

---

① Douglas Kellner. "Jean Baudrillard After Modernity: Provocations on A Provocateur and Challenger", *International Journal of Baudrillard Studies*, January, 2006.

② 在鲍德里亚看来,正如当年费尔巴哈深刻批判过宗教但始终未能超越宗教一样,马克思一生都在批判政治经济学却从未能超越古典政治经济学;他一生批判黑格尔的绝对理性狡计,却始终未能够摆脱资本主义生产方式的"理性狡计"束缚:"一个幽灵游荡在革命的想象中:生产的幻象。它到处维持着一种不受羁绊的生产力浪漫主义。生产方式的批判理论毫不触及生产原理。它所阐发的所有概念都只是描述了生产内容的辩证的、历史的谱系学,生产作为一种形式却完好如初。"(参见 Jean Baudrillard. *The Mirror of Production*, Trans, Mark Poster, St. Louis Mo: Telos Press, 1975, p.101.)

③ [法] 让·鲍德里亚:《生产之镜》,仰海峰译,中央编译出版社2005年版,第24页。

④ [法] 让·鲍德里亚:《生产之镜》,仰海峰译,中央编译出版社2005年版,第2页。

在当代符号消费社会中，商品或服务不仅仅具有实用性、功能性，还具有文化性、社会性，其自身系统构成了一个完整的意义领域，因而我们必须对"符号—物"意义指向的本质进行考察。按照传统的思维方式，我们常常"自以为是"地将意义、文化简单地归结为"上层建筑"，并不假思索地套用，或"以经济基础决定上层建筑"这样的公式简单、笼统地解释发生在意义领域和文化领域中的所有事物或现象的依附关系，实际上，这是一种功能主义的思路。如果说这种依附的逻辑在以生产为中心的工业时代尚有直接的现实基础和生活前提，那么在消费社会中，必须对此进行前提性批判，因为"物"作为消费对象时，不是以"功能物"的面目呈现，而是以文化为核心内容折射出来的"符号—物"的形式存在的。鲍德里亚敏锐地指出："就与物质生产的关系而言，对符号和文化的生产进行分析时不再将其看作是外在的、隐秘的或'上层建筑的'；它是作为政治经济学本身的革命而出现的，它因象征交换价值在理论上的和实践上的介入而获得了普遍的意义。"[①] 生产本身以文化为中介，对消费社会的批判分析必须从生产逻辑转变为文化自身的内在逻辑，即在对过去作为"经济基础"进行批判的地方，文化这一"上层建筑"也在场，两者具有同一个批判指向。鲍德里亚进一步指出，消费社会中的文化逻辑已经不再局限于"意义重现"的范围，而是以一种自为的方式建构现代的主体性与个性。建构现代所谓的意义是符号编码作用的结果，正是符号的编码使得符号建构起来的意义成了消解人们真正主体性和个性化的陷阱，因而批判理论不再是在文化领域中揭示主体的问题，而是要探究符号编码过程的实现问题，只有对大众文化进行认真解码才能实现对符号体系的彻底颠覆。

鲍德里亚在汲取莫斯的"礼物交换"与巴塔耶的"耗费思想"的基础上提出了"超越符号价值"的最主要替代方案——用象征交换来代替建立在符号控制中的现代性生产体系。在《象征交换与死亡》这本著作中，他提出"象征交换"的概念，希冀通过象征交换取代马克思建立在

---

① Jean Baudrillard. *For A Critique of the Political Economy of the Sign*, Trans, Charles Levin, St. Louis Mo: Telos Press, 1981, p.130.

现实性的劳动生产概念之上的等价交换原则。象征交换在鲍德里亚那里是一个重要的，但同时又是一个相对模糊的范畴，他对此并未做出具体界定①，而是给出了"象征"的解释："象征不是概念，不是体制或范畴，也不是'结构'，而是一种交换行为和一种社会关系，它终结真实，它消解真实，同时也就消解了真实与想象的对立。"② 象征抹除了真实与想象、灵魂与肉体、出生与死亡之间的界限，是一种使相互分离状况达到融合的思维模式，也正是这种思维模式才有可能使人们摆脱现代资本主义社会的符号统治。基于这种思路，鲍德里亚认为："在象征交换中，礼物是我们最为切实的实例，物在此不是一种物：物不能脱离它进行交换的具体关系，同时也不能脱离它在交换中所要转让的部分，物并不那么独立。确切地说，物既没有使用价值，也没有（经济的）交换价值。给定的物所具有的是象征交换价值（symbolic exchange value）。"③ 象征交换是社会性的且往往是仪式性的，它不存在政治经济学中的使用价值和交换价值，因为物只有象征的意义，具有属人的性质，体现的是人与人之间的具体而复杂的关系。象征交换"将自身界定为一种与价值和符码不同，并超越了它们的存在。为了创造出象征交换，所有价值形式（物、商品或者符号）都必须被否定"④。在象征交换中，包括资本积累、价值规律等在内的资

---

① 出于鲍德里亚对"象征交换"界定模糊的原因，鲍德里亚的研究者对象征交换范畴本身的意义也莫衷一是。雷恩认为鲍德里亚原始社会研究的一个基本结论是，库拉和夸富是一种象征交换，它替代了使用价值而成为一种普遍的价值评价标准。但今天，这一象征交换已经被商品交换所替代，符号的无限循环成为主要的交换形式，物品已经失去了它们曾经拥有的内在价值。凯尔纳分析道："对于鲍德里亚来说，象征交换是一种交换方式，是矛盾的、非对等的、非还原的和多样化的。也就是说，与符号价值和交换价值被资本主义代码所确定，把商品和消费还原为注入价格、社会声誉等，象征交换具有相反的特征。鲍德里亚似乎在这里假定，无偿的礼品赠送、牺牲、节日游戏和毁坏在资本逻辑之外并与资本逻辑相对立。"（参见 Douglas Kellner. *Jean Baudrillard*: *From Marxism to Postmodernism and Beyond*, California: Stanford University Press, 1989, pp. 43 – 46.）

② [法]让·鲍德里亚：《象征交换与死亡》，车槿山译，译林出版社 2006 年版，第 206 页。

③ Jean Baudrillard. *For A Critique of the Political Economy of the Sign*, Trans, Charles Levin, St. Louis Mo: Telos Press, 1981, p. 64.

④ Jean Baudrillard. *For A Critique of the Political Economy of the Sign*, Trans, Charles Levin, St. Louis Mo: Telos Press, 1981, p. 125.

本主义经济运行范畴都被"根本性否定"①，也正因为如此人们才能真正地反对以生产方式为中心的自主性领域，走出生产之境，从而摆脱被符号控制的局面。

鲍德里亚认为，象征交换展示了一种与现代社会完全不同的文明方式，它在根本上消解了符号统治，是人类革命的基础，人们要想真正摆脱符号的统治，就必须回归到象征交换的逻辑。象征交换对价值形式的完全否定，导致物的使用价值、交换价值及符号的明晰性都陷入危机。由此，鲍德里亚发出振聋发聩又使人内心悲痛的呐喊："恢复象征性……符号必须被焚烧！"② 只有象征交换才能真正终结符号消费社会的统治，建成一个符合人们理想的社会。

（三）对资本本性的认识与空洞的呐喊

马克思思考人类解放问题的世俗背景是大工业时代，在那个时代，资本家们追问的主要是如何扩大生产、增加积累等问题，生产主义话语支配着一切。马克思以现实为基础，将更多注意力指向资本主义社会的生产问题。他认为生产是资本统治一切的入口，交换和消费只是资本主义商品社会的外在表现形式，决定交换和消费的是资本主义社会的生产方式，如果不触动生产方式，人类解放无法彻底实现，因而从生产出发来考察商品社会是马克思经济学和人类解放哲学的理论基地。纵观马克思的思想历程，尽管马克思在自己的文本中也曾多次提到物在消费领域中的一些状况及其作用，但总体而言，消费在他身处的社会条件并未达到像现当代社会这样高的水平，因消费性质变化而产生的问题不可能成为马克思人类解放思想的关注重点。

鲍德里亚另辟蹊径，从消费出发，分析了资本在消费社会的运作方式，弥补了马克思没有强调的问题，扩展和深化了人类对于资本本性的认识。在鲍德里亚看来，资本逻辑的运行已经将重心从生产范围置换到消费范围，并实际造成了生产与消费领地之间的密不可分、休戚相关。鲍德里

---

① Jean Baudrillard. *The Mirror of Production*, Trans, Mark Poster, St. Louis Mo: Telos Press, 1975, p. 143.

② Jean Baudrillard. *For A Critique of the Political Economy of the Sign*, Trans, Charles Levin, St. Louis Mo: Telos Press, 1981, p. 163.

亚通过对消费社会具有普遍性症状的诊断，揭示了资本在消费范围周而复始地运转的本质活动轨迹，为当代人全景式地把握资本依其本性运动的规律提供了可能，阐明了具有世界历史意义的人类生存经验，并积极地为人类在资本文明时代的合法生存与发展筹划方案。从这个意义上说，鲍德里亚对消费社会的剖析，对现实人身处的存在境况进行研究的理论与实践贡献不容忽视，也使得他在学术明星云集的法国理论界乃至整个欧洲获得了应有的位置。

鲍德里亚提出的符号消费和象征交换是对马克思人类解放思想的挑战，同时也为我们分析人类当前的生存境遇、探索摆脱符号操控而获得自由的解放方式提供了全新的视角。一方面，鲍德里亚把目光从物转向符号，从人和消费品的关系转向思想观念领域，转向心理领域，进一步指明消费社会以一种隐蔽的方式从多重角度永无休止地进行符号编码从而推动时尚潮流向前发展，它操纵人、驾驭人，最终使人深陷符号的泥潭而不能自拔。在符号主宰一切的消费社会中，所有的人皆不自主地参与到符号编码的游戏中"吸收符号"以及"被符号吸收"，以致个体"在其中被取消"，演变为非人化的生存困境。鲍德里亚从商品拜物教跨越到符号拜物教，对人们当前这一生存状态所展开的剖根式分析无疑是振聋发聩的，极大丰富了马克思人类解放思想。另一方面，关于象征交换的替代措施，也扬弃了马克思政治经济学与唯物史观。美国学者波斯特曾在评价鲍德里亚时说，马克思"忽略了交换价值藉以变成一种表意符号的转型过程"，"就在马克思主义因为不能译解商品符号学而变成'意识形态'之处，鲍德里亚进来了，他丰富并发展了历史唯物主义，使它符合发达资本主义的新形势"[1]。

但是较之马克思的人类解放观，鲍德里亚实际上只是在自身的理论内部维持着一种完全性，显示出对超越符号消费社会的空洞呐喊：

第一，鲍德里亚对生产在社会中的作用视若无睹，对当代人类生存境遇的把握流于片面。鲍德里亚看到了当代社会和马克思身处社会的根本性差异，并冠以"消费社会"和"生产社会"之名。但是，他在把两者区

---

[1] [美]马克·波斯特：《第二媒介》，范静哗译，南京大学出版社2000年版，第148页。

分开来的同时又抛弃了生产社会。鲍德里亚看到的只是消费的"神奇的地位",在消费占主导地位的社会中,他全然忽略了生产依然存在的客观事实。马克思在追究以生产为主流话语的古典政治经济学存在的合法性时,揭露了其掩盖现实生活实情的巨大虚妄,正中要害地指向了现实社会的世俗基础,洞穿了这一基础在资本原则驱动下"自我分裂和自我矛盾的实质",犀利客观地表达了资本奴役人的真实写照。鲍德里亚没有透视马克思这一理论背后所隐含的经济学内涵与价值,反而将其置于批判的首位,认为马克思在批判政治经济学中所使用的基础性概念(如"劳动"、"匮乏"、"生产"等)都必须予以质疑,将其视为"政治经济学的螺丝钉",因而不可能从根本上颠覆政治经济学。鲍德里亚自己对符号过度依赖,希冀以符号学来解读消费社会和人类身处的当代境况,这种理解视角是独到的。但问题的关键是,他忽视了符号存在的现实根基,误入"符号万能论"、"符号主宰论"的思路,并最终导致了人类始终被"商品—符号"社会系统所挟持的悲观主义结论。鲍德里亚在时尚被符号终结的时代做出了一种"乌托邦"的选择。

第二,象征交换作为鲍德里亚批判消费社会的武器,是其理念上美好向往与现实中不满情绪发泄的结合。象征交换是鲍德里亚走出符号统治的路径和工具,是一个哲学家对当今社会的一种激烈反抗,是找回本真人性的理论救赎。但是,人类无法返回到原始社会中去践行象征交换理论,象征交换理论由于找不到社会的根基,也就失去了贯彻于社会的可能性,只能成为一种空洞呐喊。鲍德里亚个人角色与身份转变的发生——叛逆社会、从激进变得消极、从左派转向右派,使其最终走向虚无主义道路。其虚无主义在他分析死亡的时候表现得异常明确:"死亡标志着符号的固有的可逆转性,这是一种真正意义上的象征行为,可以蔑视拟像、模型和编码构成的世界。"[1] 鲍德里亚没有真实分析现实革命的可能性和可行性,单纯凭借象征交换对符号价值进行外在的撞击,批判当前的消费社会,这无异于固步自封者的天方夜谭。因此,无论其理论多么具有穿透力和震撼

---

[1] [美]道格拉斯·凯尔纳编:《波德里亚:批判性的读本》,陈维振等译,江苏人民出版社2005年版,第111页。

力，都难以实质性地寻到一丝解放的曙光，难以找到通往现实的解放之路。

　　我们需要走进鲍德里亚，感受他巨大的理论激情和挑战权威的自信，汲取他以一颗虔诚之心和敏锐的问题意识积极探索这个世界所带给我们的灵感。我们更要领先与胜过鲍德里亚，从其首肯的现代人具体生存的境况和问题中，摆脱其思想上的掣肘。尽管对现实的解放沦为空洞的呐喊，但鲍德里亚始终怀抱着人类解放的理想追求与决心，这一点不容置疑，正如他所说，"如果世界是毁灭性的，那让我们比它更加具有毁灭性。如果它是无情的，那就让我们变得更加无情。我们必须战胜世界，通过一种至少与世界一样的无情来诱惑它"[1]。

---

[1] Jean Baudrillard. *The Ecstasy of Communication*, New York: Semiotext (e), 1988, p. 101.

第六章 结合：马克思人类解放思想的实现方式

马克思的人类解放思想既具有崇高的理想性，又具有实践的现实性，是理想与现实的统一。辩证地理解马克思人类解放思想所包含的理想性与现实性，有助于在中国社会主义实践中，既坚持马克思人类解放的崇高理想，又寻求人类解放的现实道路，以适应社会主义自我完善的历史定位。

在全球范围内，对马克思人类解放思想的阐释、实践与创新中，最受瞩目、影响深远者莫过于苏联和中国。"苏联模式"和"中国模式"的社会主义理论与实践建设，都是在寻求人类解放思想的继续发展和实现。而苏联的解体让某些幸灾乐祸的西方理论家高呼"历史的终结"，也证明了现实性的马克思人类解放思想的"苏联模式"之失败。然而，"苏联模式"的失败未必是"历史的终结"，也未必证明得了马克思人类解放思想的失效。我们必须反思人类解放诸多实现方式的优劣，才能在现实社会主义运动中不断拓展马克思人类解放思想的学术空间和创造性地开辟人类解放的具体实现方式。

第一节　人类解放思想的苏联实践及深刻教训[*]

世界上第一个社会主义国家——苏联的解体，使得"现实的社会主义"运动遭受巨大的挫折。但是，苏联的解体并不代表马克思创立的科学社会主义的失败，更不代表马克思人类解放思想在现实中走进了死胡同，毕竟苏联的社会主义模式仅仅是实现马克思人类解放思想诸多方式中的一种。当然，我们也不能避而不谈、撇弃不顾苏联模式的社会主义失败的历史事实。作为实现马克思人类解放思想的一种方式——苏联模式对所有曾经执政、正在执政和尚未执政的共产党都产生了深远的影响。站在马克思人类解放思想的哲学高度反思和检审苏联社会主义模式的经验教训，全面认清和彻底克服这一模式的不足，是关系到科学社会主义能否实现、人类解放能否经历更少挫折的重大问题，因为"一个社会即使探索到了本身运动的自然规律——本书的最终目的就是揭示现代社会的经济运动规律——，它还是既不能跳过也不能用法令取消自然的发展阶段。但是它能缩短和减轻'分娩'的痛苦"①。只有这样，才有助于我们更好地把握"现实的社会主义"的历史经验，创造出更加完善的人类解放思想的实现方式。

一、意识形态的宿命论色彩

历史唯物主义是马克思人类解放思想的根本方法论，具有科学理论和意识形态的双重属性，它在澄明社会现实的基础上，指导无产阶级在革命中彻底改造现实世界。坚持马克思人类解放思想的真精神和真品质，就是坚持历史唯物主义，把握历史唯物主义的双重属性。但是，苏联社会主义模式却在社会实践中抛弃了马克思所开创的科学的革命精神。苏联模式的

---

* 本节参见刘同舫：《马克思人类解放理论的叙事结构及实现方式》，《中国社会科学》2012年第8期。

① 《马克思恩格斯文集》第5卷，人民出版社2009年版，第9—10页。

社会主义，虽然在理论和意识形态的宣传上，一直坚称自身所秉承的就是最正统的马克思主义，所领会的是最本真的马克思精神，也着重承诺实现马克思一生所追求的人类解放和每个人的自由，并且认为对马克思的其他解读与解释，都是对马克思精神的歪曲。实际上，这种封闭的、僵化的、独断的解释传统，与垄断的、专制的意识形态传统，彻底背离了马克思人类解放思想的精神，背离了历史唯物主义的品质。

在马克思人类解放思想的理论结构中，历史唯物主义方法论具有奠基性地位，它所具有的双重属性是一体两面的，既相互依赖也有内在区别。历史唯物主义首先是科学理论，是在辩证地、历史地、具体地分析人类社会秩序中的对立和矛盾的基础上，对社会现实做出澄明的理论；其次才是无产阶级的意识形态，是无产阶级改造世界的理论武器。历史唯物主义只有作为科学理论，才能成为正确的意识形态。① 但是，在苏联模式的社会主义建设中，马克思人类解放思想，包括历史唯物主义、辩证法、共产主义理论等，都被"打磨"成"圆融"的哲学体系，在这种体系严缜的意识形态中，一切问题似乎都获得了"圆满"的解决，社会现实的任何发展都依据体系所阐述的历史进程来进行，现实社会中的不合理性都拿这一体系作为辩护工具。历史唯物主义不是揭示、批判或改造社会现实的工具，而是被"改造"成关于自然、社会和思维发展所依据的"铁"的客观规律，这一规律就是苏联的社会主义意识形态。在苏联社会主义模式

---

① 马克思的名言"哲学家们只是用不同的方式解释世界，问题在于改变世界"隐含着历史唯物主义所具有的双重属性（科学理论和意识形态）。学者一般认为，对"解释"和"改变"的重点强调，表达了马克思本人颠覆传统哲学的态度，即从"沉思—解释"世界的"理论—静观"转变到"行动—改变"世界的"实践—劳动"决心。我个人认为，马克思并没有否定"解释世界"的态度；在"解释"与"改变"之间，存在一种回环反复，这种回环反复绝对性地依赖于"解释"——只有获得"解释世界"的科学理论，才能造就"改变世界"的意识形态。对社会现实的澄明显示的科学理论属性与通过革命实践改造世界的意识形态属性是一体两面，既相互依赖也相互区别。这从德国思想史学者洛维特关于"解释"与"改变"的论述中可得到说明。"就连费尔巴哈也只是以另一种方式，即以人道的方式'解释'了对人来说异化了的世界，而问题在于通过理论的批判和实践的革命来'改变'世界。然而，在马克思那里，改变世界的意愿并不仅仅意味着直接的行动，而是同时意味着对迄今为止的世界解释的批判，意味着对存在和意识的改变，例如就意味着对作为实际的经济和经济学说的'政治经济学'的批判，因为经济学说就是实际的经济的意识。"（[德]卡尔·洛维特：《从黑格尔到尼采》，李秋零译，生活·读书·新知三联书店2006年版，第127页）

中，历史唯物主义已经蜕变成一种机械的历史决定论，历史发展的多重可能性被抹去，无产阶级在革命中的主体能动性也被忽视，任何革命事件都被当成是历史的必然现实。苏联模式的社会主义意识形态，已经不再是马克思的历史唯物主义，而是具有典型的宿命论色彩。正是这种缺乏科学性和革命性的意识形态，使得苏联模式的社会主义建设违背了马克思人类解放思想的根本实现路径。

二、解放形式困境的陷入

在历史唯物主义的视域中，人类解放是一个艰巨的历史进程，需要经历政治解放、经济解放、文化解放等多向度的解放才能得以实现。任何模式的社会主义建设或许可以根据自身历史条件超越某种向度的解放，但在超越解放形式的同时，客观需要社会实现这种解放形式所要求达到的目标。然而，作为马克思人类解放思想的实现方式之一的苏联社会主义模式的建设进程，在宿命论的意识形态指导下，却陷入解放形式的困境。

苏联在斯大林掌权之后，提出了"一国建成社会主义"（一国可以取得建成完全的社会主义社会意义上的社会主义建设的胜利）的论断。斯大林认为，列宁领导十月革命取得胜利，无产阶级政治夺权成功，表明了一国建成完全的社会主义的合理性。"谁否认社会主义在一个国家内建成的可能性，谁也就一定要否认十月革命的合理性。"① 斯大林的理解歪曲了列宁的思想表述，也混淆了多向度的解放形式之间的内在区别。

无论是马克思还是列宁，都早已指明一国建成完全的社会主义或者说共产主义的不可能性。列宁曾经指出："我们单靠自己的力量是不能在一个国家内全部完成社会主义革命的，即使这个国家远不像俄国这样落后，即使我们所处的条件比经过四年空前艰苦、破坏惨重的战争以后的条件要好得多。"② 马克思指出："共产主义只有作为占统治地位的各民族'一下子'同时发生的行动，在经验上才是可能的，而这是以生产力的普遍发

---

① 《斯大林选集》上卷，人民出版社1979年版，第341页。
② 《列宁选集》第3卷，人民出版社1995年版，第547页。

展和与此相联系的世界交往为前提的","无产阶级只有在世界历史意义上才能存在,就像共产主义——它的事业——只有作为'世界历史性的'存在才有可能实现一样"。① 虽然马克思和列宁否认"一国建成社会主义"的观念,但他们并不否认社会主义政治革命可以在一国取得胜利的现实可能性。在《法兰西内战》和《哥达纲领批判》中,马克思就已断定资产阶级政治统治的消灭以及无产阶级专政国家建立的可能性。苏联十月革命的胜利就是马克思人类解放思想预言的初步实现。在十月革命之后,列宁指出,社会主义政治革命胜利之后,无产阶级"剥夺了资本家并在本国组织了社会主义生产"②。也就是说,政治革命胜利之后,无产阶级专政的社会主义国家还必须实行带有社会革命性质的社会解放。

显然,斯大林所提出的"一国建成社会主义"忽视了这一社会解放形式的艰巨性和长期性。苏联虽然在"本国组织了社会主义生产",却采取了高压的行政化手段和急剧的群众运动,忽视了人们"在经济、道德和精神方面都还带着它脱胎出来的那个旧社会的痕迹"。③ 在一个政治解放不充分、商品经济和市场经济对专制权力和专制制度摧毁力度有限的落后社会建立起来的社会主义国家,又重新复活了庞大的官僚体系和特权制度,使得苏联模式的社会主义建设,无论是在政治解放、经济解放还是在文化解放上,最终都没能取得真正历史性的进步。

三、官僚主义造成自由个性的压制

"一般的革命——推翻现政权和废除旧关系——是政治行动。但是,社会主义不通过革命是不可能实现的。社会主义需要这种政治行动,因为它需要破坏和废除旧的东西。但是,只要它的有组织的活动在哪里开始,它的自我目的,即它的灵魂在哪里显露出来,它,社会主义,也就在哪里抛弃政治的外壳。"④ 社会主义革命作为人民群众改变自身历史处境的最

---

① 《马克思恩格斯文集》第1卷,人民出版社2009年版,第538—539页。
② 《列宁专题文集——论社会主义》,人民出版社2009年版,第4页。
③ 《马克思恩格斯文集》第3卷,人民出版社2009年版,第434页。
④ 《马克思恩格斯全集》第3卷,人民出版社2002年版,第395页。

终手段，只是在推翻现政权和废除旧关系的政治革命阶段具有政治性质，一旦政治革命结束，社会主义生产的组织开始，社会主义就会抛弃掉"政治的外壳"。

> 只有当人认识到自身"固有的力量"是社会力量，并把这种力量组织起来因而不再把社会力量以政治力量的形式同自身分离的时候，只有到了那个时候，人的解放才能完成。①

马克思认为，实现社会主义制度之前，人自身"固有的力量"被凝结、异化为"政治力量"，这种力量对人来说是异己的，它束缚人、压迫人、统治人；要想摆脱"洞穴"般的状态，必须将政治力量吸纳到社会力量中去，从而消解政治力量对人的压迫。只有消灭人类社会的政治性质，消灭统治与被统治、奴役与被奴役的异化关系，马克思人类解放思想所追求的每个人的自由个性才有可能实现。

而社会主义政治革命完成以后，无产阶级如何捍卫自身建立的政权？如何管理社会的每一个方面？苏联社会主义在面对和解决这些问题时，从斯大林时代开始，就已经偏离马克思人类解放思想所阐明的走向多向度的解放形式来实现多向度的解放与人类解放之间的历史转换的解放路径，并激活封建主义的残余力量，使之越来越官僚化、特权化和腐败化，使社会主义公有制企业逐渐沦为官僚群体的私有产业，使国家意识形态理论上构想每个人自由发展的共产主义未来世界，而实践上却实行政治高压手段，压制人们的创造自由，对社会生活的所有领域都实行全面的意识形态监督，完全忽视和背离了人民群众。这种根本没有抛弃"政治的外壳"、将政治手段运用到了极致的官僚主义的社会治理方式，结果只能如马克思所讥讽的"封建的社会主义"那样："为了拉拢人民，贵族们把无产阶级的乞食袋当做旗帜来挥舞。但是，每当人民跟着他们走的时候，都发现他们的臀部带有旧的封建纹章，于是就哈哈大笑，一哄而散。"② 苏联社会主

---

① 《马克思恩格斯文集》第1卷，人民出版社2009年版，第46页。
② 《马克思恩格斯文集》第2卷，人民出版社2009年版，第55页。

义模式的失败也由此成为历史的必然。

苏联社会主义模式，作为一种"现实的社会主义"模式，在取得过举世瞩目的辉煌成果的同时，其在理论上和实践上的崩溃也使得马克思人类解放思想遭受了巨大的非议和诋毁，但这并不意味着马克思人类解放思想的失败。在苏联模式的社会主义建设中，马克思人类解放思想所阐述的一些基本原理，并没有得到正确的理解和切实的遵循，甚至出现了将马克思主义实用化、庸俗化和简单化的错误倾向。苏联模式的失败并没有使人类解放的理想从此消失；重新领会马克思人类解放思想的精神实质，寻求实现人类解放的现实途径，依然是向往共产主义世界的人们孜孜不倦的奋斗动力。

第二节 马克思人类解放思想与中国道路

在中国，人类解放和对人类解放思想的认识都是一个历史进程，其认识发展过程经历了：混同人类解放思想的理想与现实；挖掘、构建现实性的人类解放思想体系，媾和科学发展观、和谐社会理念、中国梦与现实性的人类解放思想体系等阶段。其发展阶段体现了中华民族在理论与实践的双重探索中凸显出来的问题，及其为解决这些问题而做出的理论创新与实践升华。当前中国所倡导的科学发展观与构建和谐社会以及学者们为这一建设所寻求的一种价值目标与时代现实相统一的哲学理论——在马克思人类解放思想的理想性观照下的现实性马克思人类解放思想——充分显示出马克思人类解放思想的理想与现实之间的内在张力，彰显了马克思人类解放思想所具有的当代中国意义。

一、对马克思人类解放思想在理想与现实上的混同

一直以来，有人把马克思的人类解放当成一种终极性的追求，甚至是一种乌托邦，而忽视了其现实性维度，或者说将理想与现实两个向度混同起来，而未能进行科学区分。

(一) 对马克思经典著作理解上的偏差

追溯哲学史，我们看到对理想与现实的混同，实非偶然。在对哲学基本问题"思维与存在"的关系的讨论中，就有"思维与存在同一"的观点。在柏拉图的"理念论"的阐释中，就有思维与存在混同的倾向，这一传统在后来启蒙哲人尤其是欧洲大陆唯理论哲人那里得到继承，黑格尔的"绝对精神"更是集中体现了这种倾向。从某种意义上说，对思维与存在的混同认知成为理想与现实混同的方法论预设。

在思维与存在的关系问题上，马克思主义唯物论主张两者的异质性与非绝对同一性。马克思立足于现实的人，直接批判了黑格尔哲学的核心命题——思维与存在的绝对同一性。马克思对黑格尔的批判以否定思维与存在的唯心主义的统一，强调思维与存在的异质性为特征。正是从思维与存在的异质性出发，马克思通过对资本主义社会现实的深入研究，提出了劳动异化论，并深化了人类解放思想。对思维与存在关系的唯物主义的回答规定了马克思主义哲学的科学性质，在某种意义上是对柏拉图哲学传统的离弃。这种对哲学本体论的认识观，奠定了马克思人类解放思想的理想与现实区分的基础与思维前提。在马克思的经典著作中，人类解放思想之理想与现实向度从理论上得到了区分。

但学界有人对马克思经典著作的理解存在偏差，误认为马克思没有区分理想与现实两个向度。

第一，有的学者没有看到马克思思想发展的内在逻辑以及人类解放的演进逻辑，总是把主题的转移视为思想的断裂：认为马克思的人类解放思想经历了早期的不成熟到晚期的成熟之转变，或认为马克思早期的人道主义思想才是正确的，晚期的无产阶级革命思想是步入歧途。前者是以晚期否定早期，后者则反之。然而，笔者认为，马克思的人类解放思想虽然确实存在一个转变的过程，却不存在互相否定的两种不同理论。马克思人类解放思想的转变过程经历了从哲学的、思辨式的抽象论述到经济的、政治的具体论述的过程。哲学的、思辨式的抽象论述带有理想性的特质，以马克思的《论犹太人问题》《1844年经济学哲学手稿》等早期著作为代表，经济的、政治的具体论述因其深入地考量社会现实，呈现出更多的现实性特质，以《1857—1858年经济学手稿》《哥达纲领批判》等其后期著作为代表。马克思的早期著作是针对当时的资本主义社会状况而做出的价值指向的理论批判和理想预设,人类解放思想的立足点是关于理想社会的,是对未来理想社会抽象的、思辨式的论述;早期马克思虽已认识到必须超越政治解放、追求人类解放,然而对于如何在现实社会中将人类解放思想付诸实践,却没有进行应有的阐述,故此时期的人类解放思想被称为"哲学共产主义"。及至《德意志意识形态》中,马克思花费极大的精力与笔墨从经济、政治的角度阐释了历史唯物主义,论证了共产主义社会实现的必然性,却依然声称"共产主义对我们来说不是应当确立的状况,不是现实应当与之相适应的理想。我们所称为共产主义的是那种消灭现存状况的现实运动"[1]。马克思在逐步对人类解放思想进行理想性与现实性的理论区分的同时,开始注意其理论理想的现实化过程。这一认识最终在《哥达纲领批判》中得到最切实的阐述。在此著作中,马克思将共产主义社会区分为相互联系而又有递进关系的两个阶段——共产主义社会的初级阶段与高级阶段。

> 在资本主义社会和共产主义社会之间,有一个从前者变为后者的革命转变时期。同这个时期相适应的也有一个政治上的过渡时期,这个时期的国家只能是无产阶级的革命专政。[2]

这一过渡时期就是共产主义社会的初级阶段,它是刚刚从资本主义社会中产生出来的,在物质、精神等方面,还带着它脱胎出来的旧社会的痕迹。这就非常鲜明地阐述了人类解放思想的理想现实化的过程。马克思恩格斯生活的时代并未经历现实的人类解放运动,他们并无精细描述现实的人类解放运动的全部过程和细节,而只能根据其理论探索的真诚性,向后人描绘人类解放运动发展的大致线条。

第二,有些学者对唯物史观的误解,也导致了对马克思的人类解放思想的理想与现实的混同。马克思的历史唯物主义一定程度上被等同于历史

---

[1] 《马克思恩格斯文集》第1卷,人民出版社2009年版,第539页。
[2] 《马克思恩格斯文集》第3卷,人民出版社2009年版,第445页。

主义，或者只是黑格尔唯心主义历史观的颠倒。基于此，有人错误地认为，只要世界历史在一维性的时间中不断地进步发展，那么人类解放的理想与现实就能够呈现出如同黑格尔的"绝对精神"统合思维与存在般的绝对同一性，这就混同了理想性与现实性。由此，人类解放的终极理想的实现被呈现为一个物质生产的历史过程，尤其是就此而得出物质的极大丰富性是人性提升的充分必要条件的错误性理解。其实，只有正确理解马克思所论述的人类的两种劳动：强制劳动与自主劳动，我们才能把握住马克思的唯物史观。"自由王国只是在必要性和外在目的规定要做的劳动终止的地方才开始；因而按照事物的本性来说，它存在于真正物质生产领域的彼岸。"① 即对人类而言，一方面，自然存在的欠缺——比如人的饥饿、愁苦、生活条件的恶劣——是促成人类第一种劳动的动力，这是由外在的需要和目的规定了的劳动必然性，其对人类而言是一种不愉快、不自由而又无可逃避的事情，是一种强制性的劳动；而另一方面，在强制的劳动终止的地方（物质生产领域的彼岸）才开始的另一种劳动，是一种人类第一需要与自由创造，也是人的世界和人与人的关系回复自身的体现，因此是一种人类的自主性劳动，是一个人类能力的自由而全面发展的领域，只有在这个领域，人类自身的完善才能得到最终的实现。物质生产资料的极大丰富性只是人性、人类自身完善的必要条件，而不是充分条件；自主性的劳动才是人类实现自身完满性的充分必要条件。基于这一区分来理解马克思的唯物史观，我们才能明确，在人类解放的现实性与理想性之间存在着从强制的劳动到自主的劳动的飞跃；历史唯物主义所呈现出来的人类社会由必然向自由的飞跃正是根基于两种劳动的区分，据此也才能划分而不是混同马克思人类解放的理想性与现实性。历史唯物主义正是在区分两种劳动的基础上，批判了资本主义社会，科学地建构出人类未来理想的社会形态。在马克思关于人类解放思想以及社会主义、共产主义的各种表述中，始终贯穿着对未来社会的理想与现实关系的历史辩证的把握。

在理想与现实的关系问题上出现对马克思误解的根源在于，我们对马克思经典著作的理解存在某些偏差，未能准确把握住马克思在主张思维与

---

① 《马克思恩格斯文集》第 7 卷，人民出版社 2009 年版，第 928 页。

存在的异质性的基础上,对唯物史观的精细论述;而其现实上的根源则在于,在特定的历史时期,人类解放实现的长期性客观上冲淡了其作为理想的现实激励作用,由于革命的现实需要,往往将人类解放的理想人为"拉近",甚至将其等同于现实,欲求激发出人们改造社会与自身的热情。此外,对于中国的研究者来说,"中国文化之缺乏形而上学传统,对于超越性存在的不重视和重'实用理性'的传统,使得国人在接受马克思主义时比之西方人更易忽视理想与现实的界分"①。

(二) 混同理想与现实关系的实际后果

混同人类解放思想的理想与现实,或许在一定程度上能够暂时地激发人们对社会改革的革命热情,但是这种对两者之间张力的忽略也有可能造成社会改造的不良后果。此等深痛的教训对于国人来说是相当熟悉的。在哲学的理论高度上对人类解放思想的理想与现实之间张力的忽略,反映在实践策略上就是对社会主义本质的认识不清。

区分人类解放思想的理想与现实是基于对唯物史观的强制的劳动与自主的劳动的区分,人类解放思想的实现根基于人类社会从强制劳动到自主劳动的飞跃。如果没有正确地理解并区分这一点,那么在对社会的改造过程中就容易出现盲目的激进状态,造成的不良后果往往是相当惨痛的,"大跃进"的历史教训清晰地告诉了我们这一点。正是由于没有正确地区分人类解放思想的现实与理想,才会在当时的社会历史现实下,在还处于强制劳动的条件下,提出了跑步迈向"共产主义"的激进口号,产生了共产主义的急躁情绪,过高地估计了社会主义的现实发展阶段,造成了巨大的社会后果,导致了社会发展的倒退。这既是没有区分理想与现实的后果,也是没有认清社会主义本质的后果。

社会主义的根本任务是"解放生产力,发展生产力",这一点正是体现人类的强制的劳动与自主的劳动的区分,也从实践的现实层面体现出对人类解放的现实性与理想性的区分。社会主义作为人类解放的一个阶段,是迈向共产主义社会的准备阶段,在这一阶段,人类社会依然处于强制的

---

① 王南湜:《论马克思主义哲学中的理想性与现实性的界分》,《中国社会科学》2007年第5期。

劳动阶段，处于人类解放的现实性之过程中，因此，其根本的任务自然在于解放与发展社会生产力，促使物质生产力得到极大的发展。没有对这一阶段的准确认识与把握，混同人类解放思想的理想与现实，在社会改造的过程中采取盲目与激进的策略，造成不良的后果是无法避免的。

正是由于将理想与现实混同起来，我们的研究处在一种"悬空"状态之中。哲学界对"人的自由全面发展"的阐释就是明显的例证。当中国共产党提出"人的自由全面发展"后，在一定程度上，理论界对这一观念的阐释陷入混乱甚至误解之中：多将人的自由全面发展作一种现实性的理解，即与物质生活水平的提高和人的能力的多方面发展联系起来，作为社会发展的一种现实性目标来规定，而似乎忽略了马克思思想中人类解放思想的理想与现实之间的张力。忽视理想与现实之间的张力，既不利于依据理想对现实提出批判性审视，也不利于对现实社会的运行提出有效、可实施的改革措施。[①] "人的自由全面发展"的提出，意味着已经把共产主义的终极价值目标作为现实社会主义的价值取向。尽管就具体的经济、文化、社会等建设任务来说，现实社会主义在每一历史阶段只能做这一历史阶段能够做的事，超越历史阶段就会犯空想主义的错误，但是在完成每一阶段的具体任务之时，必须把这些任务指向共产主义的终极价值目标。否则，就不能把这些具体任务与资本主义国家所做的事区别开来，就不能体现出中国共产党代表最广大人民的根本利益，带领人民为实现共产主义而奋斗这一宗旨。[②] 因此，我们必须结合新的历史条件，充分阐发人类解放理想信念的现实基础和价值依据，人类解放的最终实现不过是这一现实基础的历史展开和必然结果。

（三）马克思人类解放的实现是理想向现实转化的过程

事实上，马克思把人类解放的实现看作一个过程，并分为若干阶段，每一个阶段有自身的层次、程度和水平，过程中的各个阶段既有理想的始终指引，也有依据于现实情况的具体实现。其中比较重要的问题是如何在

[①] 参见王南湜：《论马克思主义哲学中的理想性与现实性的界分》，《中国社会科学》2007年第5期。

[②] 参见陈学明等：《科学发展观与人类存在方式的改变》，《中国社会科学》2008年第5期。

现实社会的阶级解放中寻求人类解放之道。"人类解放和人的全面发展的价值理想以人类社会的历史发展为基础,因而是一个现实的而非虚幻的历史性的实现过程。"① 人类解放从片面到相对全面,再到全面,是一个漫长的过程,"人类解放这种完美的终极目的和结局的实现不是一蹴而就的,在实现这一终极目的和结局的过程中,将经历曲折、经历自我否定和异化,经历历史的痛苦、阵痛和磨难,但是,所有这一切,都是通往终极目的和结局的必不可少的环节,是通向这一终极目的和结局的阶梯和桥梁,'环节的必然性'是实现'全体的自由性'必经的阶段。也正因为如此,这些曲折与阵痛、悲剧和磨难都获得并体现了其意义和价值"②。历史上的每一次重大进步,对人类的发展而言,都具有某种解放的意义,是人类走向彻底解放的阶梯。对此,马克思曾旗帜鲜明地表明了自己的哲学观:为了把"人"从种种词句的统治下解放出来,在特定现实的世界中使用相适应的现实手段来实现人类进一步解放。在马克思的哲学思想中,有一种从主体向度出发的人文关怀贯穿始终,它表现为一种批判和超越现实的理想性追求:以人类的幸福和自身的完美为指针,推翻使人成为受屈辱、被蔑视的对象和一切关系。解放不仅仅是一种思想活动,而且是一种需要经过若干阶段的历史过程,是一种历史活动、历史运动,是一种实践。马克思哲学是为这个现实道路提供科学方法论的精神武器,是为全人类的解放寻求"现实道路"的学说。从最根本的意义上说,马克思哲学作为世界观、历史观、价值观和方法论,是在分析和解决时代最重大的现实课题的思维和实践活动中实现人类的解放,这是马克思哲学本身最重要的存在形式和实现形式,是马克思改变世界的哲学性质。马克思本人虽然没有给出当代问题的解决方案,但是作为马克思本质精神的人类解放思想却为当代问题的解决提供了思路。这并不是因为它在时间上是否产生于当代,而是因为它的思想是针对当代问题的,而不仅仅局限于它所诞生的那个时代。因此,那种把马克思的人类解放仅仅当成一种终极性的信仰,或者一种乌托邦的看法是错误的。马克思在其对自身理论体系的构建过程

---

① 孙正聿:《"现实的历史":〈资本论〉的存在论》,《中国社会科学》2010 年第 2 期。
② 贺来:《辩证法与现代性课题》,《学习与探索》2007 年第 5 期。

中，已经在一定程度上提供了区分人类解放追求的理想与现实两个维度的依据。

马克思在《1844年经济学哲学手稿》中提出了"想象的存在"和"现实的存在"这两个概念。他认为，应该从观念的东西，从表象的、期望的存在，转化成感性的存在，从想象的存在转化为现实的存在，从观念转化为生活。① 在《关于费尔巴哈的提纲》中，马克思指出：

> 人的思维是否具有客观的[gegenst ndliche]真理性，这不是一个理论的问题，而是一个实践的问题。人应该在实践中证明自己思维的真理性，即自己思维的现实性和力量，自己思维的此岸性。关于思维——离开实践的思维——的现实性或非现实性的争论，是一个纯粹经院哲学的问题。②

在马克思看来，撇开现实实践的思维与理想，就成了经院哲学式的、无意义的语言游戏。马克思对人类解放思想的阐释，经历了从理想性到现实性的转变，体现了马克思为全人类的解放寻求"现实道路"的伟大精神。马克思晚期不再纠缠于抽象的、思辨式的"哲学共产主义"争论，而是在现实社会生活面前径直运用经济、政治的眼光，以历史的辩证法来实证与分析现实问题。马克思在对自身理论体系的构建过程中，已经从理论上界分了人类解放思想的理想性与现实性两个向度。

马克思的人类解放思想体系以实现人的全面发展为终极性目的，是理想性与现实性统一的科学理论典范。它通过对具体现实的革命性改造来实现未来的终极性目标，并与当前具体的现实达到历史性统一。马克思认为，物质性生产劳动是人类最基本、最重要的活动，正是通过物质生产劳动，人类不断地改造了当前的历史现实条件。尽管前进的道路是曲折的，但近代以来工业社会的发展，突破了生产力发展的无穷可能性；而在生产力发展所造成的资本主义社会矛盾激化的情况下，通过社会革

---

① 参见《马克思恩格斯文集》第1卷，人民出版社2009年版，第246页。
② 《马克思恩格斯文集》第1卷，人民出版社2009年版，第500页。

命，就可以实现向未来的终极性价值目标的过渡，最终在物质资料高度丰富的前提下，人们获得充分接受教育的机会和自由创造的机会，进而促进人的素质的全面提高和充分发展，建立起以人的自由全面发展为目的的共产主义的自由王国，实现终极性价值目标与当前具体现实的科学统一。

马克思恩格斯的经典著作阐明了人类解放的科学理想，但不同的国家要根据本国的实际探索实现人类解放的具体道路。历史发展的复杂性和现实生活的多元可能性，都证明了马克思的人类解放思想所揭示的规律只是历史发展的一般趋势，而不是一种现成的实践模式，因为历史是由人来创造的，没有现成的实践模式可遵循。也就是说，探索未来的人类解放之路，马克思并没有给予确定和具体的答案，而这个任务恰恰需要由后来的社会主义实践者来完成。

按照马克思的设想，从资本主义社会到共产主义社会的过渡时期——社会主义社会将会在西欧发达的资本主义国家实现。因为它们有条件通过无产阶级专政的政治工具，占有资产阶级资本的全部，并实现生产力的巨大发展。然而，现实事实与马克思所设想、预见的状况存在着巨大差距：现实社会主义并不是在西欧发达的资本主义国家实现，而是首先在东方不发达的落后国家产生；由于历史条件的差异，这些落后国家过渡到社会主义的途径等也各有差异，而对其差异性问题马克思没有明确揭示并给出现成的答案。在此情况之下，各个国家如何结合本国国情，站在历史唯物主义的高度，探索实现社会主义的方式与现实道路，如何实现向共产主义社会的过渡，这些深层次的问题就摆在了每一个马克思主义者面前。只有经过不断探索，才有可能赋予马克思人类解放思想新的时代内涵与时代特征，才有可能使马克思主义在同各种非马克思、反马克思等论战对手在激烈的论辩中永葆生机与活力，并在风云变幻的历史发展变革的漩涡中始终立于不败之地。

二、科学发展观与马克思人类解放思想的升华

马克思人类解放思想为我们阐明了解放的实质与真谛——"必须推

翻使人成为被侮辱、被奴役、被遗弃和被蔑视的东西的一切关系"①，这是对尊重人权、生存权、公民权，注重人的尊严、价值、需要和发展的基本价值诉求。从这个意义上看，对人类解放具有积极的促进意义还是消极的阻碍作用，是我们判断一切社会发展理念和原则必须遵循的根本价值路线。

（一）科学发展观昭示人类解放的新途径

中国的现代化经历了以制度变迁为基础的经济建设、科教兴国以及全面、协调、可持续发展等为特征的不同阶段，并展示了改革的、创新的和科学的等不同的发展观。

科学发展观是关于人类发展的观点、思想与理论，它熔铸了中国绵延几千年的和谐思想和马克思关于未来社会的理想，是对人类发展过程的自觉反思，其目的在于通过对人类发展历程的反思与检视，建构和探寻社会发展的应然路径，从而实现对人类发展、人类解放的理论指引。

党的十六届三中全会提出了科学发展观，这是对发展的时代特色的新表达，党的十七大对科学发展观的内涵进行了明确概括："科学发展观，第一要义是发展，核心是以人为本，基本要求是全面协调可持续，根本方法是统筹兼顾。"十七大在科学发展观表达上的贡献是明显的。第一，改变了发展的内涵。要建立创新发展模式，强调注重优化结构、提高效益、降低消耗、减少污染、提高质量、可持续的发展。第二，明确了发展的理念。发展的理念必须是以人为本，发展是为了让人民群众共同享有改革发展的物质成果与精神成果，要注重利益的调整与分配，关注人民群众生活质量的提高和人民群众的全面发展，坚持以人为本与尊重社会发展规律相统一。第三，明晰了发展的思路。要进一步完善社会主义市场经济体制，加强党的先进性建设，建设社会主义新农村，促进城乡区域协调发展，注重经济、政治、文化、社会与生态等各个方面的均衡发展，坚持以经济建设为中心与社会全面发展相统一，努力构建社会主义和谐社会。由此可见，科学发展观充分体现了与人类社会发展的客观规律相适应的价值追求，它"所贯穿的科学精神、人文精神、创新精神、务实精神，所倡导

---

① 《马克思恩格斯文集》第1卷，人民出版社2009年版，第11页。

的统筹原则、协调原则、效益原则、公平正义原则，在推动世界经济社会发展中具有普遍的真理性，昭示了人类发展的新途径，具有普遍的借鉴意义和重要启示，标志着人类一种崭新发展模式的创立"①。引领时代历史发展潮流的科学发展观的实践将造福于全人类，正是从这个意义上说，科学发展观是对马克思人类解放思想的继承、发展与升华，对人类解放的实现具有积极的肯定性意义，展现出人类解放的最新途径。

科学发展观的本质和核心是"以人为本"，其发展理念的生成充分展现了人类解放思想的新视野。②

发展观问题是当今世界各国和学术界关注的一个重要课题。人们通常所说的发展观主要有三个不同角度与层次：发展观是对事物是否发展变化和怎么发展变化的根本观点，这是对最一般意义上的哲学世界观角度的把握；发展观就是指社会的发展观，是关于人类社会发展规律的学说，这是对一定限度内的社会历史观角度的把握；在具体的意义上，发展观就是关于一个国家和地区社会发展的本质、目的、内涵和要求的基本主张，这是从与各国具体实践相结合的社会具体发展角度上的把握。笔者认为，科学发展观主要是在我国具体国情下具有中国特色与特殊逻辑的发展观。它包括"什么是发展""要不要发展""为什么要发展""怎么发展""为谁发展""靠谁发展""如何评价发展"等有关课题与基本观点。而在第三个层次上理解的发展观，按照核心价值取向的标准又可以细分为两种模式：以经济增长为核心价值取向的发展观，强调经济增长是第一任务，发展就意味着经济增长，其实现形式是工业化，其衡量指标是国民生产总值，其发展的根本问题就是提高国民收入和人均国民收入水平；以人的发展为核心价值取向的发展观，强调发展的根本问题是满足人民的基本需求，体现了人的全面发展和文化道德发展的重要性，既满足当代人的需要，又强调发展的可持续性。

就中国而言，其发展观经历了一个演变过程，不断地随时代变化而丰富或者摒弃某些因素，形成了各历史时期不同内容的发展观。它是中国共

---

① 丁晋清：《科学发展观昭示人类发展的新途径》，《南方日报》2009 年 3 月 10 日。
② 参见刘同舫：《人类解放理论与中国发展道路》，《探索》2012 年第 3 期。

产党运用马克思主义世界观和方法论,立足于中国共产党长期执政的历史方位,提出的一系列关于发展的本质、目的、内涵和要求的基本观念,深刻揭示了中国现代化建设的发展道路、发展模式、发展战略、发展目标和发展手段,将马克思人类解放思想推进到了一个新的阶段。科学发展观的提出是对传统的以经济增长为核心的发展观的扬弃,是多年来对发展理念探索的创造性结果。它注重"全面"发展,这与党的十六大报告中提出的建设"惠及十几亿人口的更高水平的小康社会"一脉相承。它把经济发展与社会发展协调起来;它强调统筹协调的思维方法,强调促进整个社会的协调发展;它重视经济发展的可持续性,这与十八大报告中全面建成小康社会目标中的"经济持续健康发展,人民民主不断扩大,文化软实力显著增强,人民生活水平全面提高,资源节约型、环境友好型社会建设取得重大进展"目标相适应。

科学发展观是以人的发展为核心价值取向的发展观,它的本质和核心是"以人为本",其发展理念的生成充分展现了人类解放思想的新视野。

首先,"以人为本"的价值原则与"以物为本"的价值原则存在根本的区别。"以人为本"的价值原则体现了人在发展中具有主体地位,人既是发展的动力主体与责任主体,也是发展的价值主体与根本目的。而资本主义私有制条件下恰恰是一种"以物为本"的价值原则,是一种"见物不见人"的价值原则。这种"物化"的价值原则把发展与运动、进化等同起来,抹杀了发展作为人的特殊存在方式所具有的人性向度。"以人为本"的价值原则是在对当代中国社会现代性的内在逻辑充分把握的基础上,对"见物不见人"的"以物为本"的价值原则取向的克服,是对以追求最大利润为趋向、以贫富悬殊和资源掠夺性开发为特征的经济增长的否定,是防范"见物不见人"所引发的无视、蔑视甚至敌视人之偏颇的重要原则。"这是对现代发展主义的扬弃,克服了将经济增长等同于发展,将经济发展本身等同于美好生活的发展主义取向,要求以经济发展为基础促进人的自由全面发展,满足人的物质文化多方面的需要。"[①] "以人为本"为核心的科学发展观的提出,是社会主义建设理念的里程碑,标

---

① 陈学明等:《科学发展观与人类存在方式的改变》,《中国社会科学》2008年第5期。

志着社会主义建设实践的新的起点。这个新起点就是从过去片面地偏重于物质财富的增长,转向以人的解放与人类解放思想为视野,重视人本身的解放与全面发展。

其次,"以人为本"的科学发展观体现了人性的"复归"与人的"复归"。马克思指出:"作为完成了的自然主义,等于人道主义,而作为完成了的人道主义,等于自然主义。"①"复归"以后的人类呈现一种自然的本质,不再作为一种"物"的代表出现,人的本质在自然中得以复现、观照。这里的"复归"不是倒退,是人性完善史上的大步前进。在社会主义初级阶段,人的解放与人类解放何以可能、人性的"复归"与人的"复归"何以可能的问题构成了当代实践的真实内容。从这种意义上看,"以人为本"的科学发展观,是属人的发展、为人的发展、依靠人的发展。坚持以人为本,是中国共产党根据历史唯物主义关于人民是历史发展的主体、是推动历史前进的根本力量的基本原理提出来的。"以人为本"中的"人",是指广大人民群众,工人、农民、知识分子等社会各阶层劳动者是社会的主体;"以人为本"中的"本",是将出发点和落脚点统一于最广大人民群众的根本利益。坚持"以人为本",就要坚持广大人民群众在建设中国特色社会主义事业中的主体地位,坚持发展为了人民群众、发展依靠人民群众、发展成果由人民群众共享,将人置于当代中国社会发展主题的价值核心地位,以追求每个人的自由全面发展为目的,最终实现人的解放与全面发展,达至人类的美好社会状态。从根本上说,"以人为本"的科学发展观,是对各种束缚人的"枷锁"的解除,使人重新成为一种自然的人,达到人的真正"复归"。从人性的"复归"与人的"复归"的维度审视"以人为本",更显现出"以人为本"的科学发展观宽广的理论图景,展现了人类解放思想的新视野。

科学发展观的发展内涵是宽广的,它以广阔的视野关注人类经济、政治、文化、科技、环境和社会和谐与进步状况。其最根本的特征是,强调经济增长质量的提高是以无损于生态环境为前提、以可持续发展为特征、以提升人民的物质文化生活和健康水平的协调发展为目的。恩格斯曾经指

---

① 《马克思恩格斯文集》第 1 卷,人民出版社 2009 年版,第 185 页。

出,"政治、法、哲学、宗教、文学、艺术等等的发展是以经济发展为基础的。但是,它们又都互相作用并对经济基础发生作用"①。经济基础与上层建筑各领域之间相互影响、相互制约,我国正在进行的物质文明、精神文明、政治文明和社会文明建设,需要在科学发展观的新视野下将多维度的文明进行整合、统筹、协调:通过科学发展,我们追求人与自然、人与社会、人与人之间的社会关系的合理、和谐,从而实现更高程度的人的解放和自由;通过科学发展,不断地改善人的生存条件,提高人的生活质量,使得人能够在自然界中求得更多的自由,在社会关系中获得更多的自由。这正是为马克思追求的人类解放创造有利的客观条件。

从科学发展与人类解放的关系而言,科学发展始终是人类解放的实现条件,人类解放始终是科学发展的目的。科学发展观昭示着人类解放的新途径,展现了人类解放思想的新视野。科学发展观体现了中国时代发展的进步精神,是解决当前各种矛盾、引领中国实现现代化的武器,从根本上说它不是暂时性的政策措施和权宜之计,而是建设中国特色社会主义的重大纲领。人类解放与人的全面发展始终是一个不断发展着的理想,是一个不断由相对状态向理想状态趋近的历史累积过程。因此,我们应该坚持这一发展观,从实际出发,不断地丰富与发展这一重大纲领。

(二) 增强科学发展观的自觉意识

当代中国发展道路的行进过程中,面临的历史任务具有双重性质:既要加速经济的发展,大力发展科学技术,发挥科学技术是第一生产力的强大作用,又要对生态环境进行保护,对自然资源进行合理开发,以满足可持续发展的需要,防止科学技术的发展伴随的负面效应所带给人类生存的危机与困境。

面对时代赋予的历史任务,需要我们坚持人类解放的基本立场,增强科学发展观的自觉意识与使命意识。当代中国的理论者与实践者在历史的机遇中,要自觉意识到时代所赋予我们的科学发展以振兴中华民族的历史使命和应承担的社会历史责任。

在当代中国,必须警惕功利主义与实用主义的发展观。功利主义和实

---

① 《马克思恩格斯文集》第10卷,人民出版社2009年版,第668页。

用主义发展观所造成的一系列负效应,应引起我们的高度关注。在功利主义与实用主义的发展观影响下,环境污染问题、生态失衡问题、能源危机问题等日益突出。由于人类自身受功利主义和实用主义的误导,我们所生活的实际环境遭到了不同程度的破坏性渗透,使现代社会的人们"生活在文明的火山上"①。

功利主义是从伦理层面而言的发展观,强调把"发展"归结为经济增长的正当性与道德的合法性。它是一种短视的发展理念,其在人类解放的整体实践活动中所扮演的角色是反面的。当前自觉实践科学发展观的一个思想障碍,就是对科学发展观做功利主义与纯工具理性的解读,将其混同于、服务于西方资本主义发展的各种发展理论。西方的各种发展理论尽管千差万别,但核心思想是把"发展"归结为经济增长和科学技术的运用,其实质是功利主义的发展观。这种发展观主张在行动中考虑后果,但是所考虑的往往只是可预期的直接结果,注重的只是直接利益,而不是人类整体的长远利益。它既加剧了人与自然关系的失衡,也造成了人与人之间关系的紧张。由于功利主义发展观只关注实际效用,以"效用"作为公平的主要评价标准,导致对权利、自由、责任、分配以及其他非效用因素的忽略,最终致使人与人关系的不和谐。

实用主义是从哲学层面而言的发展观,它把"有用即真理""有用即是善"等信条作为判断真理的价值标准,认为不存在绝对的"客观"真理,一种理论是否是真理,在于它是否"有用"。它是一种工具主义价值观与哲学观。它把"有用"的科学技术作为最高的标准,以此标准来引导科学技术在实践活动中的应用,这必然造成以对立姿态与紧张关系来看待人和自然,必将破坏自然和人类的生态关系,也意味着破坏了人的生存和发展的前提、基础,促使自然界表现出反人道、反目的性与反生态的一面。科学技术既能给人类带来福音,也能给人类带来灾难。爱因斯坦曾对实用主义哲学观进行了批判,"我想得比较多的还不是技术进步使人类所直接面临的危险,而是'务实'的思想习惯所造成的人类相互体谅的窒

---

① [德]乌尔里希·贝克:《风险社会》,何博闻译,译林出版社2004年版,第20页。

息,这种思想习惯好像致命的严霜一样压在人类的关系之上"①。在现代高新技术社会,无论在广度还是深度上,科学技术都以超乎人们想象的速度向前发展。现代高新技术的发展不再充分体现人性,反而构成对人的统治,成为统治支配一切的技术意志,成为一种统治世界的本体论的根本事件。现代科学技术只是为人类解放提供强大的物质基础,它本身并不能直接带来解放。随着高科技时代的到来,科学技术的双重效应当引起更高程度的重视。

功利主义与实用主义发展观的局限性,在于只对短期发展成果的追求与沉迷,只重视物化指标而缺乏整体主义与整体完善的精神,丧失了在实践中自我反省的精神。功利主义与实用主义的负效应唤醒人们要认清科学观的重大意义以及我们在自身所处时代被赋予的历史使命。我们要有强烈历史使命意识,有丰富的自我批判意识与强烈的自我反省意识。我们只有不断强化历史使命意识、不断强化批判精神与反省意识,并努力提高历史使命意识、反省意识的能力,同时,重视自然规律,把自然置于一个适当的位置,自觉调节人与自然的关系,才真正有可能摈弃功利主义的前见,打破实用主义的偏见,自觉地矫正功利主义与实用主义发展观的伦理误导与狭隘的哲学世界观,使人与自然、人性与物性在一个新的高度上达到真正和谐统一。重建现代人的生存价值与意义,走向人与自然的和谐共处是中国的现代性建构的精神实质所在。

三、现实性的人类解放思想与"中国模式"

马克思人类解放思想对中国革命和建设的理论与实践具有重要影响,"马克思主义的中国化进程,是以马克思主义关于人类解放的理论为基本依托"的理论创造过程。② 从起源来说,人类解放思想是马克思在西方提出的,但其对中国的实际影响远远超过西方。中国革命的主题就是解放全

---

① [美]阿尔伯特·爱因斯坦:《爱因斯坦文集》第 3 卷,许良英等编译,商务印书馆 1979 年版,第 293 页。

② 参见欧阳康:《马克思主义中国化进程中的问题导向、资源整合与理论创新》,《理论视野》2009 年第 1 期。

中国，进而解放全人类，中国当前的社会状况就是这种解放演变的结果。改革开放的进程和"中国模式"的逐渐形成，既是中国积极应对人类解放进程挑战的过程，同时也是国家与社会相互"塑造"的过程。

(一) 复兴中国梦是实现人类解放的阶段性目标

在当代中国，马克思人类解放思想在现实性维度的研究开始受到重视，在一定意义上说，复兴中国梦就是在当代中国特色社会主义建设的历史背景下，马克思人类解放思想在现实性维度的重要发展。

马克思人类解放的实现是一个过程，整个过程中的各个阶段包含依据现实情况所制定的阶段性目标的具体实现。中国梦的伟大复兴就是在马克思人类解放思想力量及过程性特征的总支撑下，中国共产党和中国人民所探索、制定的实现人类解放的阶段性目标。中国梦的伟大复兴是现实社会主义最可望、最可行的阶段性目标，这一生动的具有世界历史意义的实践进程，赋予了人类解放在新的阶段的价值意蕴、历史任务与奋斗目标。

复兴中国梦的阶段性目标与人类解放的终极目标方向上是一致的。人类解放包含了复兴中国梦的状态与过程，体现的是对人及其未来发展的终极关怀，而复兴中国梦则是通向人类解放之路的重要阶段，体现的是对人及其生存方式的现实关怀。复兴中国梦既符合人类解放实现的总体目标，又将人类解放实现的总体目标与社会发展阶段结合起来，两者具有阶段衔接性和目标一致性。

第一，马克思人类解放理想目标内在包含了复兴中国梦目标，复兴中国梦是马克思人类解放理想目标的题中应有之义。

结合当代中国所处的历史发展阶段，全面建成小康社会就是21世纪前20年的中国梦。同时这也是全面实现中国梦的最重要的一个发展阶段。全面建成小康社会的目标包括了经济、政治、文化与社会和谐等多重指标，但从哲学的高度看，它是以指导和实现人的全面发展为旨归，这已为马克思人类解放的社会理想所蕴含。

马克思彻底否定资本主义私人所有制度，对资本主义生产关系进行激烈批判的原因就在于，资本主义所有制造成人的极端异化与畸形片面发展，使绝大多数人成为受物和资本支配的奴隶。而马克思人类解放的理想目标就是要使人从资本主义的各种异化中得到解放，消除社会异化和政治强制，能够使人的活动成为"自由自觉的活动"，使人成为自由全面发展的人。马克思和恩格斯在《共产党宣言》中指出，未来人类共同的理想目标应当是建立自由人联合体，这是人真正的共同体形式和人之所以为人的根本所在。个人的自由只有在这个共同体中才得以实现，人的"自由自觉的活动"、全面自我的实现只有在这个共同体中才具有可能性。因此，马克思人类解放理想目标为全面建成小康社会的阶段性目标的中国梦提供了坚实的理论根基，成为中国执政党与全体人民奋斗的内在精神动力与支撑。全面建成小康社会的中国梦是在马克思人类解放理想总的指导与牵引下进行的。

第二，马克思人类解放理想目标的实现也内在需要复兴中国梦，复兴中国梦能够有效推进马克思人类解放理想的进程。

复兴中国梦要求自觉地把促进人的自由全面的发展作为社会主义的目的，这种目标价值的追求打开了理解社会主义的新视角，把人类解放事业引领到了一个新的境界。人类解放的最终目标——人的自由全面发展不仅是人类社会发展的终极目标，而且是社会主义社会建设的时代性、阶段性主题。复兴中国梦是实现人类解放这个终极目标历程中具体的、伟大的实践。

马克思人类解放理想目标的中国化与具体化过程既具有阶段性的特征，也具有连续性特征。我国已进入加快推进社会主义现代化、全面建成小康社会的新的发展阶段。在全面建成小康社会的新的发展阶段上，中国的发展面临矛盾凸显期与黄金发展期并存的新问题，构成了马克思主义执政党在实践的基础上与时俱进的新的时代课题，马克思人类解放思想强烈需要中国化与具体化的探索和创新，而全面建成小康社会关键时期提出的阶段性目标与现实蓝图，以及其所确立了的小康社会的各项指标，正是马克思人类解放思想中国化与具体化创新的真实内容，体现了马克思人类解放理想目标的阶段性特征和连续性特征，是时代课题与时代精神的中国式表达与中国式回答。科学发展和构建社会主义和谐社会成为社会主义小康社会建成的主题词。

全面建成小康社会的中国梦是人类解放道路上承上启下的重要一环。作为阶段性目标，它在实践的意义上为人类解放提供了重要条件。经过全党和全国各族人民的共同努力，20世纪末，我国总体上开始达到小康水平。基于此，党的十六大提出，我们要在21世纪前20年，全面建设一个"惠及十几亿人口的更高水平的小康社会"的"四个方面"奋斗目标；十七大根据形势发展又在十六大确定的目标基础上从"五个方面"提出了更高要求，明确指出"确保到2020年实现全面建成小康社会的奋斗目标"。十八大从"五个方面"进一步充实完善了十六大、十七大确定的奋斗目标，发出了确保到2020年实现全面建成小康社会宏伟目标的动员令。十八大提出的全面建成小康社会的新要求包括：一是经济持续健康发展，实现国内生产总值和城乡居民人均收入比2010年翻一番；二是人民民主不断扩大，依法治国基本方略全面落实；三是文化软实力显著增强，社会主义文化强国建设基础更加坚实；四是人民生活水平全面提高，均等化的基本公共服务总体实现；五是资源节约型、环境友好型社会建设取得重大进展。这些新要求，符合中国特色社会主义全面发展的内在需要，更加针对发展难题，顺应了人民意愿，并为人类解放理想目标的实现提供了"匀称"的社会发展状态。

总之，复兴中国梦的过程是一个进一步实现人类解放的历史实践过程，其实质是人的现代化。人类解放是人类社会发展的理想目标，能够在社会发展的过程与历史阶段上得到历史性生成，人类解放与中国梦的伟大复兴两者之间具有阶段衔接性和目标一致性。共产主义社会既是社会发展的最高目标，也是人类解放的程度最高的理想社会状态。我们的目标是实现全人类解放的共产主义社会，我们的着眼点是努力全面建成小康社会，我们的基点是推动社会和人的全面进步与发展，这是我们伟大实践、历史和人的统一过程。我党提出复兴中国梦的阶段性目标，把握住了人类解放与社会发展的内在统一关系，把握住了社会主义现代化的建设规律，并为后发展国家的人类解放之路寻找到了实践的合理维度。

（二）"中国模式"是马克思人类解放思想的实现方式

如果我们对中国改革开放三十余年进行一个研究与判定，确实在其发展历程中没有完全照搬其他模式，而是走出了一个属于自己的独特模式。[①]

---

① 参见刘同舫：《中国模式与思想解放》，《理论探讨》2010年第3期。

马克思人类解放思想的现实化运用形成的"中国模式"的逐渐凸显及其所获得的伟大成就，充分证实了马克思人类解放思想本身具有的科学性与真理性。研究者与实践者实现了从理想性维度向现实性维度转变的深刻原因在于对实践与理论的双重探索：既是现实实践探索的结果，即我国社会主义的改革探索，特别是中国特色社会主义的成功实践的结果，同时也是理论上不断创新的结果，是对中国发展模式、中国发展道路、中国发展经验的理论总结与学术探索。同时，在一定意义上，"中国模式"也是现实性的马克思人类解放思想的运用。"中国模式"作为马克思人类解放思想的实现方式①，使马克思的人类解放思想在"为谁解放""靠谁解放""解放什么""如何解放"的问题上具体化、深刻化。

第一，关于"为谁解放"的问题。"为谁解放"问题涉及解放的"价值"维度。在马克思人类解放思想中，人不仅是经济社会发展的手段，更重要的是人作为经济社会发展的目的，经济社会发展必须关心人、解放人、发展人，促进人自由全面的发展。当今中国，复兴中国梦的理念与策略是为最广大人民的根本利益而不只是维护与照顾部分人的利益；改革的成果是由全体人民共享，不是只惠及某一部分人或少数人，即在复杂的社会利益关系条件下，充分兼顾多元利益关系发展。在复兴中国梦的探索中，中国共产党的各项政策能够着眼于全体人民群众的利益。从中国发展道路的实践经验中提升出来的科学发展观和复兴中国梦，始终强调发展的目的是一切为了全体人民的根本利益，为了不断开发人民群众的内在潜能，不断满足人民群众的物质、精神需要与追求，科学地解决相应的利益分配问题，使发展的成果惠及全体人民并落到实处，落实到发展经济、造福百姓的具体实践中，真正体现中国传统的"民本"精神的当代性。

第二，关于"靠谁解放"的问题。"靠谁解放"问题涉及解放的"事实"维度。马克思人类解放思想是关于无产阶级解放的理论，无产阶级是解放的主体力量。面对德国的现实状况，马克思曾经指出，德国革命需要物质基础，而这个物质基础"就在于形成一个被戴上彻底的锁链的阶

---

① 参见刘同舫：《"中国模式"与马克思人类解放理论的现实性运用》，《中国特色社会主义研究》2009 年第 5 期、《中国社会科学文摘》2010 年第 3 期。

级"①——无产阶级,这个阶级具有其他阶级不可比拟的革命性。"德国人的解放就是人的解放。这个解放的头脑是哲学,它的心脏是无产阶级。"② 只有无产阶级掌握唤醒人民革命意识的理论哲学并作为自己的精神武器,革命才能成功。无产阶级是社会主义革命的主体力量,这是《共产党宣言》中的一个基本观点。西方学者面对当代资本主义阶级结构的新变化,提出要重新寻找主体是行不通的。而在当代中国,无产阶级就是指人民群众或劳动者,中国特殊的历史造就了无产阶级与人民群众与生俱来的一体性。中国特色的社会主义解放事业建设与复兴中国梦选择了人民解放的道路,形成了以人为本、上下联动的解放模式。从根本上来说,在中国"靠谁解放"中"谁"这一主体是明确的,中华民族和中国人民是复兴中国梦的主体。中国的解放之道始终能够坚持人民群众立场——以广大人民群众为主体,把人民群众作为自己的社会基础,依靠广大人民群众的力量谋发展,采取了上下联动而形成历史合力的模式。这种人民立场不是对马克思关于无产阶级立场的远离,而是对无产阶级立场在新的历史条件下的继承与发挥,它与马克思的无产阶级立场具有逻辑和历史的一致性。作为社会主义国家的中国在很大程度上代表了社会主义的国际形象,党和政府能够把尊重人民群众的主体地位作为基本出发点,切实发挥人民群众的首创精神与主体作用,不断推进中国特色社会主义解放事业,既是对世界社会主义运动的重大贡献,也是对西方无产阶级解放运动的极大鼓舞。

第三,关于"解放什么"的问题。"解放什么"是针对解放的内容而言的。笔者认为,解放是多维度的,在不同时期有不同的侧重点。现阶段至少应该包括经济解放、政治解放与文化解放等。中国发展道路与中国特色社会主义的伟大实践,为中国的经济解放、政治解放与文化解放创造了前所未有的条件。在经济解放的维度上,改革开放以来,中国创造了经济发展的奇迹,为人类解放与发展奠定了基本的物质基础,揭开了历史的新篇章。在政治解放的维度上,改革开放极大地推动了我国的政治解放,日

---

① 《马克思恩格斯文集》第 1 卷,人民出版社 2009 年版,第 16 页。
② 《马克思恩格斯文集》第 1 卷,人民出版社 2009 年版,第 18 页。

益激发起人们的主体意识和权利意识,拓展了人们的政治参与空间,保障了人民群众的政治权益,当代中国社会主义民主政治体系为人类解放与发展创造了优越的政治条件。在文化解放的维度上,党的十八大报告强调了"文化是民族的血脉,是人民的精神家园"的论断,并进一步指出:"全面建成小康社会,实现中华民族伟大复兴,必须推动社会主义文化大发展大繁荣,兴起社会主义文化建设新高潮,提高国家文化软实力,发挥文化引领风尚、教育人民、服务社会、推动发展的作用。"这些论断从全面建成小康社会和实现中华民族伟大复兴的高度,阐明了社会主义文化的重大意义,同时从"引领风尚、教育人民、服务社会、推动发展"四个方面,具体阐明了文化解放对于社会生活和社会发展的重要作用。我国通过文化解放与文化创新的路径发展先进文化,逐步形成了具有开放性、包容性、革新性的品质,并在文化自觉中,促进人的自由全面发展。我国的文化建设已经发展到了一个新的阶段,并为世界文化的发展提供了新的范式。总之,中国独具魅力的经济解放、政治解放与文化解放模式已经真正矗立于现代文明之巅,并向全世界国家与人民展现出其全面超越资本主义物质文明与精神文明的前景。

第四,关于"如何解放"的问题。"如何解放"的问题是一个关于解放的基本方式与解放的基本途径等内容的复杂的系统问题。从解放基本方式上看,中国运用了渐进式的方式。循序渐进的解放与发展方式,不同于激进的"休克疗法"方式。它力图谋求在稳定的社会秩序中整体推进、重点突破来实现解放与发展。其方式能够尽可能减少改革、解放与发展过程中出现的风险,避免大起大落;能够在社会主义制度的前提下,保证改革与发展的秩序与方向;在总结历史经验教训中有序进行、稳步前进,真正实现社会的平稳转型与现代化的平稳发展。从解放基本途径上看,中国走的是全球化途径与本土化途径的双向推进与双向建构的道路。中国的社会发展道路与现代化进程是在全球化与本土化的相互交织、双向互动与双向建构的关系中不断调适而得到发展与推进的。全球化代表了进步、智慧乃至正义。中国已经感受到了全球化带来的机遇,并坚定不移地推进全球化。但由于目前全球化战略本质是以"资本"为主体的全球化,全球化资本主义本质必然会带来风险,甚至给社会带来损失的"可能性"。为了应对全球化的"风险社会",中国意识到本土化与中国化的重要性——在全球化途径与本土化途径的双向推进中,应将重点放在自身创造能力的提高上。对于复兴中国梦的特定的发展阶段来说,全球化意味着现代化加中国化。

马克思人类解放思想的现实运用所形成的中国发展道路与发展轨迹,是中国马克思主义者在理论与实践探索中的伟大理论创新,具有鲜明的中国特色。它既追求人类解放思想理想性,也追求人类解放的现实性,只有辩证地看待理想性与现实性两个向度之间的张力关系,才能稳健地推进人类解放的实现。

"中国模式"是中国马克思主义者在实践探索中的伟大理论创新,具有鲜明的中国特色。它追求人类解放思想的纯粹性与理想性,同时对理想与现实有着清醒的认识,拒绝盲目拉近理想与现实之间的距离以至于将现实等同于理想的错误认识。在坚持将人类解放这一社会主义的价值目标作为基本尺度和依据的基础上,深刻把握好一定的现实阶段是实现人类解放思想之理想性不可逾越的中介,辩证地看待理想性与现实性这两个向度间的关系,稳健地、渐进地实现人类解放。因此,"中国模式"是具体历史环境下社会发展的合规律性和合目的性的统一。

改革开放以来,在实现梦想的历史进程中创造了一个又一个奇迹,归根结底就是因为我们走上了一条中国特色的社会主义现代化道路。"中国模式"是中国在全球化及对人类解放探索的背景下实现社会主义现代化的一系列战略策略,是马克思人类解放的最高价值在当代中国的现实体现与拓展。马克思的人类解放思想体系作为立足于唯物史观的理论范式,反映着社会历史进程的实质内容,为我们评价历史与社会进步提供了客观的历史尺度和普遍的价值尺度。当前,以立足于现代文明的深刻反思来复兴中国梦,沿着中国特色社会主义道路继续前进,是中华民族在实践与理论的双重探索中寻求人类解放的一种方式,是对人类未来发展道路的重大探索。这种探索将为促进世界和平发展、人类文明进步以及人类社会形态的变迁提供了超越国界的世界意义。这种精神价值将鼓舞发展中国家的人民积极探索适合本国国情的发展道路与发展模式。

附录 启蒙理性及现代性：马克思的批判性重构*

启蒙理性是一个多维度的现代性课题，它既是崇尚理性权力、重塑理性权威的思想史命题，也是推动现代社会改变生活方式、制度结构和文化形态的历史力量。启蒙理性为近现代社会发展奠定了一套全新的宇宙论、生存论和价值论，开创了一种崭新的世界秩序，即资本主义世界体系。这种奠定和开创完全是一项现代性的设计，理性与资本的结合在其中扮演着决定性的角色，俨然是"必然性"的代名词。但20世纪以来，随着启蒙理性自身蕴含的自我分裂因素的彰显，加之资本逻辑的推动，启蒙理性主导的现代性设计矛盾重重，陷入"多重隐忧"之中，引起了灾难性的社会危机，由此使得反思和批判启蒙理性成为现代人制衡现代性的重要力量。然而，启蒙理性作为一个复杂的现代性课题，对启蒙理性的批判不能仅仅停留在其自身的领域之内，企图采取全面否定启蒙理性的方式来解决现代性问题是根本行不通的，而是需要从社会历史发展角度和思想史视域相结合的理路来对启蒙理性加以把握和检视。对启蒙理性的批判内含了对资本的批判、对现代性的批判和对极端反启蒙的批判。批判启蒙理性是为启蒙理性寻找出路的起点，20世纪以来各种社会思潮都在思考这一问题，其中最为激烈的当属后现代主义，但后现代主义激烈的反启蒙由于没有从根本上质疑和改变现实的资本主义体系，本质上没有跨越启蒙理性的视界。与此不同，马克思把对启蒙理性及现代性的批判转化为对资本逻辑、

---

* 本文原载于《中国社会科学》2015年第2期。

资本主义生产方式的批判性重构,把对启蒙理性及现代性种种弊端的克服转化为对资本主义私有制的超越,从而能够在肯定现代性的同时克服现代性的缺陷,为现代社会向更高形态的发展找寻到方向和道路。

一、启蒙理性:从"运用你自己的理智"到"生活世界的内在殖民化"

在《答复这个问题:"什么是启蒙运动?"》一文中,康德十分坚定地指出:"要有勇气运用你自己的理智!这就是启蒙运动的口号。"① 启蒙哲人坚信,理性能够消除种种错误的认识,祛除迷信和无知,使人类获得关于自然、社会和自身的真理性认识,并消除人类社会固有的一切弊病。这种理性能力是一种在资本主义运动瓦解封建社会和唯名论革命摧毁中世纪神学基础的过程中萌生的"自我筹划"能力,根植于其中的"人的理性高于神的启示"的现代性因素是古代理性主义所不具备的。

(一)兴起:"运用你自己的理智"

从社会历史发展角度看,启蒙理性的兴起是资本主义生产方式运动的产物。在资本主义革命对等级制封建秩序的打击过程中,资产阶级冲破了封建主义的旧市民社会和中世纪神权政治的束缚以掌握自身命运,启蒙理性是以思想斗争的形式表现出来的资产阶级政治革命。对于这一资本主义的解放方式,马克思认为资产阶级政治革命摧毁了"一切等级、同业公会、行帮和特权,因为这些是人民同自己的共同体相分离的众多表现。于是,政治革命消灭了市民社会的政治性质"②。这一革命把直接具有政治性质的旧的市民社会分割为一个个原子式的独立个体,由此个体得以从原先的特定的社会组织中解放出来,与国家整体建立了普遍关系。在此基础上,"公共事务本身反而成了每个个体的普遍事务,政治职能成了他的普遍职能"③。政治革命把人民被分散在封建社会各个角落的政治精神激发出来,由此引发了人民反思自身的理性需求,焕发了他们投身公共领域的

---

① [德]康德:《历史理性批判文集》,何兆武译,商务印书馆1990年版,第23页。
② 《马克思恩格斯文集》第1卷,人民出版社2009年版,第44页。
③ 《马克思恩格斯文集》第1卷,人民出版社2009年版,第45页。

政治激情。在新的公共领域里，人民不再是神的从属存在物，只是依靠自己而存在的个体，被创造的意识也逐渐从人民意识中排除出去，所以人民需要用冷静的、理性的眼光重新审视他们的生活地位和相互关系。公共领域、公共自由的出现必然要求人民充分运用自身的理性能力对公共事务作出判断。正是在这个意义上，资产阶级政治革命开创的新世界需要人们大胆运用自己的理性，推崇人们的自我解放和自我实现，号召人们勇于创造自己的历史。

从思想史视域看，启蒙理性是中世纪晚期唯名论革命的结果。唯名论革命是一场针对中世纪经院学者普遍持有的实在论的革命，它将古代理性主义者持有的必然的、等级的存在论破除殆尽，清除了等级制的自然目的论观念。古代理性主义者认为，理性是"作为宇宙之本源和世界之灵魂的一种本体论意义上的实体，是内在于现实中的本质性的结构，或者说，世界的客观的秩序原则；同时又是指人们对于这样一种客观秩序进行反思的努力或能力"①。人们之所以能够对世界秩序进行理性的反思，就在于人的理性与世界秩序都源自于同一个最高的存在。世界在这一必然主义的存在论图景中呈现出由上而下的、严密的、连续的等级秩序，最高的一环是终极实在、终极原因，也就是神的存在，人只是巨大"存在链条"中的一个环节。然而，中世纪晚期的唯名论革命摧毁了这一"存在链条"。以唯意志论神学观念为基础的唯名论认为，上帝的意志先于理性，上帝在创造世界的过程中具有绝对自由，事物的存在纯粹只是因为上帝的意愿；人类居住的世界仅仅是上帝的恩典行为，是上帝偶然的意志选择的结果，根本不存在如古希腊存在论所主张的"存在链条"。唯名论彻底割断了古代理性主义者的因果链条，使得世间万物的存在成为偶然的、个体性的事件，认为共相实际上不存在，共相的名称只是一种纯粹的符号。面对这一偶然的、个体主义的存在论语境，"人应当如何生活"的设想不再是要求作为个体或群体的人在"存在链条"中规范自己的心性、实现自己的德性，相反，摆脱了"存在链条"束缚的人类是自由的，具有自我创造的

---

① 甘绍平：《启蒙理性·传统理性·非理性主义·当代合理性》，载湖北大学哲学所《德国哲学》编委会编：《德国哲学论文集》第11辑，北京大学出版社1991年版，第125页。

意志自由，能够运用自己的理性来研究神的意志的形式和结构，即研究自然和社会的运作逻辑，并建构出一个合乎理性的社会。

启蒙运动的发展是对既有世界秩序和精神秩序的变革，它既是"生产方式和交换方式的一系列变革的产物"①，也是对人类社会价值理念的重构，其重构世界秩序的雄心所彰显出来的理性之光确实不断地推动现代世界的迅猛发展，但"理性万能论"以及漠视价值理性、崇拜工具理性的畸形理性观，也导致人变成手段而不再是目的。

（二）形成："所有生活领域变成一个自在的有机组织"

在西方社会"走出中世纪"、摆脱当时占支配地位的神权政治体制和神学式文化的过程中，正是由于启蒙理性之光"从根本上清除基督教的二元论之超自然形态，力求建立内在的一理性的世界解释，使所有生活领域变成一个自在的有机组织"②，从而指引人类摆脱宗教神学与封建社会的双重压迫，建构出一个以人的本质与价值为基础的现代性社会。

在社会制度组织层面，启蒙理性使世界秩序斩断了此岸与彼岸的关联，并以抽象的个人主义和社会契约论为理论基础论证了现代国家的建构原则。启蒙哲人一方面通过对宗教神学的批判，提出天赋人权是人与生俱来而不可剥夺的权利，令人们明确地意识到自身作为一个理性个体所拥有的自由权利，即摆脱神及其人间"代理"对人的统治而自我做主；另一方面则通过对神权体制的批判，彻底击溃了"君权神授"的国家建构理念，阐述了"政教分离"的世俗政治原则，提出了"主权在民"的社会契约论，形成了以"平等主权参与者"为基础的资本主义社会架构。据此，现代性重构了人类社会的制度组织，推动了现代民族国家的崛起和政治制度的进步，打破了旧的市民社会的经济秩序，促进了大工业生产和自由市场经济的扩张，使得欧洲的行为制度与模式更加注重自由、民主和平等。

在生存价值理念层面，启蒙理性冲破基督神学的思想牢笼，重新评估了关涉现代个体和群体安身立命的价值理念，突出人的个性、主体性和自

---

① 《马克思恩格斯文集》第 2 卷，人民出版社 2009 年版，第 33 页。
② 刘小枫：《现代性社会理论绪论——现代性与现代中国》，上海三联书店 1998 年版，第 176 页。

我意识,自由和平等理念被指认为现代性最重要的原则。启蒙运动之前,由于宗教的神圣纽带作用,个体都被系于以神为本体的具有连续的、封闭的、等级的世界秩序之中,个人失去了独立和自由,人们被束缚于他律的、自在的价值秩序中,如尼采所抨击的:"'道德世界秩序'意味着什么?意味着:有一个神的意志一劳永逸地存在,它规定人可以做什么、不可以做什么;一个民族、一个个人的价值,是根据他们顺从神的意志的多少来衡量。"① 但通过唯名论革命对古代世界图景的摧毁以及启蒙运动对宗教的猛烈批判,启蒙理性开辟了对人类价值理念秩序的重新建构,从而形成了一种平等的、自由的、个体主义的世界图景。在这种世界图景中,价值实质是主体意识,康德的道德律令取代了不以人的主观意愿为基础的价值实质,天赋平等自由的现代性理念剥夺了封建等级理念的正当性,使得每个个体或群体捍卫和追求属于自身的权利具有了天然的合理性。

在个体精神气质层面,启蒙理性重塑了现代个体的精神气质和生存样式,形成了舍勒和西美尔所论及的"现代人"类型。在封建主义的旧市民社会文明秩序中,人们在生活理想上受到宗教伦理和贵族道德的宰制,因而,在人的心性结构中,禁欲主义的生存样式占据中心地位,宗教伦理始终在行为层面压抑人们对现世生活的功利主义享受,人们则习惯于从充满权欲、专横和奴性的文明中满足自身的现世追求。但在现代资本主义文明秩序里,人们的生命爱欲不再是为了神的荣耀、祈求彼岸世界的幸福,转而朝向一种此岸生活的自我肯定,享受现世生活被当成天经地义,并导向无限的赢利欲与旺盛的工作欲,从而形成了一种强调无止境自我创造的资本主义精神气质。这种资本主义精神气质体现了启蒙理性改造自然与社会的理念,推动了人类社会的历史进程,激发了人类社会的创造力,这是我们必须充分肯定的。

(三)嬗变:"生活世界的内在殖民化"

启蒙运动以来,人类普遍相信理性的力量,认为凭借理性之光不仅能够走出黑暗的中世纪时代,而且能够绝对合理地重新建构自然和社会秩序。然而,伴随着内在的理性自身分裂机制和外在的资本逻辑增殖冲动的

---

① 吴增定:《〈敌基督者〉讲稿》,生活·读书·新知三联书店2012年版,第172页。

作用，现代性所带来的危机正在不断地敲击启蒙理性的幻梦，催促着人们正视启蒙理性自身的内在矛盾。

1. 精英理性的僭越与局限。启蒙理性具有全人类性，是一种大众理性，它通过开发与培育人类自身的理性能力来彰显人的价值和目的，推动人类社会的不断完善。但是，启蒙理性的发展背离了这种美好的初衷，从大众理性走向了精英理性。启蒙之后的现代社会比中世纪世界更加自由、平等和民主，然而不同的个体或群体的生存始终受到政治体制、经济和社会条件的限制，也受到各种自然禀赋条件与不同社会地位深刻而持久的影响。因此，由于个体偶在性的差别以及实际教养、实际权力和实际资产的极大差异，社会技术被把持在那些有资本、有地位、有资质且素养较高的精英群体手中。"社会技术"实质上表征的就是理性的权力，换句话说，虽然大众与精英都能够更加充分运用自身的理性能力，但运用理性影响社会的权力被精英群体所把持。在《德意志意识形态》中，马克思就已深刻地剖析了这种将为资产阶级利益辩护的"意识形态"当作"普遍理性"的行为。启蒙理性从大众理性蜕变成精英理性，形成了一种支撑精英统治的"意识形态"，这种"意识形态"是一种新的更加隐蔽的社会等级制度的精神基础；而在资产阶级统治的资本主义社会中，这种"意识形态"则是资本逻辑的统治力量在理论意识上的实现。

2. 科学精神中的工具理性面相。科学是启蒙理性批判宗教神学的强有力武器，费尔巴哈曾指出，近代哲学新创立的科学精神使得"否定性的宗教精神遭到贬谪，把它从世界统治的宝座上推下来，把它拘禁在处于历史急流的那个狭窄领域之内，而自己则成为世界的原则和本质，成为新时代的原则"[①]。从费尔巴哈的观点上看，科学精神是一种包含了价值理性与工具理性的现代理性主义精神，科学精神本身就具有价值，是一种人类完善自身的价值理性，而不单单是一种只有手段意义的工具理性。但是，科学精神在运用于社会实践的过程中破坏了其自身的价值理性追求。一方面，自笛卡尔通过"主体性哲学"确立主客体二分的原则以来，世

[①] ［德］路德维希·费尔巴哈：《费尔巴哈哲学史著作选》，商务印书馆1978年版，第15页。

界成为主体的客观对象物,是没有意义的物质存在,只有通过理性之光的观照、规整与重构,才能成为有意义的世界,由此科学精神对于主体而言主要成了一种认识、改造和控制世界的工具性存在,工具理性成为科学精神的本质;另一方面,由于科学精神运作的社会条件受制于资本逻辑的宰制,而资本出于自我增殖的冲动,需要将客体化的世界和人类都当作材料、工具来加以利用。因此,在资本逻辑增殖冲动的支配下,科学精神的发展必然转变为企图对外部自然和人的内部自然的全面支配与利用,从而主要彰显出其工具理性的精神面相。

3. 启蒙神话的"反理性"特质。启蒙理性一旦主要显现为工具理性,人也就不可避免地成为工具性对象,成为理性的手段而不再是理性的目的,从而造成对人的价值理性的排斥,甚至以工具理性为标尺来衡量人类与事物的价值,导致压抑人类自觉自由的创造性活动,由此产生压抑人类自身的"反理性"体制。特别是在资本逻辑的推动下,工具理性的支配领域一再扩大,最终导致"生活世界的内在殖民化":"我们错误地将来自工具理性的标准应用于生活世界的问题中,以及应用于那些完好地存在于它们自己的社会领域的制度中。"① 换言之,资本逻辑主宰下的工具理性膨胀为一种"总体性",成为控制人类世界的绝对权力。启蒙理性本来期望通过主体的觉醒与解放走出一条从"神话"到"启蒙"的道路,但其在瓦解了宗教秩序的同时,却日益演化为片面化、绝对化的工具理性,并且不断自我神圣化、绝对化,形成一种以工具理性为主导的"天命"秩序。这种秩序必然嬗变为"反理性",因为启蒙理性一旦丧失了自我批判的能力,其本身就成为一种不可置疑的启蒙神话,"如同神话已经实现了启蒙一样,启蒙也一步步深深地卷入神话"②。

作为现代性设计的支撑理念,启蒙理性培育了现代社会的许多观念要素,其伟大贡献自然不可磨灭,但我们的时代也有许多问题根源于启蒙理性之中,必须正视其导致的危机。正是在理性的自我分裂机制和资本逻辑

---

① [德]尤尔根·哈贝马斯:《后民族结构》,曹卫东译,上海人民出版社2002年版,第137页。

② [德]马克斯·霍克海默等:《启蒙辩证法:哲学片断》,渠敬东等译,上海人民出版社2003年版,第9页。

的作用下,启蒙理性不断损害人的主体性价值,给人类社会带来了生存和发展的危机。

二、风险社会:启蒙理性决断中的现代性危机

兴起于西方资本主义社会的启蒙理性作为思想形态,在西方社会"走出中世纪"、改变人的生存状态的过程中具有关键作用,但同时也给西方社会带来了巨大危机,并通过资本全球化将危机扩散至全世界,启蒙所推崇的理性发生了蜕变。启蒙理性的阴影所带来的社会危机是以"现代性问题"的形式凸显出来的。现代性的历史进程作为一项包含了世界图景、生产方式、价值理念、个体心性结构等的"总体性转变",一方面给人类社会的发展与进步带来了巨大的成就,另一方面也由于其本身固有的内在局限与矛盾使人类社会陷入多重的"现代性隐忧"之中。如吉登斯指出:"现代性是一种双重现象。同任何一种前现代体系相比较,现代社会制度的发展以及它们在全球范围内的扩张,为人类创造了数不胜数的享受安全的和有成就的生活的机会。但是现代性也有其阴暗面,这在本世纪变得尤为明显。"①

启蒙理性的现代性方案在17世纪末18世纪初的"古今之争"中不断遭到质疑。源自培根、笛卡尔、伏尔泰等现代哲学家的新知识观、新时间观对人类持有一种线性的发展观念,主张现代优越于古代、现代人优越于古代人,即便作为完美典范的古希腊人与现代人相比也还不够成熟,因为古希腊只不过是人类的童年。而乔纳森·斯威夫特、约翰·德莱顿、卢梭则对这种现代主张持质疑的态度,坚决捍卫古典思想的权威,如卢梭在其《论科学与艺术》一文中认为,科学与艺术不但没能"敦风化俗",使人类更加完善,反而是让人类变得更加伪善与羸弱,"科学研究都更会软化和削弱勇气,而不是加强和鼓舞勇气"②。在卢梭等人看来,启蒙理性的现代性方案不但没有使得现代社会与现代人优越于古代社会与古代人,

---

① [英]安东尼·吉登斯:《现代性的后果》,田禾译,译林出版社2000年版,第6页。
② [法]让-雅克·卢梭:《论科学与艺术》,何兆武译,商务印书馆1963年版,第28页。

而且现代社会与现代人更是面临着越来越严重的社会危机。正如德国社会学家乌尔里希·贝克所强调的,启蒙理性的现代性方案导致了"风险社会"的形成。这里"风险"指的是"由于人类知识的不确定性以及由此带来的社会发展的不可预测性,所导致的人类活动的'所有方面'并不遵循命定的进程,以及'所有活动'可能具有的'偶然性'的结果"①。乌尔里希·贝克认为:"科学理性声称能够客观地研究风险的危险性的断言,永久地反驳着自身。这种断言首先基于不牢靠的猜想性的假设,完全在概率陈述的框架中活动,它的安全诊断严格地说,甚至不能被实际发生的事故所反驳。"② 在贝克的社会理论中,"风险社会"概念描述的是现代性社会制度的性质,是从社会机体结构的角度挖掘现代性危机的潜能,反映现代性社会秩序的风险程度。显然,贝克侧重于从制度层面来描述"风险社会"。笔者认为,集中体现现代性危机的"风险社会"实质上是启蒙理性蜕变带来的世界与人自身的危机,"风险社会"的出现源于人的决断,它引致的损害亦是由人的决断决定的,也即由人的一种新的决断、新的自我筹划带来的危机,包括以下四个方面:制度上的极权主义危机、环境上的生态危机、价值理念上的虚无主义危机以及精神气质上的怨恨心态危机。③ 当然,这里指明启蒙理性的蜕变带来现代性危机,并不是笔者独断地将现代性问题都归结到启蒙理性身上,而是着重阐明在现代性危机的产生与发展过程中,启蒙理性作为现代性的支撑理念发挥着什么样的作用。

1. 极权主义社会的显现。自古希腊罗马至中世纪时期,人类主要是从自然、神、上帝等"存在巨链"的创造者那里获得存在的价值和人生的意义,但启蒙运动以后,人类通过反抗宗教神学彻底清除了其生存价值的神义论依据,进入"上帝死了"的偶在论时代,呈现出"价值真空"

---

① 陈嘉明:《现代性与后现代性十五讲》,北京大学出版社2006年版,第247页。
② [德]乌尔里希·贝克:《风险社会》,何博闻译,译林出版社2004年版,第29页。
③ 笔者在此更强调"风险"一词所体现的危机是"人造危机"的特别含义。"风险的相对概念不是稳妥,而是危险。风险与危险的差异在于:风险取决于人的决断,它引致的损害亦是由人的决断决定的;危险则是先于人的行为决断而给定的,引致的损害亦是由外在因素决定的。"(参见刘小枫:《现代性社会理论绪论》,上海三联书店1998年版,第49页)

的境遇。对这一"价值真空"的填补，启蒙了的"现代人"诉诸人类理性的自我创造以及一个自由的、解放的历史未来以论证自身的存在正当性。"我们的日常生活、学习和工作都被组织在这个通向未来的时间之流中，没有这个目的论的时间叙事，我们就不知道我们生活、工作和学习的意义。"① 启蒙理性在反对神权政治与宗教权威的过程中树立了自身的权威，并且往往声称其所构建的理论体系具有无所不包的、客观的、必然的性质，其所张扬的主体性也体现了理性独断宰制一切的性质。显然，启蒙理性在破除迷信的同时确立了对自身的迷信，在反抗权威的过程中确立了自身的权威，这就导致了《启蒙辩证法：哲学片断》中提到的情形："启蒙的反权威趋势最终不得不转变成它的对立面，转变成为反对理性立法的倾向。与此同时，这种原则也取消了一切事物的内在联系，把统治作为一种至高无上的权威来发号施令，并操纵着任何证明可以适用于这种权威的契约和义务。"② 因此，启蒙理性的历史目的论叙事带有不容置疑的垄断性和强制性。这样，一旦走向美好未来的社会建构之途被权力精英、财富精英和知识精英等所把持，所有与精英们设定的历史目的及其实现途径不相符合的人和物都会有被排斥、被压制，甚至被消灭的危险，启蒙理性在思想观念上的目的论叙事反而为社会制度上的极权主义提供了合法性论证。霍克海默和阿道尔诺就认为："启蒙带有极权主义性质。"③ 因为启蒙理性会将控制自然的能力也用于控制人类的思想与意志，将人等同于自然物进行操控，在这种情况下，美好的启蒙理想最终变成暴烈的强制。在启蒙运动推动下，以追求普遍的自由、平等、人权、博爱的法国大革命转变为一场专制暴行，恰恰印证了霍克海默和阿道尔诺的观点。

2. 全球生态危机的泛滥。启蒙运动打碎并重建了古代和中世纪世界中人与自然的关系。作为一种主体理性，启蒙理性将自我从世界中抽身出来，预设为自明性的绝对前提，笛卡尔的"我思故我在"、康德的"人为

---

① 汪晖：《死火重温》，人民文学出版社 2000 年版，第 5 页。
② ［德］ 马克斯·霍克海默等：《启蒙辩证法：哲学片断》，渠敬东等译，上海人民出版社 2003 年版，第 102 页。
③ ［德］ 马克斯·霍克海默等：《启蒙辩证法：哲学片断》，渠敬东等译，上海人民出版社 2003 年版，第 4 页。

自然立法"就是其体现,而由此建构起来的主客体对立的二元论关系模式使得自然界成为失去生命的物理世界、资源世界,自然是"有用"之物,对自然的征服与使用是理性的目标。在资本逻辑的推动下,启蒙理性进一步表现为一种客观的、可计算的工具理性形式,它将事物的价值转化为"交换价值",把世间万物对象化为"资源",成为粉饰资本统治秩序的意识形态,这必然导致生态危机:一方面是无止境地追求剩余价值,理性征服自然世界的欲望不断引诱、刺激人的贪欲和占有欲;另一方面是工具理性所主导的生产主义、经济主义的发展模式成为现代社会的生活基础,由肯定现世生活理念所诱发的消费主义、享乐主义的生活模式成为现代社会的生活主轴。这样,以工具理性表现出来的"生产力"最大限度地开发、利用自然资源并不断地向自然界排放各种废弃物,造成全球化生态危机。理性与资本相结合所形成的经济发展的扩张主义必将致使启蒙理性的美好社会构想淹没在全球生态危机的泛滥之中。正如有学者所指出的:"以前人们往往比较注意在马克思那里有对资本主义'第一重矛盾',即资本主义生产无限扩大趋势与劳动人民有支付能力需求相对缩小之间的矛盾的分析,而实际上马克思还有对资本主义'第二重矛盾',即资本主义生产无限扩大的趋势与自然界承载能力有限性之间的矛盾的探讨。"① 一旦理性与资本主导的现代性生产逻辑突破了世界生态的底线,那么资本主义所构筑的文明世界就有可能被埋葬。

3. 虚无主义危机的威胁。价值上的虚无主义危机是现代性危机在人类精神层面的表现,是彰显和神圣化启蒙理性中的工具理性的必然结果。按照马克斯·韦伯的区分,价值理性侧重对人类的伦理道德、宗教艺术等实质性价值的表达,认可道德理性在人类社会实践中的主导性,坚持对永恒价值的信仰;工具理性则注重对生产制作的可计算性、精确性等纯粹理性的表达,认可普遍性、可操作性等形式理性标准。然而,在资本逻辑、消费主义、科技力量等因素的推动下,工具理性逐渐淹没价值理性而成为启蒙理性的主流。在马克思看来,这一转变表征的正是资产阶级在现代历史上的作为:"它使人和人之间除了赤裸裸的利害关系,除了冷酷无情的

---

① 陈学明:《资本逻辑与生态危机》,《中国社会科学》2012 年第 11 期。

'现金交易',就再也没有任何别的联系了。它把宗教虔诚、骑士热忱、小市民伤感这些情感的神圣发作,淹没在利己主义打算的冰水之中。它把人的尊严变成了交换价值,用一种没有良心的贸易自由代替了无数特许的和自力挣得的自由。"① 道德品质在以启蒙理性为核心价值理念的现代社会中失去了主导性的地位,"使用价值""交换价值"凌驾于道德责任、道德意义之上,一切神圣的因素都被纳入市场体系之中,贴上价格标签,成为商品。只要在经济上是有效益的,在道德上就是正当的,这无疑是价值理念的"本末倒置"。无论资本逻辑抑或科技力量都无法对人类的生存价值给予奠基,由此,一方面,价值的客观来源无从谈起,导致价值设定依赖于个体的不同感受,陷入价值主观主义;另一方面,工具理性的僭越将一切原有的价值逻辑转化为商业逻辑,导致个体安身立命的根基被抽空,生活缺乏理念上的凭靠,陷入价值虚无主义。列斐伏尔就此指出:"虚无主义深深地内植于现代性,终有一天,现代性会被证实为虚无主义的时代,是那个无人可预言'某种东西'从中涌出的时代。"②

4. 怨恨心态的滋生。在对怨恨心态的社会学考察中,德国社会学家马克斯·舍勒指出,怨恨心态是一种个体或群体的生存性价值比较的结果,怨恨心态的滋生源自两方面的因素:个体或群体在实际权力、实际资产和实际修养等方面出现极大差异,某种平等的政治权利或其他权利受到社会的广泛承认。③ 事实上,滋生怨恨的两个因素正是资产阶级的政治革命和启蒙理性的平等理念。一方面,政治革命消灭了旧市民社会的政治性质,将束缚于特殊等级中的人民解放出来,形成了原子式的平等个体,平等个体在政治领域都是国家主权的平等参与者,但在市民社会中却是不平等的私人。政治国家"以自己的方式废除了出身、等级、文化程度、职业的差别",而"国家根本没有废除这些实际差别,相反,只有以这些差

---

① 《马克思恩格斯文集》第 2 卷,人民出版社 2009 年版,第 34 页。
② Henri Lefebvre. *Introduction to Modernity*, Trans, John Moore, London: Verso, 1995, p. 224.
③ 参见[德]马克斯·舍勒:《价值的颠覆》,罗梯伦等译,生活·读书·新知三联书店 1997 年版,第 13 页。

别为前提,它才存在"。① 另一方面,根据理性的形式原则,天赋人权和自由平等是人人生而有之的不可剥夺的自然权利,启蒙理性极力倡导一种自由、平等、人权的现代性价值理念,而且这种价值理念在启蒙之后早已深入人心。当个体或群体在市民社会的实际地位与其在政治国家的虚幻地位不相符合时,怨恨心态往往就会在这种生存性的比较中滋生凸显,当"群体的与宪政或'习俗'相应的法律地位及其公共效力同群体的实际权力关系之间的差异越大,怨恨的心理动力就会越聚越多"②。

启蒙理性所开启的"现代性"在给人类社会带来"多重隐忧"的同时也令自身陷入了饱受质疑的"现代性危机"之中,即便为现代性辩护的哈贝马斯也不得不将现代性说成是一个"未完成的方案"以区别于现代社会的历史进程,认为现代历史过程是对现代性方案的歪曲和异化。现代社会历史过程形成的社会危机及其导致的灾难性后果与启蒙理性的现代性方案密不可分,而历史进程中显现的对现代性方案的误解、歪曲,彰显出现代性方案的致命缺陷。因此,在后现代主义者看来,"反启蒙"是一项名正言顺的后现代事业。

三、后现代主义:切开启蒙理性统治合法性的锋利之刀

近代以来,启蒙理性一直是西方社会最高的精神权威,也是整个资本主义社会发展成就的显著标志。然而,启蒙理性的现代性方案却导致西方社会乃至全球都陷入巨大的社会危机之中,世界大战、极权主义、种族屠杀、局部战争、生态危机等局部的或全球性的灾难彻底击溃了启蒙理性的合法性根基,全面动摇甚至摧毁了启蒙运动所张扬的理性至上的现代性理念。启蒙理性从20世纪上半叶以来就不断受到越来越严厉的质疑与批判,其中最尖锐的质疑和批判来自后现代主义者。

20世纪60年代,西方学术界兴起了一股"后现代主义"思潮,并在各个人文社会科学领域急剧扩张,刮起了一股坚决要与启蒙理性的现代性

---

① 《马克思恩格斯文集》第1卷,人民出版社2009年版,第30页。
② [德]马克斯·舍勒:《价值的颠覆》,罗悌伦等译,生活·读书·新知三联书店1997年版,第12页。

运动及其理念相决裂的旋风。后现代主义者赋予现代性诸多必须予以鞭挞、批判的标签：理性主义、逻各斯中心主义、基础主义、普遍主义、绝对主义、总体主义、人本主义、本质主义等，归根结底是要反对启蒙理性奠定的现代社会秩序。在后现代主义者看来，现代性秩序就是一个充满危机的霸权主义或精英主义秩序，它是现代社会各种危机与灾难的总根源，反启蒙就是对启蒙理性及现代性的批判，就是要推翻带有乌托邦色彩的现代性秩序。美国著名的后现代文学理论奠基人——伊哈布·哈山声称："这样的精英秩序也许是世上最后的神秘祭仪，在我们这些被末日灾难和极权主义吓得心惊胆颤的人心中，它们已经不再有位置了。"[1] 美国后现代主义神学家大卫·格里芬也认为："我们可以，而且应该抛弃现代性，事实上，我们必须这样做，否则，我们及地球上的大多数生命都将难以逃脱毁灭的命运。"[2]

与现代性针锋相对是后现代主义者的自我定位，"如果说后现代主义这一词汇在使用时可以从不同方面找到共同之处的话，那就是，它指的是一种广泛的情绪而不是任何共同的教条——即一种认为人类可以而且必须超越现代的情绪"[3]。后现代主义作为一种倡导多元主义的文化社会秩序构想从其出现伊始就将自身定位为对现代性的质疑、批判和超越，定位为对启蒙理性的解构实验。这种对启蒙理性的质疑、批判与超越贯穿于整个后现代主义者的论述中，此种论述虽与 20 世纪上半叶的非理性或反理性思潮颇有渊源，但并未激进地陷入一种"非理性"或"反理性"的盲目处境，而更多的是一种对启蒙理性统治合法性的否定。后现代主义是一种否定性的思潮，其对启蒙运动、对现代性的批判是否定的，其思想的力量不在于提出什么观念，而在于反对什么观念，不在于建构更加自由平等的秩序，而在于揭露秩序背后的隐性统治。尽管后现代主义的否定主义给现

---

[1] [美] 伊哈布·哈山：《后现代的转向——后现代理论与文化论文集》，刘象愚译，时报出版社 1993 年版，第 83 页。
[2] [美] 大卫·格里芬编：《后现代科学——科学魅力的再现》，马季方译，中央编译出版社 2004 年版，第 19 页。
[3] [美] 大卫·格里芬编：《后现代科学——科学魅力的再现》，马季方译，中央编译出版社 2004 年版，第 20 页。

代性贴上了许多标签,但最关键的则是反对以下三种发端于启蒙运动以来的支撑性理念:作为宏大叙事的理性中心主义、作为西方中心主义的普遍主义和作为人类中心主义的主体主义。

1. 反对作为宏大叙事的理性中心主义。作为现代性的理论基础,启蒙理性与近代以来的全球现代化成就有着密切的关系,后现代主义者对于现代性的批判最重要的就是解构启蒙运动以来的理性中心主义。在后现代主义论者看来,理性中心主义完全是一种绝对主义的宏大叙事,具有话语霸权的特性,这种理性中心主义的宏大叙事源自柏拉图主义,但直到启蒙运动才达到顶峰,所以要超越现代性就必须拒斥作为宏大叙事的理性中心主义。美国哲学家理查德·罗蒂指出,海德格尔和杜威抱有的信念值得肯定——"希腊人的'智慧'追求为人类一大错误,这种智慧的意义是,一种凌驾一切之上的知识系统可一劳永逸地为道德和政治思考设定条件。"[①] 后现代主义论者认为,两千多年哲学史的"诸神之争"已表明启蒙理性无法为人类实践提供真理性的知识,其所设计的现代性方案的合法性依据也不是来自真理,而是来自于理性中心主义的话语霸权,是"宏大叙事"压制了"小叙事"建构出来的权威。"如果没有一种观点能够为所有哲学家所信服,那么在某一时期某一种观点占据了统治地位只能是出于霸权主义;如果哲学家们不能就知识基础问题达成一致,而又试图让哲学充当全部知识的基础,那么这只能说明哲学在利用自己的特权在知识中推行一种霸权主义。"[②] 反对这种宏大叙事的理性中心主义就是要打破"话语霸权"的权威,张扬一直以来受到压抑的"小叙事",解构"大写主体",尊重在多样性、差异性的文化政治斗争中崛起的"小写主体"。如果说现代性宣告"上帝死了",那么后现代主义则宣告"人也死了",当然,这里的"人"是抽象意义上的人,是指忽视、贬斥、压抑人的情感和意志的"理性主体"。后现代主义论者通过打破同一性、提倡多样性、拒绝虚假共识、激活现实分歧,为"小写主体"的"小叙事"正名,打破了启蒙理性的宏大叙事,"后现代主义的轮廓至今仍不清楚,但其中

---

① [美] 理查德·罗蒂:《哲学和自然之镜》,李幼蒸译,生活·读书·新知三联书店 1987 年版,第 13-14 页。

② 姚大志:《后现代主义与启蒙》,《社会科学战线》2005 年第 1 期。

心经历——理性的死亡,似乎宣告了一项历史工程——现代性的终结"①。

2. 反对作为西方中心主义的普遍主义。启蒙理性在理论层面追求绝对的、适用于任何时空的普遍真理,在实践层面则希望通过普遍真理的指导实现全人类的解放,在尘世建构一个自由平等的天国,启蒙理性及其所开创的西方资本主义现代性曾被认作是达到这一"尘世天国"最可靠的路径。近代西方资本主义的现代性的确建构出了全新的世界体系,使得西方世界在经济发展、政治文明、科技创新、文化生产等各个领域都占有压倒性的优势,"西方的道路就是我们的道路""西方的今天就是我们的明天""西方的就是普遍的"等意识形态牢固地笼罩住人们的思想,从而造成种种特殊的、源自西方的发展理念、利益诉求、政治观念,甚至人生意义都被视为历史发展中的"普世价值"强加给其他区域的个体、族群或民族国家。也正是依托这种普遍主义或文化帝国主义话语权,形成了种族、政治、价值、思维等不同层面的"西方中心主义",而"西方中心主义"的背后实质上还是启蒙理性主义的宏大叙事在起作用。后现代主义的出场既然要批判理性中心主义,自然也要毫不留情地批判作为西方中心主义的普遍主义。既然启蒙理性的真理只不过是一种权力叙事,那么其所谓的普遍性道路就更不过是权力的制造、理性的僭越。在后现代主义论者看来,以"西方"为中心建构出来的资本主义世界体系,人为地强制构筑了"前现代"与"现代"、"文明"与"野蛮"、"先进"与"落后"等一系列二元对立的秩序框架,只有打破这一框架,才能激活宗教、种族、性别、职业等特殊性的多元身份话语。任何其他的非西方的特殊性主体如果要作为一个独立的价值世界存在下去,就必须"像现代西方那样进入普遍性与特殊性的辩证法,在文化和政治的逻辑中,将现代性变成自我认识和自我表述的语言——不是把它作为'普遍性'的规律,作为一种一成不变的形式,而是用这种材料和语言讲出自己的故事,塑造一个生活世界和价值世界的自我形象,表达一种集体的意志和富有感染力的理

---

① 王治河:《扑朔迷离的游戏——后现代哲学思潮研究》,社会科学文献出版社1993年版,第10-11页。

想"①。利奥塔倡导的"异教主义政治学"、罗蒂宣扬的"种族中心主义"、福柯论证的"真理政治学",都是对普遍主义、文化帝国主义、西方中心主义批判路径的寻求。

3. 反对作为人类中心主义的主体主义。消解"中心"、解构"主体"是后现代主义者的目标之一,因此,反对和解构作为人类中心主义的主体主义是后现代主义题中的应有之义。在德里达看来,自柏拉图以来的西方哲学都在追求"中心""基础"和"本源",并且将这些"中心""基础"和"本源"当作先验的、自明的现象加以维护,但这些"中心"都是由理性建构,是虚幻的、根本不存在的。德里达的解构主义以及后现代主义的种种论述就是要消解"中心",达到"去中心化"的目的。现代性张扬人性解放和人的主体精神,使得人类的世界观从以"自然"或"神"为中心转向以"人自身"为中心,主张人为自然立法,人为自身确立道德责任,人靠自己解放自己。这种人类中心主义的实质正是启蒙运动提出的主体主义,人从"存在巨链"中抽身出来,凸显于世间万物之上,成为自主的、自我构成的主体,成为自然和社会的主人,从而形成了主客体分离的二元论局面。然而,后现代主义论者认为主体主义的二元论世界观导致了全球性的生态危机,因为它"为现代性肆意统治和掠夺自然(包括其他所有种类的生命)的欲望提供了意识形态上的理由。这种统治、征服、控制、支配自然的欲望是现代精神的中心特征之一"②。虽然现代世界已经不再是古代的"存在秩序",但世界还是一个有机的、整体的结构,世界如果不包含于我们,我们便不完整,我们如果不包含于世界之中,世界也不完整。人类作为全球生态系统的一个物种,不能凌驾于其他物种之上,而是要融入整个生态系统之中。"后现代人世界中将拥有一种在家园感,他们把其他物种看成是具有其自身的经验、价值和目的的存在,并能感受到他们同这些物种之间的亲情关系。借助这种在家园感和亲情感,后现代人用在交往中获得享受和任其自然的态度,这种后现代精神

---

① 张旭东:《全球化时代的文化认同:西方普遍主义话语的历史批判》,北京大学出版社2006年版,第24页。
② [美]大卫·格里芬编:《后现代精神》,王成兵译,中央编译出版社1998年版,第5页。

取代了现代人的统治欲和占有欲。"①

后现代主义以其极具反叛性的思维、话语和主张向启蒙神话和资本主义制度刺出了锋利一刀，打破和消解了启蒙理性的桎梏，向人们展示了掩盖在所谓理性、文明、自由之下的另一种面相，从而促使人们积极深入地展开对启蒙运动和资本主义体系的历史性反思。在某种程度上，后现代主义者的反启蒙和解构现代性是有意义的，其所倡导的异质、多元和个性开启了人类思想的新视域，给人类的社会实践注入了新鲜活力。然而后现代主义者的批判同时也蕴藏着不可忽视的问题：作为一种否定主义的思潮，它解构理性、消解"中心"，将"真理"还原为叙事的霸权，把评判事物的标准——善恶、是非、对错、意见与真理悬置起来，从另一个角度推进和延续了现代性的虚无主义，再一次陷入了现代性的悖论之中。后现代主义对现代性的资本主义文明体系的批判只是采取了局部救治和改良的方案，没有从根本上批判和改变现实的资本主义制度，所以其对现代性的批判仅仅是文化上的翻新，不可能是实践上的革命。而对于马克思来说，批判性地重构启蒙理性及现代性并不是要简单否定其全部思想，更是要从根本上寻找超越资本主义现代性的路径，真正实现人类的自由和解放。

四、马克思的批判性重构：批判视域的转变与现代性危机的克服

后现代主义思潮无疑是当今世界上最激烈的反启蒙思潮之一，其反启蒙的批判路径揭示了启蒙理性的矛盾与困境，它所给出的后现代解决方案也为现代社会的发展与进步注入了新鲜血液。然而，启蒙理性矛盾与困境的根源并不在于理性自身，而在于理性背后的"物质的生活关系"② 这一本质性领域的矛盾，但因后现代主义对启蒙理性、现代性运动、资本主义文明体系的批判路径注重于消解理性中心、解构宏大叙事等，没有从根本上质疑、批判和解决本质性领域的矛盾，这就注定后现代主义的批判路径

---

① [美]大卫·格里芬编：《后现代精神》，王成兵译，中央编译出版社1998年版，第24页。

② 《马克思恩格斯文集》第2卷，人民出版社2009年版，第591页。

不可能获得成功。而马克思的现代性批判之所以能够成功，并且超越后现代主义及当代哲学对启蒙理性和现代性的批判，就在于它"不是为批判而批判，而是为某种社会（基础、制度）的以及文化（观念）的变革开辟道路"①，从而将对启蒙理性的批判转化为实践批判、社会批判和资本批判，最终真正实现对现代性弊端的克服。

从马克思人类解放理论的视域来看，对启蒙理性及现代性运动的批判不能停留于意识形态层面，"批判的武器当然不能代替武器的批判，物质力量只能用物质力量来摧毁"②。只有深入批判启蒙理性存在论的基础，才能命中启蒙理性蜕变的要害；只有根本克服启蒙理性异化的缺陷，才能为启蒙理性及现代性找寻到出路。马克思的唯物史观强调，不是社会意识决定社会存在，而是社会存在决定社会意识，包括理性在内的一切意识观念的存在论基础都是活生生的现实生活，是"物质的生活关系"。因而，挖掘马克思对启蒙理性和现代性的批判，除了我们经常引证的经典作家对启蒙观念的抽象性、非历史性和非实践性的批判之外，更重要的是勾勒梳理出马克思对启蒙理性及现代性的批判性重构之路径，即研究马克思如何将对启蒙理性及现代性的批判转向为对"物质的生活关系"这一本源性领域的探究，并如何依照历史语境转变为对资本逻辑及资本主义生产关系的批判。

首先，马克思将对启蒙理性及现代性的批判转向为对"物质的生活关系"的探究。

从马克思的人类解放视域来看，对于启蒙理性及现代性的批判必须超出启蒙主义的视界，直抵启蒙思想体系的本源性根基。只有对本源性根基的批判才是真正本质性的批判，这种自觉的批判路径对于马克思来说是"一以贯之"的。在对"犹太人问题"的研究中，马克思认为，鲍威尔虽然致力于宗教批判和政治批判，但由于受到自由主义思想体系的限制，其批判混淆了政治解放和普遍的人的解放，最终坠落在启蒙理性主义的泥沼中，囿于由霍布斯等现代政治哲人所开启的现代性视域之内。马克思指

---

① 程广云：《后现代：走向"多元"的现代性》，《哲学研究》2005年第5期。
② 《马克思恩格斯文集》第1卷，人民出版社2009年版，第11页。

出，要解决"犹太人问题"——实质上是现代性问题的体现——必须将批判向纵深推进，完成对现代国家的根本性批判。这就决定了马克思和鲍威尔不同的批判理路，他在吸取了鲍威尔合理观点的基础上，将对现代性的批判推进到了一个全新的理论境域。面对启蒙理性开启的现代性历史处境，青年马克思表现出了一个天才者的敏感与深邃，他不是去探求与鲍威尔的一致性方面，而是密切关注自身与鲍威尔的分歧，并将分歧上升到政治哲学理念的高度。马克思一开始就把鲍威尔的批判路径看作一个"矛盾体"，认为鲍威尔"提供了一些条件，这些条件并不是政治解放本身的本质引起的。他提出的是一些不包括在他的课题以内的问题，他解决的是一些没有回答他的问题的课题"①，并将其解释为一种"毫无批判地把政治解放和普遍的人的解放混为一谈"② 的现代性批判。鲍威尔论证"犹太人问题"的出发点，遵循的是启蒙理性所开启的现代性原则，这一原则将"现代国家"作为最高的统治秩序，认为其所达到的秩序形态就是人的自由状态所能达到的限度。但马克思指出，鲍威尔"批判的只是'基督教国家'，而不是'国家本身'，他没有探讨政治解放对人的解放的关系"③。鲍威尔没有超越现代性的原则来看待问题，这与后现代主义者的批判立场具有相似性。马克思超越现代性立场，坚持要深刻理解"政治解放与人的解放"的关系，必须探讨"现代国家"的本源性、基础性问题，即要探讨启蒙理性及现代性的本源性问题。只有将"现代国家"还原到其本质性领域，才能透彻地把握现代性统治秩序的特点与局限，洞悉启蒙理性的真正界限，也才能由此重新奠定人类自由的基础。这一本质性领域、本源性基础是什么呢？马克思通过阐述宗教与政治的复杂关系、论述公民权与人权的分离原则，探讨了"现代国家"的本源性、基础性问题。马克思指出："封建社会已经瓦解，只剩下了自己的基础——人，但这是作为它的真正基础的人，即利己的人。因此，这种人，市民社会的成员，是政治国家的基础、前提。"④ 他在《〈政治经济学批判〉导言》中进

---

① 《马克思恩格斯文集》第1卷，人民出版社2009年版，第25页。
② 《马克思恩格斯文集》第1卷，人民出版社2009年版，第25-26页。
③ 《马克思恩格斯文集》第1卷，人民出版社2009年版，第25页。
④ 《马克思恩格斯文集》第1卷，人民出版社2009年版，第45页。

一步指出:"我的研究得出这样一个结果:法的关系正像国家的形式一样,既不能从它们本身来理解,也不能从所谓人类精神的一般发展来理解,相反,它们根源于物质的生活关系,这种物质的生活关系的总和,黑格尔按照18世纪的英国人和法国人的先例,概括为'市民社会'。"① 市民社会成员及其所生活的领域——"物质的生活关系"就是现代政治国家的基础。马克思以原创性的方式回答了启蒙理性及现代性的本源问题,开辟了一条鲜明的批判路径。

其次,马克思探究了"物质的生活关系"本质性领域的性质及其与理性、宗教、文化等领域的关系。

在马克思看来,无论是理性、政治、宗教抑或是文化、道德、艺术等诸如此类的意识形态领域都不具有绝对的自主性。自启蒙运动以来,意识形态的各类形式被划分为各种相对独立的文化领域,并被认为具有天然的自治性,甚至"从这些不同的思想中抽象出'思想'、观念等等,并把它们当做历史上占统治地位的东西,从而把所有这些个别的思想和概念说成是历史上发展着的概念的'自我规定'"②。这使得政治、宗教、文化、道德都成为不相统属的领域,彼此之间的论题只存在交叉,而不存在层次。马克思则与这种哲学方式、哲学理念相决裂:"我们判断这样一个变革时代也不能以它的意识为根据;相反,这个意识必须从物质生活的矛盾中,从社会生产力和生产关系之间的现存冲突中去解释。"③ 马克思只将"物质的生活关系"这一带有存在论性质的领域指认为"绝对自主的"领域,这种自主与其说是物质生活领域的自主,毋宁说它是政治、宗教、文化和道德等所谓的自主领域的更深层次的基础。对马克思来说,所谓"启蒙理性是自主的、道德价值是自在自为的"等各种命题并非不言而喻;只有在人们忽视了事物的核心、对作为一切事态根源的"物质的生活关系"视而不见的时候,这些命题才会被认为是理所当然的。尽管一个人是可以在各个"自主性领域"中具有自由决断能力的个体,但"物质的生活关系"始终向他提出作为一个人不能回避和忽视的物质、金钱、世俗问题,

---

① 《马克思恩格斯文集》第2卷,人民出版社2009年版,第591页。
② 《马克思恩格斯文集》第1卷,人民出版社2009年版,第553页。
③ 《马克思恩格斯文集》第2卷,人民出版社2009年版,第592页。

这些问题不仅涉及霍布斯所言的惧怕暴死而力求保存生命的生存欲望，而且从根本上涉及黑格尔所述的获取承认的生命欲望，以及实现自身自由的终极理想。

马克思对"物质的生活关系"这一领域的探究消解了理性、政治与宗教等的"自主性"神话，重新奠基了理性、政治、宗教等领域的本源性基础。从"物质的生活关系"来看待人的本质和人的理性，表明历史的和现实的实践是孕育理性的土壤，使得启蒙理性无法凌越于历史与实践之上，突破和超越了对人的理性的先验哲学式的理解。社会实践的不断生成替代了抽象的理性逻辑对人的本质的规约，呈现出历史与现实的多样性，消除了理性中心主义的观念。而由于"物质的生活关系"是不断生成变化的，因此理性对现实的改造必须遵循一定的限度，但"物质的生活关系"毕竟具有一定的运动规律与目标，把握规律、实现目标又要求理性能够具有超前的洞察力。

最后，马克思将对启蒙理性及现代性的批判转化为对资本主义生产关系的批判。

近现代以来的"物质的生活关系"集中体现就是作为"社会生产过程的最后一个对抗形式"①的资产阶级生产关系，启蒙理性及现代性的存在基础也是由资本主义的生产方式所界定的。所以，对启蒙理性及现代性所承诺的解放图景的批判不能停留于意识形态层面，只有深入批判并超越资本主义的生产方式，才能真正解释与克服启蒙理性及现代性的工具主义、虚无主义、霸权主义以及生态污染等危机。后现代主义对现代性的批判虽然刚强猛烈，最终却与现代性形成共谋关系，原因在于其批判的核心始终瞄准在理性中心主义，聚焦于意识形态层面的话语争夺，没有深入到培育启蒙理性的资本主义生产方式中。启蒙理性及现代性不仅是理性力量的体现，更是资本逻辑的霸权体现，只有将批判深入到现代性背后的"物质的生活关系"，才不会重新误入现代性的怀抱。在笔者看来，马克思的批判分为三个层面。

一是解剖"商品拜物教"。在《资本论》开篇的第一章，马克思即指

---

① 《马克思恩格斯文集》第 2 卷，人民出版社 2009 年版，第 592 页。

出:"资本主义生产方式占统治地位的社会的财富,表现为'庞大的商品堆积',单个的商品表现为这种财富的元素形式。因此,我们的研究就从分析商品开始。"① 商品表面看似简单,内里实则古怪,充满了形而上学的奥妙和神学的怪诞。因为由资本主义生产方式所支配的商品生产过程把私人劳动的社会属性反映成劳动产品的物性,反映成物的社会属性,将劳动者同劳动的社会关系、劳动者之间的社会关系都当成劳动者之外的物与物的社会关系,彻底掩盖了人与人之间的关系,这种普遍的错觉形成了现代资本主义社会的"商品拜物教"。事实上,在前资本主义社会那里,人与人之间关系是显在的、直接的人身依附关系,封建等级秩序天然不可侵犯,人与人之间天然不平等,"存在链条"思想正是这一社会现实的观念反映;而在资本主义社会那里,表面上推翻了天然不可侵犯的封建等级秩序,形成了人人自由平等的现代世界,实际上人与人之间的关系被一种隐蔽的、伪装的商品拜物教方式所掩盖,这也正是启蒙理性及现代性各种观念的思想根基所在。

二是批判"资本逻辑"。"资产阶级生存和统治的根本条件,是财富在私人手里的积累,是资本的形成和增殖;资本的条件是雇佣劳动。"②资本的出现完全改变了世界的面貌与运作逻辑,使得整个社会的生产与再生产都变成资本的自我繁殖。资本逻辑的运作以资本的形成、保全和增殖为目标,在支配劳动的同时也支配了劳动者,资本的主体性支配了劳动者的主体性。劳动者的主体性受到资本逻辑的制约与塑造,必然遵循利己主义的、自私自利的资本逻辑和运转规律,而且不断为资本及资产阶级的存在提供合法性辩护。马克思多次将资本家称为"人格化的资本"③,其所表征的正是资本作为一种物的社会关系反过来统治和支配着人自身,资本的物化逻辑支配了人的自由自觉的发展逻辑。

三是超越"资本主义私有制"。"商品拜物教"和"资本逻辑"导致现代社会不断出现巨大危机,而资产阶级对其危机束手无策。从应对周期性的经济危机来看,"资产阶级用什么办法来克服这种危机呢?一方面不

---

① 《马克思恩格斯文集》第5卷,人民出版社2009年版,第47页。
② 《马克思恩格斯文集》第2卷,人民出版社2009年版,第43页。
③ 《马克思恩格斯文集》第5卷,人民出版社2009年版,第269页。

得不消灭大量生产力,另一方面夺取新的市场,更加彻底地利用旧的市场"①。不触动和超越资本主义制度、资产阶级私有制,应对启蒙现代性危机的举措就都不可能从根本上解决问题。根本的解决之道只能是彻底摧毁资本的统治,也就是要改变资本主义制度为社会主义制度,改变资本主义私有制为社会主义公有制,不再把"有用性"当作价值的标准,不再把工具理性当作理性本身,不再把对自然的猎取当作生存的手段,从而切断资本逻辑运转的社会条件,重建人与自然、人与人之间的和谐关系。

启蒙理性是资本主义文明体系的思想根基,对启蒙理性的反思与批判也是对现代性和资本主义生产方式的反思与批判。不可否认,启蒙给近现代社会带来了非同凡响的成就,但同时不容忽视的是,它也给社会带来了各种各样的危机和灾难。所以,"反启蒙""反现代性"应当也必须被看成启蒙理性及现代性本身不可或缺的重要部分,没有"反启蒙""反现代性"的制约,启蒙理性和现代性就无法克服和超越自身制造的迷信与危机。反思和批判启蒙理性及现代性是全球化时代政治哲学发展的一个重大理论主题,也是推进马克思主义政治哲学发展的重大理论课题。

马克思一生的理论构思另辟蹊径地展开了对启蒙理性及现代性的批判,其直抵问题本质的批判路径超越了现当代诸多西方哲学家以及各类后现代思想流派的批判方式,将对启蒙理性及现代性的批判最终转变为对资本主义生产方式的批判,将对启蒙理性及现代性弊端的克服转化为对资本主义私有制的超越。在马克思所描绘的历史发展的三大形态中,从第二大形态向第三大形态飞跃的过程,所揭示的正是人类从以资本主义为代表的现代性生存方式向一种能够克服现代性缺陷的社会主义生存方式的转变,这为以启蒙理性为核心的现代社会向更完善形态的发展探寻到了一条全新的道路。

自近代以来,中国被西方列强以坚船利炮和廉价商品强行叩开国门,硬生生被裹挟进了以西方为主导的世界历史,全面遭遇现代性。中国的现代性建构在带来了巨大进步的同时,也日益暴露其自身的矛盾和困境,现时中国必须面对的是"如何推进现代化同时克服现代性问题"这一现代

---

① 《马克思恩格斯文集》第 2 卷,人民出版社 2009 年版,第 37 页。

国家治理难题。而对此难题的解答与解决需要我们深刻理解造就现代社会的历史渊源，这要求我们深入理解西方启蒙理性及现代性，理解西方学界的批判性反思和马克思直抵"物质的生活关系"领域的批判性重构。总之，探索一条合规律性、合目的性的中国社会主义现代化道路，理论研究上既需要对伴随着"全球化"从西方蔓延至世界各地的启蒙理性及现代性的把握与检审，也需要借鉴西方理论界的批判性反思成果，更需要在汲取马克思批判性重构启蒙理性及现代性的理论成果之基础上，进一步在实践中与时俱进地推进马克思主义的理论创新，深化中国特色社会主义理论体系，丰富中国共产党带领人民治国理政的历史经验。

主要参考文献

一、马克思主义经典著作

[1]《马克思恩格斯文集》第1—10卷,人民出版社2009年版。
[2]《马克思恩格斯全集》第1卷,人民出版社1995年版。
[3]《马克思恩格斯全集》第3卷,人民出版社2002年版。
[4]《马克思恩格斯全集》第7卷,人民出版社1959年版。
[5]《马克思恩格斯全集》第10卷,人民出版社1998年版。
[6]《马克思恩格斯全集》第21卷,人民出版社2003年版。
[7]《马克思恩格斯全集》第30卷,人民出版社1995年版。
[8]《马克思恩格斯全集》第33卷,人民出版社1995年版。
[9]《马克思恩格斯全集》第40卷,人民出版社1982年版。
[10]《马克思恩格斯全集》第47卷,人民出版社2004年版。
[11]《马克思恩格斯选集》第1卷,人民出版社1995年版。
[12]《马克思家书集》,人民出版社1985年版。
[13] 马克思、恩格斯:《德意志意识形态》,人民出版社2003年版。
[14]《列宁专题文集》第1—5卷,人民出版社2009年版。
[15]《列宁全集》第32卷,人民出版社1985年版。
[16]《列宁全集》第36卷,人民出版社1985年版。
[17]《列宁全集》第46卷,人民出版社1990年版。

[18] 斯大林：《列宁主义问题》，人民出版社1973年版。

[19] 《斯大林选集》上卷，人民出版社1979年版。

二、中文著作

[1] 刘小枫：《诗化哲学》，山东文艺出版社1986年版。

[2] 黄颂杰等：《古希腊哲学》，人民出版社2009年版。

[3] 贺来：《边界意识和人的解放》，上海人民出版社2007年版。

[4] 顾肃：《宗教与政治》，译林出版社2010年版。

[5] 仰海峰：《形而上学批判》，江苏人民出版社2006年版。

[6] 韩庆祥：《马克思人学思想研究》，河南人民出版社1996年版。

[7] 高光等：《马克思恩格斯早期著作研究》，中共中央党校出版社1992年版。

[8] 俞吾金等：《德国古典哲学》，人民出版社2009年版。

[9] 郑昕：《康德学述》，商务印书馆1984年版。

[10] 陈嘉明：《建构与范导——康德哲学的方法论》，社会科学文献出版社1992年版。

[11] 刘同舫：《马克思人类解放理论的演进逻辑》，人民出版社2011年版。

[12] 万俊人：《道德之维——现代经济伦理导论》，广东人民出版社2000年版。

[13] 陈桂生：《"教育学视界"辨析》，华东师范大学出版社1997年版。

[14] 王晓朝：《希腊哲学简史——从荷马到奥古斯丁》，上海三联书店2007年版。

[15] 赵常林：《马克思早期哲学思想研究》，北京大学出版社1987年版。

[16] 鲁越等：《马克思晚年的创造性探索——"人类学笔记"研究》，河南人民出版社1992年版。

[17] 杨适：《人的解放——重读马克思》，人民出版社1996年版。

［18］黄楠森：《黄楠森自选集》，重庆出版社1999年版。

［19］高敬增等：《列宁》，红旗出版社1997年版。

［20］俞吾金等：《国外马克思主义哲学流派新编》，复旦大学出版社2002年版。

［21］陈学明：《哈贝马斯的"晚期资本主义"论述评》，重庆出版社1993年版。

［22］汪行福：《通向话语民主之路：与哈贝马斯对话》，四川人民出版社2002年版。

［23］刘怀玉：《现代性的平庸与神奇：列斐伏尔日常生活批判哲学的文本学解读》，中央编译出版社2006年版。

［24］陈昕：《救赎与消费——当代中国日常生活中的消费主义》，江苏人民出版社2003年版。

［25］宋祖良：《拯救地球和人类未来——海德格尔的后期思想》，中国社会科学出版社1993年版。

［26］熊伟：《现代外国哲学·存在主义专辑》第7辑，人民出版社1985年版。

［27］中国社会科学院哲学研究所马克思主义哲学史研究室：《马克思哲学思想研究译文集》，人民出版社1983年版。

三、译著

［1］［德］康德：《纯粹理性批判》，邓晓芒译，人民出版社2004年版。

［2］［德］康德：《道德形而上学原理》，苗力田译，上海人民出版社2005年版。

［3］［德］康德：《康德著作全集》第6卷，李秋零主编，中国人民大学出版社2007年版。

［4］［德］黑格尔：《逻辑学》上卷，杨一之译，商务印书馆1982年版。

［5］［德］黑格尔：《哲学科学全书纲要》，薛华译，上海人民出版

社 2002 年版。

［6］［德］黑格尔：《精神现象学》，贺麟等译，商务印书馆 1979 年版。

［7］［德］黑格尔：《精神哲学》，杨祖陶译，人民出版社 2006 年版。

［8］［德］施勒格尔：《浪漫派风格——施勒格尔批评文集》，李伯杰译，华夏出版社 2005 年版。

［9］［德］尤尔根·哈贝马斯：《认识与兴趣》，郭官义等译，学林出版社 1999 年版。

［10］［德］尤尔根·哈贝马斯：《作为"意识形态"的技术与科学》，李黎等译，学林出版社 2002 年版。

［11］［德］尤尔根·哈贝马斯：《合法化危机》，刘北成等译，上海人民出版社 2009 年版。

［12］［德］尤尔根·哈贝马斯：《交往行动理论》，洪佩郁等译，重庆出版社 1994 年版。

［13］［德］马克斯·霍克海默等：《启蒙辩证法：哲学片断》，渠敬东等译，上海人民出版社 2006 年版。

［14］［德］马克斯·霍克海默等：《启蒙辩证法：哲学片断》，渠敬东等译，上海人民出版社 2003 年版。

［15］［德］亨利希·库诺：《马克思的历史、社会和国家学说》，袁志英译，上海译文出版社 2006 年版。

［16］［德］A. 施密特：《马克思的自然概念》，欧力同等译，商务印书馆 1988 年版。

［17］［德］亨利希·海涅：《论德国宗教和哲学的历史》，海安译，商务印书馆 1974 年版。

［18］［英］罗素：《西方哲学史》下卷，马元德译，商务印书馆 1976 年版。

［19］［英］戴维·麦克莱伦：《卡尔·马克思传》，王珍译，中国人民大学出版社 2005 年版。

［20］［英］特里·伊格尔顿：《马克思为什么是对的》，李杨等译，新星出版社 2011 年版。

[21]［英］伯尔基：《马克思主义的起源》，伍庆等译，华东师范大学出版社 2007 年版。

[22]［英］戴维·麦克莱伦：《马克思以后的马克思主义》，余其铨等译，中国社会科学出版社 1986 年版。

[23]［法］保尔·拉法格：《回忆马克思恩格斯》，马集译，人民出版社 1957 年版。

[24]［法］让·鲍德里亚：《消费社会》，刘成富等译，南京大学出版社 2001 年版。

[25]［法］让·鲍德里亚：《象征交换与死亡》，车槿山译，译林出版社 2006 年版。

[26]［法］让·鲍德里亚：《生产之镜》，仰海峰译，中央编译出版社 2005 年版。

[27]［美］维塞尔：《马克思与浪漫派的反讽——论马克思主义神话诗学的本源》，陈开华译，华东师范大学出版社 2008 年版。

[28]［美］悉尼·胡克：《对卡尔·马克思的理解》，徐崇温译，重庆出版社 1989 年版。

[29]［美］赫伯特·马尔库塞：《工业社会与新左派》，任立编译，商务印书馆 1982 年版。

[30]［美］赫伯特·马尔库塞：《单向度的人》，刘继译，上海译文出版社 2008 年版。

[31]［美］赫伯特·马尔库塞：《爱欲与文明》，黄勇等译，上海译文出版社 2008 年版。

[32]［美］赫伯特·马尔库塞：《审美之维》，李小兵译，生活·读书·新知三联书店 1989 年版。

[33]［美］麦卡锡：《马克思与古人：古典伦理学、社会正义和 19 世纪政治经济学》，王文扬译，华东师范大学出版社 2011 年版。

[34]［美］马克·波斯特：《第二媒介》，范静晔译，南京大学出版社 2000 年版。

[35]［美］道格拉斯·凯尔纳：《波德里亚：批判性的读本》，陈维振等译，江苏人民出版社 2005 年版。

［36］［匈］卢卡奇：《历史与阶级意识》，杜章智译，商务印书馆1992年版。

［37］［匈］卢卡奇：《审美特性》，徐恒醇译，中国社会科学出版社1991年版。

［38］［意］克罗齐：《历史学的理论和历史》，田时纲译，中国社会科学出版社2005年版。

［39］［古希腊］伊壁鸠鲁：《自然与快乐：伊壁鸠鲁的哲学》，包利民等译，中国社会科学出版社2004年版。

［40］［苏］鲍·季·格里戈里扬：《关于人的本质的哲学》，汤侠声译，生活·读书·新知三联书店1984年版。

［41］［苏］尼·拉宾：《马克思的青年时代》，南京大学外文系翻译组译，生活·读书·新知三联书店1982年版。

［42］［俄］鲍·斯拉文：《被无知侮辱的思想——马克思社会理想的当代解读》，孙凌齐译，中央编译出版社2006年版。

四、中文期刊论文

［1］谌林：《马克思对正义观的制度前提批判》，《中国社会科学》2014年第3期。

［2］夏莹等：《改变世界的哲学现实观》，《中国社会科学》2014年第8期。

［3］谭培文：《社会主义自由的张力与限制》，《中国社会科学》2014年第6期。

［4］郁建兴：《马克思主义文化理论与现时代》，《中国社会科学》2001年第6期。

［5］马昀等：《用唯物史观科学把握生产力的历史作用》，《中国社会科学》2013年第11期。

［6］钱广华：《开放的康德哲学——重读"物自体"》，《中国社会科学》2004年第5期。

［7］衣俊卿：《马克思思想：人之存在的文化精神》，《中国社会科

学》2001 年第 3 期。

［8］刘同舫：《人类解放的进程与社会形态的嬗变》，《中国社会科学》2008 年第 3 期。

［9］刘同舫：《西方马克思主义的理论性质与中国意义》，《中国社会科学》2010 年第 5 期。

［10］刘同舫：《马克思人类解放理论的叙事结构及实现方式》，《中国社会科学》2012 年第 8 期。

［11］刘同舫：《启蒙理性及现代性：马克思的批判性重构》，《中国社会科学》2015 年第 2 期。

［12］刘同舫：《从显性到隐性的主奴辩证法——〈精神现象学〉与〈1844 年经济学哲学手稿〉关系注解》，《哲学研究》2014 年第 1 期。

［13］马建青：《马克思的历史目的论修辞》，《哲学研究》2014 年第 4 期。

［14］张盾等：《论马克思与古典政治经济学的理论渊源》，《哲学研究》2014 年第 3 期。

［15］李潇潇：《当今马克思主义哲学研究方式的自我批判》，《哲学研究》2013 年第 11 期。

［16］胡大平：《马克思对现代性想象的超越及其思想史效应》，《哲学研究》2013 年第 10 期。

［17］梅景辉等：《在哲学与实证科学之间——历史唯物主义向"生活世界"的回归》，《哲学研究》2013 年第 12 期。

［18］汪信砚等：《论马克思的哲学观》，《哲学研究》2013 年第 12 期。

［19］王东等：《"人类学笔记"，还是"国家与文明起源笔记"——为马克思晚年笔记正名》，《哲学研究》2004 年第 2 期。

［20］王金福等：《从"哲学共产主义"到科学共产主义——马克思、恩格斯的哲学革命与共产主义学说的转变》，《哲学研究》2006 年第 11 期。

［21］李惠斌：《解蔽与创新——从阿尔都塞的所谓"认识论断裂"谈起》，《哲学研究》2013 年第 11 期。

[22] 叶汝贤：《现实的人及其历史发展的科学》，《哲学研究》2008年第2期。

[23] 杨学功：《马克思主义及其哲学的出场语境和理论形态》，《哲学研究》2013年第11期。

[24] 郭艳君：《青年马克思批判哲学的双重逻辑及其理论意义》，《哲学研究》2011年第8期。

[25] 林剑：《文化的批判与批判的立场》，《哲学研究》2012年第1期。

[26] 倪剑青：《黑格尔的"绝对"概念》，《哲学研究》2012年第11期。

[27] 侯才：《马克思的"个体"和"共同体"概念》，《哲学研究》2012年第1期。

[28] 刘同舫：《政治解放、社会解放和劳动解放——马克思人类解放思想再探析》，《哲学研究》2007年第3期。

[29] 胡海波等：《马克思学说历史性理解的历史主义原则》，《马克思主义研究》2013年第12期。

[30] 赵曜：《列宁晚年社会主义思想的三重涵义》，《马克思主义研究》2000年第2期。

[31] 温纯如：《德国古典哲学精神与马克思主义哲学发展》，《马克思主义研究》2004年第1期。

[32] 王东等：《〈资本论〉体系构想与马克思晚年笔记关系新探》，《马克思主义研究》1997年第2期。

[33] 邹诗鹏：《马克思主义研究的思想史视阈》，《马克思主义与现实》2014年第2期。

[34] 谢永康：《理论批判与改变世界——从康德到阿多诺的哲学实践》，《马克思主义与现实》2013年第6期。

[35] 刘士才等：《马克思和海德格尔的物化批判理论之比较》，《马克思主义与现实》2013年第2期。

[36] 刘森林：《从浪漫派的"存在先于意识"到马克思的"社会存在决定社会意识"》，《哲学动态》2007年第9期。

[37] 陈晓斌等：《哲学作为一种救赎方式——马克思博士论文的政治哲学思想解读》，《哲学动态》2009 年第 3 期。

[38] 王南湜：《我们心中的纠结：走近还是超离卢卡奇》，《哲学动态》2012 年第 12 期。

[39] 贺来：《重思马克思哲学与德国古典哲学关系的真实意义》，《哲学动态》2013 年第 6 期。

[40] 聂锦芳：《〈历史学笔记〉：一部未引起足够重视的马克思晚年的重要著述》，《哲学动态》1995 年第 6 期。

[41] 陈学明：《回归政治经济学批判》，《哲学动态》2014 年第 9 期。

[42] 孙正聿：《解放何以可能——马克思的本体论革命》，《学术月刊》2002 年第 9 期。

[43] 江丹林：《马克思晚年为什么研究社会人类学》，《学术月刊》1988 年第 3 期。

[44] 崔伟闳：《直观和本体论：从康德到胡塞尔》，《学术月刊》1992 年第 5 期。

[45] 江丹林：《西方关于马克思晚年"人类学笔记"主要观点探析》，《北京大学学报》1990 年第 1 期。

[46] 韩庆祥：《论人的个性及其全面发展的规律》，《北京大学学报》1992 年第 1 期。

[47] 裴德海：《论马克思主义人道主义的本质特征》，《复旦学报》2007 年第 3 期。

[48] 俞吾金：《本体论视野中的当代中国马克思主义哲学》，《复旦学报》2006 年第 5 期。

[49] 徐瑞康：《哲学史上克服唯理论和经验论片面性的重大尝试——康德的认识论》，《武汉大学学报》1988 年第 4 期。

[50] 阎孟伟：《完整理解马克思的人的解放理论——马克思〈论犹太人问题〉的再解读》，《西南大学学报》2014 年第 4 期。

[51] 王浩斌等：《马克思的自我意识哲学：起源、形成与特征——〈关于伊壁鸠鲁哲学的笔记〉和〈德谟克利特的自然哲学和伊壁鸠鲁的自

然哲学的差别〉解读》，《江海学刊》2005 年第 3 期。

［52］刘军：《反讽与复归：浪漫主义诗歌在马克思思想演进中的作用》，《学术研究》2012 年第 12 期。

［53］俞吾金：《马克思哲学是社会生产关系本体论》，《学术研究》2001 年第 1 期。

［54］车洪波：《文化作用方式之分析》，《学习与探索》2004 年第 1 期。

［55］韩庆祥：《从人道主义到马克思人学》，《学习与探索》2005 年第 6 期。

［56］何中华：《马克思哲学与浪漫主义》，《山东社会科学》2007 年第 12 期。

［57］刘同舫等：《马克思博士论文中的哲学拯救与宗教批判》，《社会科学研究》2012 年第 5 期。

［58］赖金良：《马克思〈手稿〉中的"人道主义"含义新探》，《福建论坛》1984 年第 2 期。

［59］刘同舫：《马克思人类解放阶段论》，《福建论坛》2008 年第 5 期。

［60］刘同舫：《马克思学说中的哲学与马克思学说的解释框架》，《社会科学辑刊》2011 年第 1 期。

［61］刘明如：《〈人类学笔记〉在马克思思想发展史中的重要地位》，《天津社会科学》1990 年第 2 期。

［62］李本洲：《马克思对资本和形而上学相互内嵌的考察及其批判》，《南京社会科学》2014 年第 10 期。

［63］刘同舫等：《重置交往理性：哈贝马斯人类解放思想的逻辑主线》，《浙江社会科学》2011 年第 8 期。

［64］刘同舫：《技术的边界与人的底线——技术化生存的人学反思》，《自然辩证法通讯》2004 年第 3 期。

［65］郑异凡：《"全世界无产者，联合起来！"的口号无需改译——与高放先生商榷》，《探索与争鸣》2008 年第 5 期。

［66］刘同舫等：《人的本质解放：马尔库塞的艺术与审美之解放美

学》,《华南师范大学学报》2011 年第 1 期。

［67］王雨辰:《一种非压抑性文明何以可能——论马尔库塞对当代资本主义社会的伦理价值批判》,《江汉论坛》2009 年第 10 期。

［68］刘怀玉:《列斐伏尔与 20 世纪西方的几种日常生活批判倾向》,《求是学刊》2003 年 5 期。

［69］章国锋:《哈贝马斯访谈录》,《外国文学评论》2000 年第 1 期。

［70］鲁克俭:《马克思〈博士论文〉与恩格斯〈谢林和启示〉之比较》,《北京行政学院学报》2010 年第 5 期。

［71］［意］伊莱纳·韦帕莱利等:《马克思与列宁论危机、反抗与革命时机》,张春颖编译,《马克思主义与现实》2011 年第 3 期。

［72］张奎良:《马克思晚年的困惑》,《光明日报》1989 年 5 月 29 日。

五、外文资料

［1］Aijaz Ahmad. *In Theory*: *Classes*, *Nations*, *Literature*, London: Verso, 1992.

［2］Douglas Kellner. *Jean Baudrillard*: *From Marxism to Postmodernism and Beyond*, California: Stanford University Press, 1989.

［3］Douglas Kellner. "Jean Baudrillard After Modernity: Provocations on A Provocateur and Challenger", *International Journal of Baudrillard Studies*, January, 2006.

［4］Georg Lukács. *History and Class Consciousness*: *Studies in Marxist Dialectics*. Trans, Rodney Livingstone, London: Merlin Press, 1971.

［5］Georg Lukács. *Die Theorie Des Romans*: *Ein Geschichtsphilosophischer Versuch über Die Formen Der Grossen Epik*, Neuwied: Luchterhand, 1971.

［6］Henri Lefebvre. *Everyday Life in the Modern World*, Trans, Sacha Rabinovitch, London: The Penguin Press, 1971.

［7］Henri Lefebvre. *Critique of Everyday life*, Volume I, Trans, John

Moore, London: The Penguin Press, 1991.

[8] Henri Lefebvre. *Introduction to Modernity*, Trans, John Moore, London: Verso, 1995.

[9] Jean Baudrillard. *The Mirror of Production*, Trans, Mark Poster, St. Louis Mo: Telos Press, 1975.

[10] Jean Baudrillard. *For A Critique of the Political Economy of the Sign*, Trans, Charles Levin, St. Louis Mo: Telos Press, 1981.

[11] Jean Baudrillard. *The Ecstasy of Communication*, New York: Semiotext(e), 1988.

结语 "解放"：马克思哲学的轴心问题

　　古希腊哲学家普罗泰戈拉提出的"人是万物的尺度"，开启了关注人的先河，尔后在漫长的人类思想探索历程中，"自由"与"解放"构成了一切关于人的学说最核心的关键词，也是人类孜孜追求的崇高理想。18世纪之后，启蒙理性主义、空想社会主义和德国古典哲学等三大学说先后以其独特的理论视角和论证方式将自由与解放交融于学理之中，尤其是德国古典哲学赋予人的自由思想以新的内涵，对理性与自由的研究达到一个历史性的高度，推至形而上学的巅峰。遗憾的是，理论前提的唯心根基、自由主体的抽象思辨和实现方式的不彻底性，最终致使人的自由被沦陷在乌托邦的幻想和泡影中。

　　从问题域转换的意义上看，如果说德国古典哲学是以"自由"为轴心问题的话，那么马克思哲学的轴心问题是"解放"。马克思的人类解放思想可系统化上升为一种哲学：解放哲学，即以解放为轴心的哲学。德国古典哲学聚焦于人的意识、精神和主客体之间的讨论并没有在实际意义上超出哲学关于人这个特殊领域对自由的追问。尽管马克思哲学在根本立场上与德国古典哲学划开了具有本质意义的界线，但马克思并不拒斥对自由的追问。他在致力于追寻人类自由的基础上，揭示了人类深层的终极追求在于解放。人的解放与自由有其自身的辩证法和历史尺度，是历史性生成的过程，自由作为人类追求的目标，更是人类解放的前提和状态。人类的终极追求并非只是对客观限度的超越的自由，而是向往具有革命性和丰富性的解放。自由在绝对意义上打开了人类无止境的视野，在相对语境中客观规约了人的发展限度，只有革命性和丰富性的解放才是任何时代的人类追逐全面自由的旨归所在。

与德国哲学家不同，在巨人的肩膀上重新复归人的本质，是马克思迈出人类解放里程碑式的一步。他以辩证唯物主义和历史唯物主义作为其革命性变革的武器，站在历史的制高点审视和把握人类解放的重大意义，创造性地构建人类解放理论，以人类解放的必然性纠偏和规避一切易于误入虚无缥缈的可能，将其解放哲学的震慑力及其对现实深入的关怀融入深度透视社会问题和深化实践探索之中去。

哲学命题从"是什么"进一步转向为"何以可能"，意味着哲学史上从理论哲学向实践哲学的根本性转变和历史性突破，这也正是马克思破除传统哲学问题范式的抽象性，从现实本真的人出发，以人类解放理论为指导推进人类解放事业而被誉为伟大的哲学家、革命家的卓越贡献所在。马克思实践性的解放哲学，超越了理论哲学的边界，以解放为轴心回答了人类解放何以可能的问题，在具体的历史的时代境遇下，为各个国家地区以至全人类的实践指明了前进方向。

每一个国家的实践都是不断解放的实践过程。中国语境下的解放，以全新的实现方式跨越时空维度，在我国革命、改革和建设的历史实践中充分展现了马克思解放哲学的理论魅力和实践爆发力。尤其近年来中国特色社会主义道路这一发展的现实化的马克思人类解放理论，不仅拓展了马克思解放哲学的学术空间，而且在引领中国实践中逐渐凸显其理论普照之光的巨大成就。

马克思人类解放终极追求的空间视域并非局限于某一个国家、某一个民族抑或是某一个阶级的解放，而是以世界眼光关注全人类的问题，希冀联合世界人民，实现真正意义上的人类解放。而在全球化进程步履飞速的今天，现代文明融合了世界范围的政治、经济、文化等错综复杂的因素，现代性已然是一种世界现象。这种前所未有的现代解放纵然积极效应十分显著，但现代性所带来的灾难同样昭然若揭，直接制约着人类解放的进程，甚至在某种意义上使人类沦落到无家可归的世界之中，更谈何解放？

世界上一些国家、组织或团体，在政界、商界、学界等各大领域中，或许没有在真正意义上完全将把握和推进全人类解放和发展视为其目的。

某些强国打着和平正义的旗号，维护至高人权、谴责人道问题、打击非正义等行径无不是以人类解放的名义为幌子，但华丽的外衣之下实然是赤裸裸的国家根本利益，这是国际竞争的生存之道，也是全人类解放所"痛心疾首"之处。人类的智慧应当用在其自身的发展之上，而不是战争、核武器、原子弹等军备投入，不是以各种方式维护局部的国家利益来威胁其他国家。否则将被终结于人类内部争斗的自我消耗之中，而不是共同发展寻求解放之中。

在马克思人类解放的境界和高度上反观人类发展问题，一个成熟的民族势必站在全人类的角度谈论发展，正视我们之所是和我们之所在，直面人类自身的狂妄自大和自我狭隘，以最大限度地发挥全人类智慧的裨益取代功利地追逐现代性步伐、在智慧博弈中维护局部利益，以和平来制约和平、遏制非和平，这是世界语境中人类解放的客观要求和必然趋势。悲观主义者或许宁可固守原有的这种现代方式，以免轮回到某种传统生活之中而将我们自由解放的益处丧失殆尽。事实上，人类自身要求解放的内在诉求势不可挡。现代性危机和人类智慧的博弈斗争抑或只是我们走向一种更完美的自由、更彻底的解放之过程中有待消除的障碍。我们应竭力营造一种以全人类解放为信仰，一种各方平等参与的对话，使得世界成为我们的世界，人类解放成为我们共同的事业。

深入探究马克思人类解放理论，既是现实历史实践所激发的理论需要，也是我们这个时代哲学的重要主题之一。马克思人类解放理论提供的不是一种现成的、唯一的、固定的实践模式，而是在历史发展趋势中的必然规律与前进方向。在当今世界语境下，马克思解放哲学宏大理论引领实践的强大威力关键在于深度挖掘人类解放何以可能的深层内涵，将人类解放与人类发展的本质性、必然性和可行性转换成新的环境条件下的社会运动力量，使马克思人类解放精神焕发于探索自由解放之路的实践之中，引领人类崇高解放事业走向光明之境，彰显马克思人类解放理论的不泯之光。